YI JIAOXUE DAKAI SHENGMING：

GETI CHENGREN DE
JIAOXUE ZHEXUE CHANSHI

以教学打开生命：

个体成人的教学哲学阐释

刘铁芳 / 著

教育科学出版社

·北 京·

出 版 人　李　东
责任编辑　张玉荣
版式设计　杨玲玲
责任校对　白　媛
责任印制　叶小峰

图书在版编目（CIP）数据

以教学打开生命：个体成人的教学哲学阐释／刘铁
芳著 . —北京：教育科学出版社，2019.12（2024.7重印）
　　ISBN 978-7-5191-2078-8

　　Ⅰ . ①以…　Ⅱ . ①刘…　Ⅲ . ①成人教育—教育哲学
Ⅳ . ①G72-02

　　中国版本图书馆 CIP 数据核字（2019）第 245556 号

以教学打开生命：个体成人的教学哲学阐释

YI JIAOXUE DAKAI SHENGMING：GETI CHENGREN DE JIAOXUE ZHEXUE CHANSHI

出 版 发 行	教育科学出版社				
社　　　址	北京·朝阳区安慧北里安园甲9号		邮　　编	100101	
总编室电话	010-64981290		编辑部电话	010-64989421	
出版部电话	010-64989487		市场部电话	010-64989009	
传　　　真	010-64891796		网　　址	http://www.esph.com.cn	
经　　　销	各地新华书店				
制　　　作	北京金奥都图文制作中心				
印　　　刷	唐山玺诚印务有限公司				
开　　　本	720毫米×1020毫米　1/16		版　　次	2019年12月第1版	
印　　　张	17.75		印　　次	2024年7月第5次印刷	
字　　　数	224千		定　　价	56.00元	

目　　录

| 引　言 | 回到个体生命：重申教学的教育性 | 1
　　一、个体成人过程中的意义危机与今日教学的困境 | 1
　　二、教学何以促成个体完整成人：回到赫尔巴特 | 4
　　三、生命论的教学哲学：探寻教学的生命意义 | 7

| 第一章 | 以教学打开生命：走向生命论的教学哲学 | 10
　　一、重新思考教学：从个体生命开始 | 10
　　二、何谓教学：教学与个体生命的自我转换 | 12
　　三、教学与个体生命的整体激活 | 19
　　四、教学与个体生命的历时性展开 | 29
　　五、从教-学关系走向社会行动 | 36

| 第二章 | 身体的激活与教育意向性的唤起：起兴作为教学的
初始技艺 | 41

一、教育意向性的内涵：身体的唤起 | 42

二、教育意向性的双重结构及其形成 | 46

三、起兴作为古典教育技艺与个体教育意向性的唤起 | 52

四、准备性教学阶段的起兴："欢乐地看-世界" | 61

五、即时性教学情境中的起兴："欢乐地看-教学事物" | 84

六、起兴的生命旨趣与个体成长的苦乐辩证法 | 105

| 第三章 | 从激活思维到培育理智兴趣：启发的教学意蕴
及其实现 | 116

一、启发的内涵：基于中西的比较 | 117

二、启发的教学意蕴：打开通往生活世界的思维通道 | 124

三、历时性启发的实现：从好奇心的打开到理性生命的
实现 | 134

四、即时性启发的实现：思维拓展的基本路径 | 146

五、启发的指向：思维的愉悦、对方法的领会与理智兴趣
的生成 | 160

| 第四章 | 精神世界的敞亮与生命境界的提升：对话的教学意蕴
及其实现 | 171

一、对话的古典意蕴：引导个体心灵转向美好事物 | 172

二、对话的古今之变：从对心灵的引领到对现实的承认 | 182

三、基于民主的开放：重申对话的教育意蕴 | 193

四、作为教学方式的对话：教育性对话何以可能 | 205

五、教育性对话的旨趣：激活个体心灵的开放性 | 215

第五章 起兴、启发与对话：指向生命整全的教学技艺 | 222

一、起兴：个体身体的激活与自然生命的舒展 | 223

二、启发：个体思维空间的打开与理智生命的拓展 | 226

三、对话：在生命的相互磨砺中成就个体的精神生命 | 230

四、从起兴、启发到对话：个体生命在教学中的
整体打开 | 233

五、个体发展的阶段与教学的完整性：起兴、启发与
对话的历时性统一 | 238

六、从身体的起兴、理智的启发到精神的对话：打开
充实、丰富而美好的生命 | 244

结 语 从技术到技艺：教学的教育性何以可能？ | 252

一、斯威夫特的蜜蜂与蜘蛛：教学的古今之变 | 252

二、重申教学的教育性：回到个体成人 | 255

三、从技术到技艺：担负个体成人的教学 | 260

四、个体生命在引导中的自我成全：教学技艺的展开 | 264

五、教学技艺的中心：师生生命的相遇 | 268

六、教育性教学：在当下激活个体成人的理想 | 272

后 记 | 276

回到个体生命：

重申教学的教育性

一、个体成人过程中的意义危机与今日教学的困境

随着教育改革的逐渐深入，教育中的问题也逐渐成为公共问题。近年来，学生课业负担过重、厌学等问题越来越成为热点。中国青少年研究中心与北京师范大学原教育系（现称作教育学部）在全国曾开展过中小学生学习与发展大型调查，发现因喜欢学习而上学的小学生仅有8.4%，初中生仅有10.7%，高中生仅有4.3%。[①] 中国青少年研究中心2017年发布的《从"90后"到"00后"：中国少年儿童发展状况调查报告》表明，与2005、2010年的调查数据相比，近年来学生的学习负担不但没有减轻，反而持续加重。"00后"不仅在校时间比"90后""95后"要长，家庭作业时间超标严重，而且上课外班的时间也显著增

[①]　游夏茵. 调查显示中国学生普遍厌学 向教育提出严峻课题 [EB/OL]. （2000-02-17）[2018-02-22]. http：//news. sina. com. cn/culture/2000-2-17/62436. html.

加。① 在十几年前,贫困还是导致学生辍学的重要因素,但自从 2007 年
"两免一补"政策在全国范围内推广实施,义务教育阶段学生学费得到
减免后,贫困问题不再是导致学生辍学的主要因素,厌学这个因素凸显
了出来。2017 年 9 月 5 日,教育部称 2016 年中国义务教育阶段巩固率
为 93.4%,这意味着全中国"每 100 个学生进入小学,有近 7 人会在初
中毕业之前辍学",而因厌学或者学习困难等辍学的学生可能占到辍学
学生总数的 60% 以上,且主要是初二、初三的学生。②

比厌学更严重的是厌世。近些年来学术界的相关研究指出,人群中
仍存在有自杀意念、自杀计划或自杀未遂的青少年。做出反社会行为也
是厌世的一种表现,青少年犯罪被认为是与环境污染、贩毒吸毒并列的
世界三大公害。2014 年,人民法院审理的未成年人犯罪案件中共涉及未
成年罪犯 50415 人。③ 时至今日,青少年犯罪的形势依然不容乐观,控
制和预防青少年犯罪任重而道远。在大学生所犯罪行中,故意杀人、故
意伤害、聚众斗殴等暴力型犯罪逐渐增多④,而未成年人所犯罪行呈现
出盲目性、冲动性、模仿性等特点⑤。

当前,青少年中存在的重度抑郁、自杀等诸种现象,折射出青少年
发展中的意义问题。北京大学学生心理健康教育与咨询中心副主任徐凯
文在谈到部分优秀的大学生的"空心病"时指出:"他们有强烈的孤独

---

① 张旭东,孙宏艳,赵霞.从"90 后"到"00 后":中国少年儿童发展状况调查
报告 [J].中国青年研究,2017 (2):98-107.
② 盛梦露.教育部:厌学取代贫困,成义务教育辍学首因 [EB/OL].(2017-09-
05) [2018-02-22]. http://china.caixin.com/2017-09-05/101140865.html.
③ 马剑.2014 年人民法院审理未成年人犯罪情况分析 [M]//最高人民法院少年法
庭指导小组.中国少年司法:2015 年第 1 辑:总第 23 辑.北京:人民法院出版
社,2015:210.
④ 刘金霞.新世纪我国 18 至 25 周岁青年犯罪问题及防治对策 [J].中国人民公安
大学学报 (社会科学版),2018 (3):40-46.
⑤ 张彦华.浅析未成年人犯罪的预防 [J].法制与经济 (中旬刊),2011 (2):
97-98.

感和无意义感，他们从小都是最好的学生，最乖的学生，他们也特别需要得到别人的称许，但是他们有强烈的自杀意念，不是想自杀，他们只是不知道为什么活下去，活着的价值和意义是什么？所以他们会用比较温和的方式，当然也给我们机会把他救回来。"他认为这些学生身上"核心的问题是缺乏支撑其意义感和存在感的价值观。普遍现象是什么？有几位学生告诉我，'我不知道我为什么要学 ＊＊，我不知道我为什么要活着。我现在活着只是按照别人的逻辑活下去而已'。其中最极端的就是放弃自己"。① "空心病"的核心问题是生命意义感的匮乏。个体生命意义感的产生跟价值感密切相关，而"空心病"的大量出现，折射出当前教育教学改革的内在困境，即教师在教给青少年知识、发展其素质时，却很少敞开青少年看待自身人生内在的价值目标的视域，很少让其体会到相应的价值感与意义感，或者说没有让其完整地成人。

深入认识当前青少年发展中的核心问题，并且从建设性的视角来弥补他们成长中的缺失，乃是当下的教育难题。目前，对这些问题的研究大多从分析现象入手，将诸种现象归结为心理问题，缺少从个体发展的视角深入阐发问题的研究。本书认为以上这些问题归结起来就是厌学和厌世。厌学，乃是个体的身体、生命在学习过程中缺乏意义感，个体没有真正转向所学之物，只是被动地承受学习这件事，即他们只是在"被学习"；厌世，则是个体在周遭生活世界之中感到迷失，即个体在成长过程中，其身体、生命并没有被充分地唤起，身心没有真正地转向世界，生发出对世界的爱，他们只是机械地"被成长"，感受不到自我在世界中成长的快乐，孤独、冷漠、空虚、暴戾等由此滋生。当个体只是被动地展开自己的生命，感受不到充分的意义时，便会产生厌学与厌世的情绪。

尽管今天的青少年在知识的掌握、能力的发展乃至个性的塑造上都

---

① 北大徐凯文：学生空心病与时代焦虑（深度好文）［EB/OL］.（2017-08-25）
　　［2018-02-25］. http//www. sohu. com/a/167174789_770822.

有了很大的改进,但与之前相比,现在的青少年群体中存在的部分青少年厌恶学习的现象却没有发生根本性的改观。这意味着今日的教学改革需要一种切实立足于个体生命健全发展的内在转向,这种转向至少涉及以下几个方面:一是教学目的的转向,即由关注具体教学任务的完成到关注学生生命通过教学究竟发生了什么变化;二是教学过程的转向,即从关注教师如何教转向切实地关注学生在教师的引导下究竟如何学;三是教学评价的转向,即从单纯的知识获得与技能发展评价,转向综合性的教学评价,也即不仅评价学生在教学中学到了什么,还关注学生自身生命状态在教学中发生了什么变化,把关注学生的学习结果与学生的学习体验相结合,把教学的量化评价与质性评价相结合。这里关键性的转向乃是教学目的的转向,即从根本上意识到任何教学的最终目的乃是培育个体对生命的爱与生命的意义感,由此引导个体积极而健康地成人。基于此,教学就不单单是讲授知识的技术,而是唤醒生命的技艺。教师要着力唤起青少年对周遭世界的爱与热情,唤起他们置身于世界之中的积极意向,激发他们生命内在的价值感与意义感。

今天教育界正在逐步践行一种"以学定教"的教学理念,以对学的关注来超越以往对教的单纯关注,由此达成一种教学重心的转换,即从教师的教转向学生的学,这无疑是十分重要的。我们需要进一步思考的问题是,教师究竟如何关注个体的"学"?是指向个体当下的"学"还是着眼于个体终身发展的"学"?是单纯达成当下以知识为主要目标的学习还是把个体整体地引入学习情境之中,唤起其在学习过程中积极的生命情态的学习?如果学习的目标并没有得到真正的扩展,那么我们的教学改革就不过是从五十步到一百步而已,没有发生根本性的变化。

二、教学何以促成个体完整成人:回到赫尔巴特

伴随信息技术的发展与应试教育的强化,教学的技术化程度似乎在

进一步增强。我们越来越多地关注教学的效率，很少关心教学的好坏，忽视教学在促成个体完整成人上的价值。当我们逐步解决温饱问题，奔向全面小康时，人自身的生命质量问题逐渐成为社会的中心议题。教学作为个体成长必须经历的基本活动形态，在提升人的生命质量的过程中无疑起着至关重要的作用。教学要回到它的本质上来，那就是积极促进个体完整成人。这意味着我们将不得不回到赫尔巴特当年所提出的教学的教育性问题。

早在 1804 年，赫尔巴特就在《论对世界之审美描述是教育的首要工作》一文中指出："我们可以将教育唯一的任务和全部的任务概括为这样一个概念：道德。""道德，普遍地被认为是人类的最高目标，因此也是教育的最高目标。"① 赫尔巴特认为，人的观念、情感与善的意志是不可分割的，作为知识传递过程的教学和促进个体善的意志形成的道德教育是统一的，这就是他的"教育性教学"思想。他说："不存在'无教学的教育'这个概念，正如反过来，我不承认有任何'无教育的教学'一样。"② 他认为应当把教学的手段与教育的目的统一起来，而使这两者统一的中介是兴趣。"教师必须力图使其宣讲的内容引起学生的兴趣。这虽然是众所周知的教育学准则，不过，此准则通常在这种意义上提出并被理解，即似乎学习是目标，而兴趣是手段。我现在让这种关系颠倒过来。"③ 在赫尔巴特看来，传统教学的目的在于尽可能多地向学生传授有用的知识和技能，而教育性教学则侧重于兴趣。赫尔巴特始终强调，兴趣是为了给学生学习某些技能奠定基础，更是为了强化学生的"道德人格"，后者才是教育的最终目标。他试图把个体的认知、情感和

---

① 赫尔巴特．论对世界之审美描述是教育的首要工作［M］//赫尔巴特．赫尔巴特文集4：教育学卷二．杭州：浙江教育出版社，2002：177.

② 赫尔巴特．普通教育学［M］．李其龙，译．北京：人民教育出版社，2015：6.

③ 赫尔巴特．根据行政专区参议格拉夫先生的构想对学校年级及其改革的教育学鉴定［M］//赫尔巴特．赫尔巴特文集4：教育学卷二．杭州：浙江教育出版社，2002：300.

意志统一起来，在他看来，一个人的"情感起源于思想，而原则和行为方式则产生于这些情感。只有对头脑进行训练，教育才可能实现。而头脑就其本性而言是能够通过适当的教学而加以训练的"①。显然，在赫尔巴特那里，所谓兴趣乃是统整个体诸种发展质素，并最终引导个体在道德上完善自我的力量。

　　赫尔巴特认为，一个学生纯粹出于得到好处的目的向某位教师学习什么本领和知识，这对于教育者来说是无关紧要的，但是这位学生的思想范围如何形成，对于教育者来说则是一切，因为从思维中将产生感受，从感受中又会产生行动的原则与方式。② 教师只有知道如何在学生的心灵中培植起一种广阔的、其中各部分都紧密地联系在一起的思想范围，这一思想范围具有克服环境不利方面和吸收环境有利方面并使之与其本身统一起来的能力，那么教师才能发挥教育的巨大威力。③ 显然，赫尔巴特所强调的兴趣乃是被引导的兴趣，它包含着个体对于自身与环境之间的关联的感受、思维与行动原则。国内有研究者指出，按照赫尔巴特的分类，意志和情绪二者均源于心智。意志力和始终如一的行为可以解释为稳定的认知结构的表现形式。由此可见，缺乏可靠性和冲动的行为都是由于人们对宜于采取相同行动的环境所作的解释不同，使人的意志沿着稳定的方向发展乃是按认知结构方式制定方法的一种功能。赫尔巴特的兴趣实际上体现的乃是这样一种"稳定的认知结构"，即兴趣使主体与客体之间建立起最初的联系，从而确定个体对客观世界各个方面所持的"观点"。兴趣对教育性教学的意义体现在两个方面。第一，"多方面兴趣"是教育性教学一个至关重要的中间目标。只有多方面兴趣

① 转引自周采. 赫尔巴特教育性教学思想新探 [J]. 教育研究与实验，2006（6）：50-54.
② 赫尔巴特. 普通教育学 [M]. 李其龙，译. 北京：人民教育出版社，2015：6-7.
③ 同②14.

能够给予意志以必要的内在自由，没有这种内在自由，受教育者就不能采取他的正确观点所要求他采取的行动。第二，兴趣不仅仅是目的，还是手段，它是教育性教学容许的唯一动因。只有持续的兴趣才能使人不断地、轻松地开阔思维与接触世界，并让人真诚地与自己的同胞共命运。①

赫尔巴特当年提出教育性教学，除了秉承理性主义的思想传统外，一个重要的出发点就是针对传统教学过于注重有用的知识和技能的问题。周采指出："在赫尔巴特看来，教育性教学与传统教学在目的和手段上都是不一样的。传统教学的目的在于尽可能多地向学生传授有用的知识和技能，关心学生的实践和技能，而教育性教学则侧重兴趣，这在以前充其量只是当作学习的动力加以考察的。"②赫尔巴特所提出的教育性教学包含双重意蕴：一是着力改变教学的目的视域，也即明确地将道德上的完善作为教学的根本目的；二是强化了以兴趣为基础，引导与促进个体诸种素质发展的观念，也即凸显教学过程与教学目的之间深度的关联性。所谓教学的教育性问题，就是教育目标与过程、方法的统一问题，确切地说，是教育的目标、过程、方法统一朝向教育的中心，也即个体成人的问题。这里的教学毋宁说就是教育的过程与方法的统称，也即教育的实现过程。

三、生命论的教学哲学：探寻教学的生命意义

赫尔巴特从现实问题出发，试图建构一种基于理性主义的教学路径，但他给出的依然是理想的形态，是观念世界中的教育性教学。赫尔巴特早期在《普通教育学》中断言，既不存在"无教学的教育"，也不存在"无教育的教学"。但在后期，赫尔巴特说道："但远非一切教学都是教育性的，在这里有必要加以区别。例如，为了收益，为了生计或出

---

① 周采. 赫尔巴特教育性教学思想新探［J］. 教育研究与实验，2006（6）：50-54.
② 同①.

于业余爱好而学习，这时将不关心通过这种学习一个人会变好还是会变坏。不管他是怎么样的一个人，不管他的目的是好是坏，或不好不坏，只要他有学习这些或学习那些的意图，对于他来说，那种能准确地、迅速地和吸引人地教给他需要的技巧的教书匠便是一个合适的教师。"① 现实中大量的教学不一定关注教育性，其只关注教学的效益而非教育本身，引导个体的兴趣与发展其理智思维以统整其情感和意志并没有成为教师真正的教学目标，这样的教学难以实现对个体心智与道德追求的激励。

无疑，教育性教学在任何时代都是艰难的实践。我们今天同样面临着教学根深蒂固的功利化倾向。今天各种花样繁多的教学形式，不管是以教师为本，还是以学生为中心，只要唯效率是瞻，这样的教学就不可能达成个体成人的目标。当下林林总总的教学实践存在的根本问题，实际上是教育目的与手段、过程之间的断裂和教学之教育性的匮乏。我们究竟期待什么样的教学？教学究竟指向什么？是知识与技能还是个体生命的完善？这些是我们无法回避、必须面对的根本问题。我们需要超越教学的表象，深入探寻繁华背后教学的根本旨趣。本书主张回到个体成人的教学目标，转向一种生命论的教学哲学探究。

当前教学哲学研究大都是从哲学命题出发，一般性地探讨教学的本质、目标、内容、过程与评价②，建构出体系化的教学哲学解释框架，没有从教学的内在问题出发。所谓生命论的教学哲学，乃是试图回到教学的根本指向，回到教学中的学生生命，从教学与个体生命的直接关涉入手，凸显教学逐步打开个体生命，一步步把个体生命引向整全的观念，也即着力凸显以个体生命的整全性发展为教学的根本目标的观念，进一步从共时性与历时性维度来展开教学切实地增进个体生命整全发展

---

① 赫尔巴特. 教育学讲授纲要［M］//赫尔巴特. 赫尔巴特文集 3：教育学卷一.
杭州：浙江教育出版社，2002：214.

② 张立昌，郝文武. 教学哲学［M］. 北京：中国社会科学出版社，2009：35.

的可能性的过程。否则，我们的学生虽然凭借认知和能力的充分发展而取胜，却在成长中迷失，这样的教学究竟有何意义？

本书的基本思路是以人的整全发展为基本取向，从个体生命成长的内在秩序出发，关注人的生命成长和教学的教育性之间的内在关联，以个体生命的起兴、理智思维的启发与精神世界的对话为中心，深入阐发旨在促进个体完整成人的基本教学路径，从生命论的视角建构教学的话语体系，也为个体成人提供基于生命论的教学阐释，促进教学之教育性的充分实现。个体生命的打开绝非易事，或者说个体生命如何通过教学活动一步步实现自身的整全发展，绝非易事。毋宁说其乃是人类永恒而艰难的事业，它召唤着教育者整体唤起自身的生命，以巨大的热情与审慎的智慧投身其中。在这个意义上，个体生命的起兴、理智思维的启发与精神世界的对话，乃是教学持续而高贵的实践技艺。

本书试图回到赫尔巴特提出的基本问题，追问教学的教育性何以可能，同时努力融入中国的教学语境。我深知，要真正解决这个问题似乎是不可能的，我只是要提供一种可能的阐释。与其说我是要提供可资参照的教学技术，毋宁说我所要思考的乃是教学究竟如何与学生生命深度关联。正因为如此，本书并非一本教学指南，而是要唤起教师面对活泼的学生生命的爱与真诚，简言之，就是激活教育者热爱教育的心灵①。

---

① 刘铁芳. 追寻生命的整全：个体成人的教育哲学阐释 [M]. 北京：高等教育出版社，2017：26.

第一章

以教学打开生命：
走向生命论的教学哲学

一、重新思考教学：从个体生命开始

面对一项教学工作，教师除了思考如何用它传授知识之外，还必须思考如何能够使它致力于促进学生的品格和德性的养成。这两项工作并不是天然统一的。卢梭在《爱弥儿——论教育》（以下在正文里简称《爱弥儿》）中提醒我们：文化得到发展并不意味着人的道德水平会有所提高，因为当美德和伦理降格为大众化的意识形态和外在的规范时，后两者可能会遮蔽人的自然质地，因为它们不是从人的天性中生长出来的。如果我们遥想较为纯朴的希腊人，那时"文化还没有蜕化到使自然因而遭受遗弃的地步……。大自然引起他们的心智和求知欲的兴趣，似乎超过了它引起他们的道德感的兴趣；他们并不像我们这些新时代的人心怀真挚、多愁善感、并以甜美的忧郁之情眷念自然"①。因此，卢梭在让他一举成名的文章中，令人惊讶地提出，科学和艺术的复兴并未促使人变得淳朴，却使得"在我们的风尚中流行着一种邪恶而虚伪的一致

① 席勒 . 论天真的诗和感伤的诗 ［M］// 席勒 . 席勒文集Ⅵ：理论卷 . 北京：人民文学出版社，2005：91-93.

性，好像人人都是从同一个模子中铸造出来的：处处都要讲究礼貌，举
止要循规蹈矩，做事要合乎习惯，而不能按自己的天性行事，谁也不敢
表现真实的自己"①。

科学和艺术与人的天性之间的矛盾提醒我们关注教学与个体生命的
关系，因为教学的中心正是传授作为科学与艺术总和的知识。如果教学
中的知识没能进入个体成人的视域之中，与个体的生命实际上没有关联
起来，而是"变成了虚荣心追求的对象，那么它的好处就容易被坏处所
压倒"②，从而失去了"教育性"。从个体完整成人和教育性教学的角度
看，教学工作应承担两项任务。一项任务是引领人们关注更高的存在和
使灵魂变得美善的力量。当苏格拉底说"知识即美德"，他首先是说对
知识的追求本身意味着对超越性的追求，整全知识使人有机会对俗常经
验进行省察，从而过一种有德性的、关照灵魂的生活。这其中内含了对
知识的本体性和对教学的教养性规定。另一项任务是切实地帮助人们更
好地筹划或改良生活实践。当培根提出"知识就是力量"，夸美纽斯提
出教育要让人首先在现世"做万物的主宰，意味着努力迫使万物为己所
用，使万物各尽其用；……审慎地控制自己的动作和行动，包括外部
的、内部的以及别人的"③ 时，他们是在强调教学要让人认识万物、认
识自己、管束自己，从而经营好现世生活。

反观今日，艺术日益繁荣，科学知识成为客观、中立、普遍、现成
的东西，艺术成为生活的点缀与装饰，难以深入地关涉人的生活世界；
教学实践本身受制于外在的经济、社会等情况，越来越多地成为体制化
的实践，教学的生命意义难以有效彰显。在现实的教学工作中，由于教

---

① 卢梭. 论科学与艺术的复兴是否有助于使风俗日趋纯朴 [M]. 李平沤，译. 北
京：商务印书馆，2011：12.
② 赫尔巴特. 教育学讲授纲要 [M]. 李其龙，译. 北京：人民教育出版社，2015：
19.
③ 夸美纽斯. 大教学论·教学法解析 [M]. 任钟印，译. 北京：人民教育出版社，
2006：36.

育体制化和学科分化的限制，教学往往没有得到一种整体的"普通教育学"的观照，成为一种围绕现成知识授受的不言自明的工作。人们理所当然地出入其中，不追问教学的本质，不关心教学究竟把人带向何方，不关心教学究竟为何而生。正因为如此，重提教学的教育性就愈显急迫。当我们在一种教学的惯习中习以为常，对本真的教学愈感陌生时，重拾教学的"初心"，重新追问"教育性教学"为何，重新思考教学对于个体生命的意义，思考教学何以敞开个体完整成人的路径，就成为我们今日一种不可或缺的追根溯源的努力。

二、何谓教学：教学与个体生命的自我转换

（一）教学的演变：一种问题史的考察

我们首先要对教学展开一种历史的考察，这种考察不是为了"如数家珍"地列举历史长河中出现的教学形态或概念，而是为了通过对相关历史的解读明确现代社会生活的特征和现代教学的重建使命。我首先对教学的问题史进行简明的描述，试图回答以下几个问题：第一，古代教学如何首先确立教学对于个人和社会的教养意义？第二，科学与教育繁荣发展的近代，教学如何陷入危机？第三，现代教学的应对措施及其局限是什么？

在《理想国》中，柏拉图认为城邦有统治者、卫士和生产者三类人，每一个人的灵魂中也有对应的智慧、勇气和欲望三个部分。城邦的正义秩序在于三类人各司其职，一心从事自己的工作；同样地，个人的灵魂的三个部分如果各自做好自己的工作，那么个人就会是个拥有正义、履行自己职务的人①。卫士（勇气）高于生产者（欲望），是因为

---

① 柏拉图. 理想国［M］. 王扬，译. 北京：华夏出版社，2017：149.

12

前者关心的是超越个人生活的城邦生活；统治者（理性）高于卫士（勇气），是因为前者关心的是超越生成世界的理念世界，并返回来指导城邦生活。教育对具有不同天性和承担不同职责的人进行提升，如对卫士进行音乐和体育相结合的"习惯性训练"，对哲人进行真正的"知识"教学，包括数学、几何、天文、音乐以及辩证法，以促进哲人的灵魂转向，使其从生成世界进入理念世界。

亚里士多德同样区分了人类的三种生活，即沉思的生活、政治的生活和享乐的生活①。其中，沉思的生活是合于努斯自身的德性的实现活动，构成了完善的幸福，是最高等的一种实现活动。② 沉思者探究的是与最初本原和原因紧密相关的思辨科学方面的知识。这里的最初原因包括物质因、形式因、目的因和动力因四种，它们不是指那种可以无限制推衍下去的原因，而是一切事物运动的根据与条件。③ 相应地，面向沉思者的教学通过归纳和演绎，依据"最初本原和原因"把个体经验提升到知识层面。

在柏拉图和亚里士多德所设计的古典教学中，面向知识的教学和生活是为哲人安排的。哲人通过学习知识获得对理念世界和最高知识的观照，他们接受教育不仅是为了自己的生活，而且是为了经由超越而返回到城邦中以指导城邦的整体生活。可以说，古希腊人是生活在先于个人的自然秩序与城邦秩序的观照之下的，教学服务于这样一种先在的秩序，因而它一方面始终致力于使人保持着一种向上超越的姿态，另一方面则始终试图让城邦中的人各居其位，共同致力于城邦正义的实现。因此，古希腊的古典教学为人的知识学习、个体生命、社会实践寻找到了

---

① 亚里士多德. 尼各马可伦理学 [M]. 廖申白，译. 北京：商务印书馆，2003：11.

② 同①305.

③ 亚里士多德. 形而上学 [M]. 苗力田，译. 北京：中国人民大学出版社，2003：32-34.

可靠的联结点，也即城邦秩序和自然秩序，但这种教学也必须依靠人的天性和财富的等级制才有可能实现。

近代的自由、平等观念将先于人的城邦秩序和自然秩序打破了。当卢梭说"人是生而自由的，但却无往不在枷锁之中"① 时，人们首先将"枷锁"理解为束缚人的等级。此后，康德又对近代科学发展的"哥白尼革命"进行了理论总结。他说："理性只洞察它自己根据自己的规划产生的东西，它必须以自己按照不变的规律进行判断的原则走在前面，强迫自然回答自己的问题，必须不让自己仿佛是被自然独自襻带牵着走；……理性……虽然是为了受教于自然，但却不是以一个学生的身份让自己背诵老师希望的一切，而是以一个受任命的法官的身份迫使证人们回答自己向他们提出的问题。"② 在这里，康德不再像亚里士多德一般，把科学知识乃至形而上学知识看作对客观事物的合目的的自然秩序的模仿，而是把它看作人对自然具有规律性的假设。换言之，康德认为，自然对象要被用来印证人的认识，而非反过来；人为自然立法，而非反过来。人自身的实践同样如此。在亚里士多德看来，实践是对确定的城邦秩序和道德规范的适应，而今天，实践是体现人的自由意志与人性尊严的行动，人在实践中建立起道德律令从而"为自己立法"。

近代思想运动启蒙了人的主体意识与自由意识，但这种主体意识与自由意识首先必须是人自己在内心觉知到的，而非由外界教会的。对此，卢梭曾质疑知识教学的必要性，将人的道德的发展完全诉诸个人的"良心"。他说："道德啊！你是心灵纯朴的人所探讨的最崇高的科学，难道非要花许多力气并经过许多过程才能寻到你吗？你的原则不是铭刻在每一个人的心里吗？不是只需反躬自问，并在欲望沉静的时候倾听良

---

① 卢梭. 社会契约论：一名：政治权利的原理 [M]. 何兆武，译. 3 版. 北京：商务印书馆，2003：4.
② 康德. 纯粹理性批判：注释本 [M]. 李秋零，译. 北京：中国人民大学出版社，2011：12-13.

心的声音，就能知道你的法则吗？"① 如果教育的作用只是发展人的主体性，而主体性又只在于人内在的觉醒，那么教育岂非凭借人内在的觉醒即可？外在的知识教学岂非画蛇添足？卢梭的论断也意味着人文主义浪潮的推进，即人必须动用自己的良心，观照和经营自己的生活，不再用科学知识和自然秩序为自己的生存提供参照，由此那种"外在"的教学工作的合法性便受到了质疑。

现代的教学处理方案不再把教学当作将经验提升为知识的过程，而是将其当作让科学知识回归现实生活的过程。胡塞尔认为知识应当参与到对人的生活世界的组建中，并回答关于人生存的根本性问题。他说："在 19 世纪后半叶，现代人的整个世界观唯一受实证科学的支配，并且唯一被科学所造成的'繁荣'所迷惑，这种唯一性意味着人们以冷漠的态度避开了对真正的人性具有决定意义的问题。……即关于这整个的人的生存有意义与无意义的问题。"② 他认为生活世界的问题很重要，具有普遍和独立的意义，"与它相比，'客观上真的'世界的问题，或客观的-逻辑的科学的问题——不管这些问题怎样以什么样正当理由一再地被提了出来——则显得是具有次要兴趣、更为专门兴趣的问题。尽管我们的近代客观科学的特殊成就仍然未被理解，但是并不能动摇以下这件事实，即它是由特殊活动而产生的对于生活世界的有效性，它本身是属于生活世界的具体事物"③。

此外，还不得不提及实用主义的教育方案。胡塞尔认为知识回到生活世界的方式是回答人在生存方面的根本性问题，为经验生活提供指引，而杜威则否认知识和经验之间有实质性的差别。他认为知识必须经

---

① 卢梭. 论科学与艺术的复兴是否有助于使风俗日趋纯朴 [M]. 李平沤，译. 北京：商务印书馆，2011：43.
② 胡塞尔. 欧洲科学的危机与超越论的现象学 [M]. 王炳文，译. 北京：商务印书馆，2017：18.
③ 同②168-169.

由活动教学成为实际经验，经验进而成为成人与儿童联合生活的共同基础。他强调教育效果应当"成为与年轻人和年长者的联合有关的联合的目的的重要部分"①。我们需要担心这种"联合的生活"是否会因为日常操劳和常人而降格为庸俗的生活，或是由科学技术所引领的生活，或者说变成人一味追逐科学技术所带来的求新和时尚的生活。

本纳列举了现代教学的三种倾向，这三种倾向都有意识或无意识地试图在现代重新确定教学工作的合法性。但为这种合法性进行辩护的人不是重新发现教学本身的教养意义，而是将教学作为实现其他外在目的的手段，这无疑让教学变得狭隘了。这些人分别把教学当作：技术的教育，意识形态批判和政治的教育（这一倾向来自诸种批判理论将教育揭示为再生产话语权和资本、国家与个人的工具，学校是完成这一再生产活动的场所），传授职业理论和训练实践能力的教育。② 我们尤其要提防第三种倾向，因为它用"能力"和"知识"的"整合"维持了教学表面上的统一。

（二） 社会生活与思想世界：个体生命的双重中介

从对历史的考察看，古典教学提供了一条个人通过知识向上超越并参与社会公共生活的通道，它在最大意义上肯定了教学的教养价值，但它是以传统社会的神人关系和等级秩序为前提的。现代教学确立了人作为主体拥有理性和自由，以及人与人之间应当平等的理念，并将个人的生活世界作为教育的目的和起点，但知识与教学失去了教育性意义，知识不是被作为对实际生活进行观照以使个体超越现实生活之局限的东西，而是变成让个体适应社会或批判社会的工具。一种生命论的教学哲学要接受现代这一背景，即要从个体的实际生活出发，致力于古典的超

---

① 杜威．民主主义与教育 ［M］．王承绪，译．2 版．北京：人民教育出版社，2001：15.
② 本纳．普通教育学：教育思想和行动基本结构的系统的和问题史的引论 ［M］．彭正梅，徐小青，张可创，译．上海：华东师范大学出版社，2006：248.

越性和教养性的教学论，在适应与超越相统一的视域中带出个体完整成人的可能性。

对此，我们首先需要思考的是，个体是如何参与对自我生命的组建的？对于这样的问题，人们也许会感到惊讶，难道人活着不就已经是作为一种生命体进入自身的生命历程中了吗？但是人与动物的区别在于，动物在自然世界中就已经展开自身生命的所有可能性，而人并非天然地展现出他所有的生命形式。人不能孤立地成人。人要通过双重中介参与到自身的生命中。

第一重中介是社会生活。社会是个体成人的根本性场域，希腊哲人和先秦儒家早已洞察到这一点：人必须经由城邦（家-国）才能成为人。也就是说，社会和文化是人与自身生命发生关系的中介，人与自身、他人、世界的关系都必须在特定的社会和文化中建立起来。个体作为实践者，通过"经验"和"交际"自然而然地与社会产生联系。经验即人对客体的感受，交际即人与人的实际交往。教学不过是经验和交际的扩展，教学以之为起点，同样以之为终点。不过，如果人仅仅通过自然性的经验与交际参与社会，那将是狭隘的。人的经验和交际的特性在于人总是看到自己习惯看到的，扩展自己乐意扩展的，这样的经验扩展在世俗生活中是线性的、庸常的、缺乏深刻反思的。这就提出了人参与自身生命的第二重中介和教学的必要性的问题。

第二重中介是个体的思想世界。人在经验之外，尚通过知性之眼来观看世界，进而参与社会生活，如赫尔巴特所说："因为从思维中将产生感受，而从感受中又会产生行动的原则与方式。"[1] 个体的思想世界不是自然而然形成的，其是个体依靠自身理智思维构建的反映世界的理念系统。教学将各种知识与经验、交际综合起来，学生通过概念、命题的联合展开抽象的思考，形成内在丰富的思想世界。由知识形成的思想世

[1] 赫尔巴特.普通教育学［M］.李其龙，译.北京：人民教育出版社，2015：7.

界是探索性和解释性的，而非线性的、经验性的，人通过不断提出假设与验证假设来建构、更新自己对世界的整体理解。

人在世界中行动，同时也运用思想解释世界，"解释"也是另一种行动方式。在思想世界中，知识并不是对社会的简单摹写，而是将世界解释为某种合目的的秩序系统，并从中生发出信念和道德律，由此个体就能够运用思想控制自我，忍受他在实际生活中遭遇的强制和挫败，从而保持内心的自由与平衡。人的自由思考和自由行动的意志必然是建立在思想世界上的。罗兰（Romain Rolland）有一句名言：世界上只有一种真正的英雄主义，就是认清了生活的真相后还依然热爱它。

由此，人既是实际参与社会行动的生命体，又是运用精神参与社会行动的生命体。人让思想世界和实际生活之间保持着一种持续的互动：一方面，思想世界需要持续接受实际生活经验的检验，它不是一个美好的空中楼阁；另一方面，这种检验并不就意味着它是对实际经验的简单摹写，因为思想世界是解释性的，因此它又具有一定的独立性——它在选择以何种方式和目的论解释世界中确立了自身的独立性。

（三）教学的意蕴与个体生命的自我转换

教学的最主要活动并不是直接面向学生的实际生活，而是直接面向学生的思想世界！教育工作中所有面向知识和学生的思想世界的活动都属于教学，而对学生的实际生活进行控制和指导的活动则分别属于日常的管理与训育。教学通过塑造学生的思想世界，使其在成人过程中敞开人之超越性的生命意义，唤醒学生的生命自觉，使学生产生一种向往美善与自由的转向。这种转向意味着学生的生命在教学中完成了自我转换，在这个过程中教学实现了其"教育性"。

教学要给予学生一个好的思想世界，这是我们探究教学活动的首要起点。"好"有三个要求：第一，它能够完整地解释现实世界，也就是符合"真"的要求；第二，它必须导向一个善的、正义的秩序，也就是符合"善"的要求；第三，它能够激发个体参与社会生活的美好意向，也就是符合"美"的要求。"真""善""美"三者的统一是好的思想世界的标准，它意味着个体在思想世界的观照下，能够凭借这种价值引导而切实地生活在现实世界中，此之谓"极高明而道中庸"，即既敞开个体高明的理想空间，又指出个体在现实中可持守的合乎中道的行为方式。这是一种"内在超越"的方式，即不脱离现实生活、不向往彼岸世界，就在现实生活中以中庸的方式超越平庸的现实。

然而在今天，人们不再把那个高明的、真善美的思想世界当作人的理想空间，反而认为它是无法实现的虚妄幻想。理想不再以"理想"的方式观照现实，而是受"能否成为现实"这个标准的检验，这就把真正的理想降格为大众化的意识形态，仿佛"理想"只是指一个人因不满什么现实而想做什么事、希望过什么样的生活，从而抹去了它的严肃性和检验生活的功能。在更多时候，人们谈论理想，不再是把它作为自己以高明开启中道的生活方式，而只是把它当作摆脱平庸生活的兴奋剂罢了。

当理想以理想的方式进入实际生活中，人们就必须在现实和理想的张力平衡中不断做出生活选择，这将有赖于每一个人所建构的自己与自我的关系、与他人的关系，以及与世界的关系。由此，教学的任务不是直接告知学生应当过一种什么样的生活（无论是理想的，还是现成的），而是要提供种种素材与支持，以扩展学生的经验和交际范围，帮助学生形成自己的思想世界，从而让其获得自由思考和行动的能力，并在平衡思想世界与未来社会生活的实际行动中，实现自我生命在更高意义上的统一。这一教学规定从根本上而言是中介性的，是以促进个体生命的自我提升、自我转换和自我完善为目的的。

三、教学与个体生命的整体激活

个体以种种生命力量的显现为外界所把握，这种力量的实质是个体生命带着某种意向性面对世界。教学要想帮助学生建立起稳固的思想世界，就必须激发起学生的生命意向，在课堂中"兴发"起学生的生命活力。一种好的教学就在于能够激活个体的生命意向。课堂中学生的身体在场，并不意味着他的生命在场。孟子说过一则故事：弈秋教两个人下棋，其中一位学生"专心致志，惟弈秋之为听"，另一位学生"虽听之，一心以为有鸿鹄将至，思援弓缴而射之"。（《孟子·告子上》）那位耳朵在"听"，而思绪却在鸿鹄身上的学生，岂不是生命不在场吗？而那位专心致志的学生则是带着强烈的意向性参与到课堂中。

　　教学工作只有激活学生的生命意向，在课堂中"兴发"起学生生命的活力，才能够使学生建立起丰厚的思想世界。生命的诸种意向或形式力量总体而言包括三类：欲望、兴趣和意志。整全的生命意味着健康自然的欲望、多方面的兴趣和坚强的意志的结合，教学必须努力发展和平衡这三者，以促进个体完整成人。

（一）教学与欲望：丰富生命的直觉形式

　　欲望是人类生活的一个中心问题。荀子说："人生而有欲，欲而不得，则不能无求。求而无度量分界，则不能不争；争则乱，乱则穷。"（《荀子·礼论》）在古代教学中，欲望往往被视作消极的东西，为了防止欲望成为人类作恶的源头，古人往往或以礼义制之，或以音乐节之，或将其融入理性的事业中。苏格拉底以哲学生活引导个体由爱财者、爱名者，向着爱智者跃升，由此而敞开个体灵魂的价值秩序。[①] 近代以来，人们逐渐表现出了肯定欲望的倾向，在歌德的《浮士德》中，主角浮士德皓首穷经、埋首故纸堆，感到生命的耗竭。在魔鬼梅菲斯特的引诱下，浮士德踏上了追求爱情、权力、美和事业的欲望之路，后来每每因

---

① 　刘铁芳. 追寻生命的整全：个体成人的教育哲学阐释［M］. 北京：高等教育出
　　版社，2017：353.

自己的欲望付出惨痛的代价。但是，浮士德从未因悲痛或幸福而止步于某个瞬间，他总是踏上崭新的道路，就像他评价自己的一生时说的："每一种欲望，我都紧紧抓住，不能满足，我就撒手，从我手里溜掉，我就认输。我只渴求，我只实行，又重新希望，这样使劲地冲过了我的一生。"①

从《浮士德》中可以看到欲望是个人与世界中的对象发生关联，并确证自身生命存在最为直接、基础的方式，它如潮汐一般，不断地从人的生命深处涌来，表现出新的力量。人类身上最伟大、卓越和有效的原动力就是欲望，任何企图消除欲望的想法，都意味着把个体生命视作可以与其身体和世界分离的东西，将个体作为一个非直观的、客体化的对象来处理。若将这种想法付诸实践，则个体生命很有可能会陷入疏离、不安与直接意义缺失的境况中。但这是否就意味着人之于欲望始终是消极被动的？并非如此。欲望的另一面恰恰是它的短暂与无常，它并不会持续长久地支持个体的行动，因此它就为个体持续、坚定的理性生命让出了空间。

人在追逐欲望与获得满足中前进，教育活动必须控制儿童的欲望满足过程：一方面，不能够让儿童的欲望过度或过快得到满足，因为长此以往儿童便会陷入不断欲求新的对象的过程中，他很快得到满足，又很快厌弃现状，以至于欲壑难填，仿佛追求的不是确定的事物，而是虚幻的泡影，如此他便要陷入物欲的虚无和一时的欢愉之中；另一方面，不能够压抑儿童的欲望，使其得不到一点满足，因为那样的话，欲望必将以另一种扭曲的形式表现出来，儿童将因此变得乖戾。

教育活动让欲望的行进维持在一种温和、适当的节奏中，卢梭在《爱弥儿》中对此有过经典论述。他主张对婴儿欲望的控制要从婴儿开始哭时开始，因为哭是婴儿表达需要、恳求帮助的唯一语言。他说婴儿

---

① 歌德. 浮士德 [M]. 绿原，译. 北京：人民文学出版社，1994：379.

的哭既是请求，也是命令："他们的啼哭，以请求别人帮助他们开始，以命令别人侍候他们告终。这样，由于他们本身的柔弱，所以他们起先是想依赖，随后才想驾驭和使役别人。"① 因此，他认为要区分儿童的欲望是源自真实的需要，还是胡乱的想法和没有道理的欲望。基于此，他提出成人应以一种统一的原则和节奏去满足儿童的欲望，这样才不会过度满足或过度抑制儿童的欲望，从而避免儿童发展出使役别人的品性。

与此同时，教育活动也要丰富儿童的欲望对象，只有这样，儿童才能以丰富灵活而非单调的直觉形式去感受自我生命与外在世界，但是切不可让儿童陷入表面的、五光十色的世界之中。这意味着教学工作要通过对世界的审美化描述，对欲望进行升华。欲望是需要被引导的，赫尔巴特认为："我们应该唤醒许多欲望，但不允许任何人毫无顾忌地扑向他的对象。"② 他强调审美对于欲望的升华，他认为一个人能否成为自由的人，能在多大程度上成为自由的人，要"看他是更沉浸于自私自利的算计还是对他周围世界的审美的理解"③。

对欲望的稳定控制和扩展的教育包括两个方面：日常的管理任务和教学工作。教学工作需要关注的地方为如何将教师对学生的控制逐渐转换为学生自己控制自己，这里突出的一条原则是：尽可能少地将教师的个人情绪带入奖惩中，而是主要依靠在具体的情境和客观的原则之间取得平衡。此外，在总体的教学设计中，教学应当通过对世界的审美描述，将欲望对象提升为审美对象，后面将对这个原则展开讨论。

---

① 卢梭. 爱弥儿：论教育：上卷 [M]. 李平沤，译. 北京：商务印书馆，1978：55.
② 赫尔巴特. 论对世界之审美描述是教育的首要工作 [M]//赫尔巴特. 赫尔巴特文集4：教育学卷二. 杭州：浙江教育出版社，2002：185.
③ 同②187.

（二）兴趣与教学：构建个体开放的智性生命

"兴趣"这个词在日常生活中被泛化了，人们将生活中的偏好、意愿、个性、技能等都称为兴趣。我们必须这样界定它：兴趣是个体对对象的一种非占用性、非支配性的意向性。儿童观望或者在自由的游戏活动中面对一个对象，而没有运用强力去支配、占有它，那么其往往就是出于兴趣。一旦这种状态被打破，儿童对对象提出了要求，那么兴趣就过渡为欲望或意志。所以，兴趣的关键在于儿童纯粹地投入到对象中，不带目的地参与其中，此时这种兴趣才是闲暇的、自由的。

"我们所需要的乃是完整兴趣的培养，也即基于身体与生命整体唤起之上的趣味的培育与养成。惟其如此，这样的趣味才既是通达于个人身体与生命的，也即有身体与生命之根基的，同时又是超越个人单纯身体与生命存在而上升到文化价值的陶冶。"① 教学工作不应只关注那些作为职业能力或是被狭隘地窄化为文艺、体育科目的兴趣（前者的功利性和后者的个性化皆不符合兴趣的教育性要求），或者是仅仅被那种轻松、片面而粗浅的"爱好"牵着走，而是应该将广阔的文化世界转换为能够激发起儿童完整兴趣的教学内容，以促进儿童的全面发展，对抗人类实践行动的有限性和职业活动的分化特征。

围绕兴趣展开的整个教育工作都属于教学活动。在赫尔巴特的"教育性教学"理论中，兴趣是沟通"教学"与"教育性"的关键。赫尔巴特在《根据行政专区参议格拉夫先生的构想对学校年级及其改革的教育学鉴定》中提出，在通常的教育学准则中，"学习是目标，而兴趣是

---

① 刘铁芳. 育中国少年 成生命气象：基于文化自觉与生命自信的中国少年培育实践体系建构 [J]. 湖南师范大学教育科学学报，2018（4）：46-60.

手段，我现在让这种关系颠倒过来"①。学习终究会结束，但个体可能会终身保持某种兴趣，因为兴趣能作为一种稳定、自由的力量驱动个体持续的求知和交往活动，使其不断开阔思维、探索世界、开启与他人的交往。赫尔巴特紧接着以《奥德赛》的教学为例说明兴趣的关键性，他说荷马逐渐激发儿童的注意力，并把它推得越来越高，最终在儿童心中产生如人们只能期望世上某一本书才有的如此紧张的心情，而这种紧张的心情持续留下一种强烈的印象，以后儿童所有对全部古代历史与文学的印象均与之交融。② 赫尔巴特进一步认为，对学生的多方面的、均衡的兴趣的培养应该贯穿整个教学。在此，我们引入赫尔巴特对完整兴趣的分类。他将兴趣划分为两大类，每大类又包含三种兴趣，一共六种兴趣③，分别是：

经验的兴趣	同情的兴趣
思辨的兴趣	社会的兴趣
审美的兴趣	宗教的兴趣

如果教学是将知识与学习者实际经验到的事物联系起来，那么它所引发的就是学习者的经验的兴趣。实物教学以经验的兴趣切入教学，实物一般包括儿童自己的身体、实在的事物以及自然。早期教学应当尽可能把知识与大自然中的植物、动物等联系在一起，因为后者是所有事物中最具有生命力和多样性的经验性事物。教学应当首先让儿童带着灵动、欢快和丰富感性的心灵去看待自然。

如果教学是使知识与知识之间建立起联系、系统化，并使学习者获

---

① 赫尔巴特．根据行政专区参议格拉夫先生的构想对学校年级及其改革的教育学鉴定［M］//赫尔巴特．赫尔巴特文集4：教育学卷二．杭州：浙江教育出版社，2002：300.

② 同①301.

③ 同①.

得对事物的规律性认识，那么它所引发的就是学习者的思辨的兴趣。培养学习者思辨的兴趣是教学中最为核心的工作之一，因为它是培养学习者的知性最为关键的部分。在思辨的兴趣中，教学要帮助学习者观察现象、探究概念、分析规律、阐明思想并促使其反复检验，让学习者在种种分散的对象、观念之间建立起联系并使之系统化，构建个人完整的知识图景。

如果教学使种种对象显现出灵动、安宁、和谐、系统等令人愉悦的形象，那么它所引发的就是学习者的审美的兴趣。审美的兴趣是一种由语言或形象传递出的整体意境。当我们观看一幅画时，审美要求我们与画保持一定的距离，以便从整体上把握它，因此教学同样应当注意不能因过度分析破坏学生整体性的审美兴趣，这意味着知识教学要在适当的地方及时留白。

如果教学让学习者感受到种种美好、伟大的情感体验，那么它所引发的就是学习者的同情的兴趣。《中庸》中说："喜怒哀乐之未发，谓之中；发而皆中节，谓之和。""中和"之道，是同情教育的根本。教学必须时刻注意儿童的情感是真诚、恳切的，还是矫揉造作的；是丰富的、灵动的，还是枯竭的、死板的。应试教育中最为严峻的部分之一，便是对学习者的审美的兴趣与同情的兴趣的破坏。

如果教学讨论的是人与人之间的制度、公德、礼仪、法律、公共利益等公共性的关系与秩序，那么它所引发的就是学习者的社会的兴趣。教学要让学习者意识到社会问题的复杂性，也就是要以多元的视角（而不是简单化、平面化的态度）看待社会，儒家传统的、现代契约式的社会理论等都必须要予以教授；要让学习者理解制度与集体仪式的合理性及其限度，不至于让学习者对于参与社会行动感到过于冷淡、顺从或过于狂热、爱慕虚荣。

赫尔巴特是在一个广阔的意义上，而非在某个教派之内谈论宗教的兴趣。对于赫尔巴特而言，宗教意味着最高的安宁与幸福，这种体验源自人对终极意义的寻求与对自身有限性的深刻体验。因此，这种安宁与幸福的获得不是源自对任何物质的享受和权力的掌握、支配，而是人返璞归真后的自然追求。就像弗洛姆说的："当一个真正有宗教信仰的人按单神思想的本质行事，那他就不是请求神给予他什么，而且也不期待从神那儿得到什么；……他更多的是达到一种谦恭的态度，他知道他对神是一无所知的。神对他来说变成了一种象征，人在他早期的进化阶段中就已经通过这一象征表达了他所追求之物，那就是爱、真理和正义。"① 对于能够引发对终极意义的兴趣的宗教或哲学教学，应当在儿童早期的自然教育中即种下种子，以待有朝一日学习者在反思人类文明时，能够发现这颗种子，并主动去寻找这方面真正的教育。

（三）教学与个体的意志：孕育个体生命的精神价值

日常生活中人们用"意志"表示个体身体和心理的承受能力，但真正的意志必须是建立在思想这个基础上的。意志是个体绝对执行某一观念原则，以构建自身的实践生活的意向。它将某一观念原则作为强有力的东西，拥有它的人决意去塑造自己的生活，它在本质上表述为"我要!"。对此，赫尔巴特说道："说'我要!'的人，他已经在思想中占有了未来，已经看到他成就的是什么，占有的是什么，享有的是什么。"② 也就是说，拥有意志的人，他不是一味地受某一对象的吸引，而是清醒主动地要求某一（观念）对象去支配自己的生活。前者是受欲望驱动，是被动受到具体的、实在的对象的支配；后者是执行自己的意志，主动受观念对象的支配。孟子说："富贵不能淫，贫贱不能移，威武不能屈。"（《孟子·滕文公下》）意志是对个体精神价值的最终体现。个体用意志战胜外在的强制力、控制欲望、认清自我、养成品格，并最终获

---

① 弗洛姆 . 爱的艺术［M］. 李健鸣，译 . 上海：上海译文出版社，2008：65.
② 赫尔巴特 . 普通教育学［M］. 李其龙，译 . 北京：人民教育出版社，2015：119.

得自己在道德意义和精神意义上的自我统一性。

意志的建立和品格的养成是基于个体的思想世界的，而个体的思想世界是相对于现实世界而言的，其具有独立性及精神价值，而其来自意志。在《普罗塔戈拉》中，苏格拉底展示了知识对人的品格的塑造。在他看来，知识应该是最强有力的东西。他这样看待学习到真正的知识的人："要是谁认识到［什么是］好的事情和坏的事情，他恐怕就不会受任何东西的强制去行事，只会按照知识吩咐［他的去行事］。"① 他认为按知识行事是最大的智慧，而被快乐征服是最大的无知。在《泰阿泰德》中，苏格拉底认为造成这种"无知"的原因恰恰是人的"聪明"。城邦中的一些人认为在城邦中生存必须得"行不义"，正因为如此，他们受到了惩罚——过着自己所像的那个（也就是非神的、不义的）生活方式一样的人生。② 而"真正聪明"的人在于相信这样的真相："神无论如何也不会以任何方式是不正义的，祂是完全正义的；倘若我们当中有人变得正义至极，那么就不会有比他更像神的。"③

在这里，我们可以看到苏格拉底将无知等同于按欲望行事，将智慧等同于按知识所指引的正义生活。这意味着，知识不仅能帮助人判断何者是好的、何者是不好的，而且真正的知识还要求我们必须按照知识所给出的指示来行事，也就是说，知识让人形成对正义和善的认知与信仰，因此，知识是能够涵养人的判断力和意志力的东西。但对于今天的学校教育来说，知识更多地已经成为一种文本信息，逐渐失去了其强有力的塑造个体德性灵魂的作用。人们学习知识是为了应试、谋生、交际，而唯独不是为了用它塑造自己的精神生活。

个体坚定的意志与品格的形成，不仅有赖于知识与思想世界的涵

---

① 柏拉图. 普罗塔戈拉［M］//刘小枫. 柏拉图四书. 北京：生活·读书·新知三联书店，2015：138.
② 柏拉图. 泰阿泰德［M］. 詹文杰，译. 北京：商务印书馆，2015：134.
③ 同②74.

养，也有赖于"训育"的培养。《论语》中有一则孔子与冉求的故事，冉求曰："非不说子之道，力不足也。"子曰："力不足者，中道而废。今女画。"（《论语·雍也》）在这里，冉求认为自己的意志不足以贯行孔子之道，孔子则说：并不是你的意志不够，而是你还未开始行动。在《论语》中，孔子通过劝诫、批评、赞赏、鼓励等，不断让弟子们维持践行仁的意志。

因此，意志的教育包括两个部分——知识的教学和训育。训育意味着教师通过言语和行为直接对学生的情感产生影响，让学生或强化或遏制或维持自身的意志行动。训育是对教学活动的补充，在教学活动中，教师除了通过教学内容的精神性和道德主旨的升华来涵养学生的意志外，也应当适当地通过训育的手段来维持学生的学习热情。

最后，应当注意的是，对于意志的教学并不是不加限制的，因为意志是专断与严肃的，它不但企图完全控制欲望，而且容易破坏人们广泛的兴趣。对此，席勒在《审美教育书简》中说道："人可以以两种方式使自己处于对立的状态：不是他的感觉支配了原则，成为野人，就是他的原则摧毁了他的感觉，成为蛮人。"① 野人是对欲望无所约束的人，而蛮人则是意志过强的人。因此，教学工作应当注意个体的欲望、兴趣和意志的平衡，让三者各司其职，共同致力于个体的整全成人。人尤其需要对自己的主体性和理性力量进行反思，需要对原初的人与自然、人与神的和谐关系有一种领会。健康的人与自然的关系，应当回到互相需要的关系中，而不是人对自然的任意征用。它大致如同海德格尔援引的荷尔德林的诗句——但岩石需要着雕凿／土地需要着沟垄／倘若没有（人的）居留，它便荒芜②——描述的那样。

---

① 席勒.审美教育书简 [M]//席勒.席勒经典美学文论：注释本.北京：生活·读书·新知三联书店，2015：221-222.
② 转引自张振华.斗争与和谐：海德格尔对早期希腊思想的阐释 [M].北京：商务印书馆，2016：299.

四、教学与个体生命的历时性展开

人类社会主要借助知识传递丰富的思想遗产，这种遗产不是经由简单的经验生活和社会交往就能发现的东西，也不只是关于生活智慧的箴言和道理，更不是信息的简单堆积，而是前人对自身的经验和知性观念进行复杂的分析、综合之后，形成的有规律的、合目的论的秩序系统。知识世界绝非我们今天所理解的客观化、纯逻辑的东西，它与个体的情感、行为原则乃至生存信念息息相关，如赫尔巴特所说："因为从思维中将产生感受，从感受中又会产生行动的原则与方式。"① 情感、思维、意志三者乃是相互渗透、相互影响的，这也是知识之所以能促进个体成人，教学之所以能具有教育性的关键。教育性教学意味着教学让个体在日常生活中获得的所有事物或伦理的经验，经由知识世界转换为合目的论的秩序系统，个体在此过程中进而生发出稳定的行动原则和生活力量，由此，教学改造了个体认识社会、进入社会、参与社会生活的方式。围绕知识展开的教学，要基于个体生长的节奏，让其逐步进入知识的秩序系统中，不断扩展自身的思想世界。

（一）早期教学的审美性：游戏与教育的审美化

儿童首先是一个自然的统一体，他的统一性来自他健康、自然的欲望。儿童总是信任自己的直觉与欲望，他若有什么想要的或想做的，必会诚实地表达出来，而不是遮遮掩掩，他只愿意遵循自己的意愿行事，因而富有行动力。儿童还不能切身地同情他人，关于对错的观念尚未植入他的心中，所以他从不怀疑自己。如此，儿童展现出成人所欣赏与乐

---

① 赫尔巴特. 普通教育学 [M]. 李其龙，译. 北京：人民教育出版社，2015：7.

见的天真和美好。

早期的教学势必要保护儿童对于世界的直觉性感受，这种保护并不是说要放任儿童的欲望，而是说不应当用现代社会对世界的种种科学化的解释去取代儿童自己对世界的理解。因此，这指出了一条道路，就像我们前面所说，通过对世界的审美化描述来柔化儿童的欲望。"柔化"意味着：个体在追逐欲望、求而不得的过程中，并没有因此完全陷入痛苦中，而是依然能够在寻觅奋进的过程中感受到自身情感生命的充盈；同样的，当个体欲望得到满足时，其并没有进而追求更大的餍足，而是满足于即刻的欢欣。

对世界的审美化描述，可以用孔子评《关雎》的话来概括——乐而不淫，哀而不伤（《论语·八佾》）。这种审美情愫是建立在个体对世界与人生的整体性的情感体验的基础上的，拥有这种情愫的个体超越了具体的情绪对象，在每一个对象中都能感受到自身对世界与人生的整体性领会。人居于生活世界，如同"寄蜉蝣于天地"，但就像李泽厚所说，"虽知实有为空，却仍以空为有，珍惜这个有限个体和短暂人生，在其中而不在他处去努力寻觅奋力的生存和栖居的诗意"[①]。生活世界的这种境遇矛盾与悲喜交织的诗意，需要通过诗性才可以领会到。孟浩然的"春眠不觉晓，处处闻啼鸟。夜来风雨声，花落知多少"，实在是将自己对世界的审美化描述展现出来了，诗中有春眠后之初醒，有夜梦之恍惚，有脆啼之喜悦，有落花之闲愁，读诗者因此整体性地感知到那种人生若寄却又真实珍贵的生命体验。

对世界的审美化描述其实是早期教学的主要任务，它为儿童建立了情感与直觉意义上的丰盈的世界形象，这种形象虽然不能立刻为儿童所领会，但却会在他未来的生活际遇中不断地渗入与丰富他的生活。在这里，我们将对世界的审美化描述总结为两个路径——"起兴"与"游戏"。

---

① 李泽厚. 情本体在今日 [J]. 中国美学研究，2007（0）：1-9.

"起兴"作为中国古典诗教的核心技艺，能将个体带入生动而优雅的自然情境之中，激活个体身心向世界开放的意向状态。《诗经》中的"兴"句是托物起兴，情寓于景，往往先言他物，以便将人的活动置于自然的生动境域之中。如《关雎》一诗在谈"窈窕淑女，君子好逑"前，先描写了"关关雎鸠，在河之洲"的自然景象，把人的求偶现象置于自然的、神性的秩序之中，"由此而使得个体摒弃美好自然之外的邪念，'窈窕淑女，君子好逑'的求偶行动也因为前面美好自然视域的打开，不再是生理欲望的冲动，而成了美好人性的优雅姿态，成了爱与美的人生诉求"①。这种"天人合一"的视角把人对欲望的追求纯洁化，甚至让它变得神秘而复魅了。因此，中国古典教学的精髓不是西方式的对人的理智性的"启发"，而是对人这种本体性的情感的"（起）兴"与理智性的"（启）发"的融合，它把儿童在自然世界中的经验事物与自身的情感体验对应起来，开启了儿童优雅地看世界的基础性视域。

游戏体现了自由与秩序的统一。人总是要投入到某种外部活动中的，而儿童最乐意投入到游戏中，因为游戏的特点是它以自身为目的。那些以外在目的为主的活动，往往令儿童极易失去耐性，因为他只追求即刻的满足。而只有游戏，让儿童在参与过程中并不追求外在之物，只以整个游戏过程为目的，因此他当下便能感到满足。这样，游戏中的规则就不是外在束缚，而是儿童乐于遵循的东西，它有助于儿童形成模糊与粗糙的秩序感和规则意识。以自身为目的的游戏可以分为许多类型，如体育的、理智的、艺术的，教学应当发展多种类型的儿童游戏。

对于早期教学来说，教师应当转换或隐藏教学工作和学习任务所预设的目的，要把教学过程当作教师与学生共度的时光，师生一起对日常经验事物进行处理，并惊讶地发现某些可被称为"知识"的东西的过程。这是想强调教学和学习任务的游戏性和无目的性，让儿童能够因教

---

① 刘铁芳.教育意向性的唤起与"兴"作为教育的技艺：一种教育现象学的探究[J].高等教育研究，2011（10）：26-37.

学任务本身获得乐趣，并调动起自己的全部力量。要做到这一点并不容易，但许多具有卓越才能和精彩的语言表现力的教师在这方面有颇为优秀的技艺。

（二）中期教学的理智性：个体思维的深度拓展

这个阶段的儿童有了丰富的、审美化的生活经验，并具有同这些经验有相关联系的知识，但他的经验和知识总体而言是被动生成的。我们在他逐渐生长起来的理智中，看到他对世界不持偏见而又充满兴趣的童真。这是发展儿童思维的良好基础，由此教学将用知识的方式去发展儿童非支配性和非占有性的理智兴趣，构建起他的思想世界，让他在思想世界中生长出主动思维的能力。

知识的传授活动是依照学科分类的，学科自身有内在的系统性，因此对于课程教学来说是适宜的。每一门学科课程都应当能够激发起儿童的多方面兴趣，这也构成了学科课程本身的多样性。比如自然科学，尽管其侧重于经验的兴趣和思辨的兴趣，但它们同样应当通过人对真理的热忱和探索历程，引发儿童的情感体验与审美感受；通过科学发展的成就与灾难史，引发儿童相关的社会伦理兴趣；通过科学带来的技术化、欲望增长和"祛魅"后果，引发儿童对自身有限性的思考。

学科的教学基于知性概念展开，任何一个概念必须在两个方面有意义：第一个方面是，概念必须与个人的经验发生联系，即成为一个可经验对象，并嵌入个体对世界的理解和生活中（这是概念所获得的经验的意义）；第二个方面是，概念必须与其他概念以种种关联形式相联结，构成命题和观念，进而形成一个系统的观念群（这是概念所获得的联结的意义）。学习中的"专心"指向第一个方面，"审思"指向第二个方面，在专心和审思的交替中，经验的意义和联结的意义相互推进，不断地将学科学习推向整体性和本质性的意义获得，并让儿童真正在理智上感到愉悦。最终，儿童所学习的母语、数学、历史、政治、科学等各种学科知识，都必须能够告诉儿童它们对于人类的世界观念和社会生活来说意味着什么。这个答案不是抽象的，也不是教师告诉学生的，而是说教师必须将开展这一思考的种种素材告诉学生，让学生自己在学习过程中不断做出回答。

在此，我们发现那种将古典的科学知识添加到教学内容中的必要性。古希腊人对自然科学知识感到惊讶，原因在于它能够为人类社会和理性生活确定自然的秩序，它远远没有像现代科学知识一样被客观、中立等外在标签所主宰，而是始终保持着对生活实践的观照，因而那些所谓成为历史的、被否定的知识恰恰有利于促进儿童对世界的整全性的理解。让我们看看海德格尔对于原初的希腊知识的称颂：（希腊人的）知识即使在命运面前虚弱无力，也必须展开自己最高的抗拒，存在者之遮蔽的全部力量正是因为这一抗拒才涌现出来。在希腊人那里，知识乃是一种"理论的"态度。一方面，"理论"的产生并不是为了理论本身，而是单单来自一种想要接近如其所是的存在者并受它逼迫的激情；另一方面，希腊人的全部努力，恰恰是把沉思作为一种实现、一种"实践存在"、一种人的生活方式，并且是作为唯一最高的方式来理解和贯彻的。①

与现代科学对应，现代教学的种种研究和讨论，都很容易陷入狭隘，即教学仿佛不再思考如何激发儿童纯粹的情感与理智的兴趣，也不再思考如何把知识与人的整体生存问题联系起来，而是仅仅关心如何把已经确定的知识用种种精巧的方法移入儿童的脑海之中。于是，那些概念式的、命题式的知识抛却了对真正的人性具有决定性意义的问题，应试教育更是让知识堕落为毫无尊严的书本上的字符。"知识"——不管是作为科技发现的"知识"，还是作为应试的"知识"——本身成为教

---

① 海德格尔：德国大学的自我主张［EB/OL］.（2003-07-10）［2017-09-12］. http://www.aisixiang.com/data/1755.html.

33

学所要追逐的目的，从而败坏了教学的内在兴趣，教学成了一种迫切的、追逐的活动，而非一种闲暇的活动。即便如此，时代的革新依然让我们产生深深的危机感，教育要如何面对未来日新月异的变化？这产生了一系列虚伪的教育命题，人们倒是把那种从未来的假想中产生的控制欲加倍施加到教育上，但是整个教育的工作不是要加重，而恰恰是要安顿人的内心，避免人在面向未来时感到恐慌。

（三）后期教学的对话性：走向个体的精神教化

赫尔巴特在《教育学讲授纲要》中指出："人的价值虽然不存在于知识而存在于意愿之中，但并不存在独立的欲望能力。意愿扎根于思想范围之中，这就是说，意愿虽然并不扎根于一个人所了解的个别知识之中，却扎根于他业已获得的观念的联合与综合作用之中。"① 这句话概括了知识在塑造个体的性格与意志方面的价值。成人不能要求儿童在流变的经验中打地基和建造房子，儿童的精神性格如果没有知识与思想世界奠基是很难稳定的。

精神性格的教育包括两个方面：一个方面是教学所打开的思想世界，另一个方面是训育。儿童的自我意识是在阅读世界和与他者交往的过程中发展起来的，在这个过程中，儿童产生了建构统一性自我的要求。这既为进入主体意志的教育提供了基础，又为基于内省的训育提供了基础。教学在此要帮助儿童将知识带入关于自我的思考中，并要让儿童主动建立起自我与世界的关系，尤其要将儿童带入对人性的深刻领会和世界的整全思考中，这种知识事实上是"知识之后"的"超越"与"基础"的知识。

后期教学的首要目的，就是要保持学生在社会生活中对于知识的信

---

① 赫尔巴特. 教育学讲授纲要［M］. 李其龙，译. 北京：人民教育出版社，2015：31.

心，并在具体生活情境中努力遵循知识的指引。如果一个学生进入社会后，马上感到他所学习的知识没有用处，并质疑整体的知识的有用性，转而无所顾忌地追求那些卓有成效的职业技能和世故的社交技巧，那么教学的漫长努力就将在平庸的操劳中逐渐付诸东流。教学活动塑造的意志力与社会环境和习俗塑造的意志力是不一样的，《中庸》里有一则子路问什么是"强"的故事，孔子说：宽柔以教，不报无道，南方之强也，君子居之。衽金革，死而不厌，北方之强也，而强者居之。南方的强是基于教化的君子之强，北方的强是基于血气的强人之强。教学是要用宽柔而非激进的道理去教育人，更要让学生看到世界的复杂性，进而基于学生的善意激发其意志，由此个体才能"和而不同""中立而不倚"。

围绕某个具体且严格的主题进行对话是最为适宜的，因为缺乏严格的主题，讨论要么是松散、游离的，迟迟无法得到升华；要么是大而空泛的，变成箴言式的或训育式的教导。箴言依靠个人的人生体悟，训育则依靠师生之间建立的交往关系。主题主要有两个来源，一是（广义的）文学作品，二是社会事件。这两者并不一样，文学作品因其作者对人物性格、社会背景和情节的设定，以及主题的清晰性和人物的多样化，使得讨论者能够非常顺利地进入严密的论证，获得清晰的结论。从这个角度说，文学作品是最合适的讨论素材。如果教师本人能够深刻理解人类的精神和道德原理，那么对文学作品的讨论可以变得很有深度，例如教师通过对文学作品进行深入的心理分析和情节分析，带领学生深入讨论道德原理。

社会事件不同于文学作品，其作为真实的事件，任何人对它的描述总是不确定和不完整的，人们在描述社会事件时更多地是在呈现人在复杂的社会背景和各种动机驱动下的行为选择。另外，社会事件中的正义问题往往是模糊的，因为人们可以从法律、情理、个人成长史、社会公平等方面去考察一个社会事件，无法确立一个统一的正义标准。因此，社会事件的讨论需要有别于文学作品的讨论，否则社会事件只能被当作糟糕的文学。社会事件的讨论是要让学生理解社会情境和个人行为的复杂性，明白在社会事件中社会制度、道德职责、利益追求、个人性格、运气等诸种因素是交织在一起的。如果说学生在观察社会事件时不足以从中升华出个人的主体意志，那么他就会发现这种主体意志是存在于思想世界中的，是思想对人提出的要求，而非生活对人提出的要求。因此，他就必须以一种更加宽容的态度看待他人，但同时又不失去对自己的严格要求，不失去对于普遍人性的信任与期待。所以社会事件是从道德的消极层面教育人，文学作品则是从道德的积极层面教育人。

对话教学是严肃的，不管是苏格拉底与他人的对话，还是孔子与他人的对话，我们都能够意识到这种严肃性。其严肃性在于，对话双方不是在闲谈，而是在开诚布公地检验和论证自己所愿意过的生活，于是，双方把自己的生活当作具有某种目的性和秩序性的东西。人们热衷于检验自己的生活理念，大胆而积极地做出决断，也不害怕被否定。常言道：理论是灰色的，生活之树常青。任何理论的摧毁都不能毁灭人的生活，而都将成为人朝向整全生活的一部分，对话教学的主旨正是激发起个体致力于自身生命完善的行动力和崇高感。

五、从教-学关系走向社会行动

师生之间围绕着知识所展开的教学交往活动，总体而言是一种间接的交往过程，而教学中的语言是经过教师的编码和学生解码的语言。不过在教学活动中，尚有教师与学生直接的交往活动，那就是学生直观地感受教师在教学中所呈现的生命姿态，在心灵上受到影响，我们将这种关系称为教-学关系。在这种关系中，教和学是教师和学生的一种生命姿态，而不仅仅是指向教什么和学什么。就像柯小刚所说："这个独一无二的学者（指孔子）于是就把'学'本身做成了一种'教'。他要教给学生的首先是'学'本身，而不是学的内容。于是，这个学与教就成为一条道路，一条永不止息的道路。走上这条健动不息的道路，而不是一劳永逸地认信一个神或者认识一个理念，才是这个教师（指孔子）和他的学生们的教学共同体实践带给人类未来生活的永恒启发。"① 教-学关系使师生形成了知"道"、践行"道"的共同体，教是为了学，学转化成教，教师和学生在教-学中上下通达，教-学成为个体成人和社会交往的理想姿态。

正式的教学也许是一项教师逐渐减少"教"的活动的工作，因为最好的教育是自我教育，教学工作只是为了达到这个教育终点的一系列过程。但是作为个体生命姿态的教-学却并不应当因此消失，而是需要人不断返回。我们不是在终身教育的立场上提出这一点的，而是认为教-学本身应当成为公共生活中一个应然的、与其他社会实践形式平行的维度。就如中国古代的理想社会是一个教化社会，"仕而优则学，学而优则仕"（《论语·子张》），上位者和教学者是可以相互转换的。只有这样，社会才不会是一个毫无教化意义的地方，社会对教育的态度才不会如同那个色雷斯侍女嘲笑因抬头看天而掉进坑里的泰勒斯那样。因此，我们就不仅要思考如何把教育情境转换为社会情境，还应当思考如何将社会情境转换为教育情境。那么，如何让学生顺利地从教-学关系过渡到社会行动，就不仅是学校的工作，也是社会的工作。

教师应当尽可能地展现其作为教育者的生命姿态，这种姿态将会让学生充分感受到学习者的积极的生命姿态的召唤。何谓教育者的生命姿态？我从三点展开论述：第一点，爱与权威的统一；第二点，生命的丰富与自由；第三点，向着更高事物开放。爱与权威的统一是教师首先需要领会的生命体验，因为教师需要接过学生的父母所做的工作。爱基于感情的和谐，而爱所要求的感情的和谐可以通过两种方式产生：一是教育者深入到学生的感情中去，十分巧妙地悄悄融合在学生的感情中；二

---

① 柯小刚．道学导论：外篇［M］．上海：华东师范大学出版社，2010：13.

是教育者设法使学生的感情以某种方式接近他自己的感情。① 因此爱为情感的敞开与融通提供了空间，"正是在爱所形成的人与人之关联结构中，爱着的彼此向对方最充分地展现自我，也让各自在充分展示的过程中获得自我的最大成全"②。权威代表了另一种情感的可信赖性，权威中应当包含一种稳定的规则和秩序，因此它是有条件的，而爱是无条件的。爱与权威为教–学关系确立了最为重要的基础，教师群体应当尽量使这两者达到平衡。

生命的丰富与自由程度，取决于教师思想世界品质的高低。一方面，卓越的教师在教学活动中，展现出他强大的生命力量与丰富的思想素材，由此学生在他身上感受到一种生命的整全性与和谐性。另一方面，卓越的教师因其思想世界的丰富和理想信念的崇高，而呈现出内心自由和仁爱的人性气质，这种自由和仁爱让他得以超越狭隘的生存世界，领会到作为师者的"师道尊严"，也即明白"为师者在履行自己职责时所应当秉持的根本价值原则和所应当追求的根本价值使命"③。

孔子说："默而识之，学而不厌，诲人不倦，何有于我哉！"（《论语·述而》）教–学作为一种生命姿态，在根本意义上是始终向着更高事物开放的，并在这种开放中不断地敦促自己完善人格。但是，这种开放是没有终点的，因为"每个人都需要面对自我与他人、内在与外在、理想与现实、德性与利益之间的恒久的冲突"④。所以，向着更高事物开放不是一劳永逸的，而是必须在人与人的生动互动中不断激活，并时刻让更高事物来到当下并作为向上的力量激励此在的行动，正所谓"日新其德"。

---

① 赫尔巴特. 普通教育学 [M]. 李其龙，译. 北京：人民教育出版社，2015：20-21.
② 刘铁芳. 爱与丰富：重新认识基础教育的两个基本维度 [J]. 教育研究，2016（7）：52-60.
③ 石中英. 师道尊严的历史本意与时代意义 [J]. 当代教师教育，2017（2）：18-23.
④ 刘铁芳. 追寻生命的整全：个体成人的教育哲学阐释 [M]. 北京：高等教育出版社，2017：469.

　　教师在教学关系中应以渊博的知识和高尚的生命姿态的示范，帮助学生建构起自己稳固而开放的思想世界，使学生在开始实际生活后，始终能够保持着丰富的意向性与对生活的更高目的和秩序的追求，从而也能保持内心的自由与平衡，并主动地以"学"的生命姿态向世界和他人敞开自身，最终走向生命自觉和自我教育。教师不应当让学生不经发问、讨论和反思，就去回答种种重大问题，否则这种教学就是"灌输"的教学；他也不应当让强制性的管理僭越教学——如果教师爱好那种事无巨细的管理工作，他必然要在无限的操劳中消磨掉自己最后一点教育热情——否则这种教学就是"控制"的教学。"灌输"和"控制"，都企图直接而非经由儿童的生命转换影响儿童的行动，因而它们就容易把教学变成一项技术化的非教育性工作。

　　由此可说，教育性教学不是给予性的，而是生成性的。所谓教学的生成性，乃是在如叶澜先生所言的"教天地人事"的过程中，通过天地人事之教敞开个体与天地人事之间的关联，带出个体置身于天地人事之间的存在，也即让个体切实地活在天地人事之中，在自我生命中活出天地人事来，由此在自我向着天地万物真实敞开的状态中"成（就）"一种活泼开放且积极向上的"生命自觉"[①] 的境界。因此，教学所打开的生命，不是抽象的生命，而是具有现实感的、实际存在着的生命。在这种"打开"中，教学帮助学生在原本狭窄的生活范围内敞开丰富的生命意向，建构起稳固的思想世界，从而开启富有自由和秩序的生活世界，并有效地承担起自己的人生。我们以海德格尔在《林中路》扉页上的几句话比拟教学：

　　　　林乃树林的古名。林中有路。这些路多半突然断绝在杳无人迹处。
　　　　这些路叫作林中路。

---

① 　刘铁芳. 育中国少年 成生命气象：基于文化自觉与生命自信的中国少年培育实践体系建构 [J]. 湖南师范大学教育科学学报，2018（4）：46-60.

　　每人各奔前程，但却在同一林中。常常看来仿佛彼此相类。然而只是看来仿佛如此而已。

　　林业工和护林人识得这些路。他们懂得什么叫作在林中路上。①

　　从这几句看似朴素的话中能引申出学习与个体生命的什么特征？从通常的视角看，学生是那林中的探路人，他们意欲凭借自己达到那个澄明的林中空地，但他们只能在邻近道路上摸索，因为他们视线之外是林间的晦暗。但从学生实际的生命视角来看，教学乃是这样一条林中路：它并非将个体带到某个澄明的林中空地，仿佛物理意义上的将一个人由一个位置挪动到另一个位置，它通过道路的延展将林中空地的澄明带到个体当下所处的林间晦暗中来照面，澄明与晦暗相互游戏并划定边界，此边界便是个体生命作为此在的空间性。由此，个体、道路、林间晦暗、林中空地这四个元素得以共同汇聚到此在的教学空间中并相互游戏，构成完整的生命性的教学哲学。在此之中，教师可是试图手把手带领学生到达林中空地之人？也许学生终究无法到达林中空地，但教师应是那些认识道路的林业工和护林人，他们能够将澄明带到学生所在的林中路上，为其打开生命的空间。

---

① 海德格尔．林中路［M］．孙周兴，译．上海：上海译文出版社，2004：中文说明页 3.

第二章

身体的激活与教育意向性的唤起：

起兴作为教学的初始技艺

真正的教学以个体成人为指向，但任何教学都不足以让个体成人，而是只能唤起个体成人的生命意向。好的教学就在于能够不断敞开、激活个体的生命意向，即个体渴求自身整全的意向姿态。意向性的基本含义是"指向"，意向性指涉心灵代表或呈现事物及其属性或状态的能力。受教育的个体之教育意向性，就是个体进入教育情境之中的姿态，即个体以某种姿态进入教育情境及其所涉及的诸种事物。

开启个体的教育意向性也就是唤起个体之身体、生命，即让个体身心发生转向，进入与世界和教育事物的意向性结构之中，让个体"欢乐地看–世界""欢乐地看–教学事物"。孔子所阐释的"兴"乃是其所代表的古典诗教（即古典的以《诗经》为基本内容的诗歌教化）的核心技艺，同时也是孔子所代表的中国古典教育的核心技艺，其要旨正在于通过唤起个体的身心而唤起个体积极的教育意向性结构。"兴"有整体性起兴和即时性起兴：整体性的起兴，即教育者在个体早期即准备性教育阶段对个体身心的全面唤起，意在唤起个体"欢乐地看–世界"的意向性结构；即时性起兴，即当下教育情境中教育者对个体身心积极状态的唤起，意在唤起个体"欢乐地看–教学事物"的意向性结构。整体性起兴的匮乏容易导致厌世，即时性起兴的缺席则直接导致厌学。起兴的技艺希望在唤起个体的教育意向性之时，给个体教育的发生提供一个意义生发的境域，其在当下学校教育乃至儿童发展中儿童厌学、内心空虚等现象存在的领域中，能起到重要的裨补阙漏的作用。①

一、教育意向性的内涵：身体的唤起

意向性的英文单词 intentionality 来源于拉丁文 *intendere*，其含义是"指向"。意向性是心灵代表或呈现事物及其属性或状态的能力。教育的真谛乃在于激发身处教育情境中的个体对知识与真理的爱和追求，这种欲求建基于个体的教育意向性。所谓教育意向性，即个体置身于教育情境时的潜在性的接受结构，也就是个体在求知过程中的内在意向。任何教育都发生在个体的意识之中，如果个体意识到教育情境所指涉的事物，或者说，如果个体的意识面向了教育情境所呈现的事物，那么其教

---

① 本部分的研究试图借鉴现象学的视角，从个体的教育意向性出发，把个体教育的发生置于个体如何积极地看教学事物的关系结构之中，从而把教育实践的重心放在如何以古典诗教中的"兴"的技艺来唤起个体的教育意向性，唤起个体身心对当下教育情境的真实参与，让教育的发生置于个体身体、生命的视域之中，由此促进个体教育意义的生长与生命意义的生成，以在一定程度上疗治当下青少年学生成长过程中因为过早承担过重的学业负担或因成长中父母的缺席所导致的厌学、厌世情绪的滋生。不仅如此，作为视角的"兴"还可以让我们重新思考基础教育的基础性功能，认识到基础教育的基础性正在于以个体早期生命的充分起兴为其青年时期高度理智化的学习做准备，为成年时期个体创造力的迸发提供基础，避免当下教育中出现的个体的创造力随年龄与学段的上升反而下降的趋势②；重新思考德育、智育与体育、美育之间的关系，认识到体育、美育相对于德育、智育而言，更具有起兴意义。当下教育实践应该增强体育、美育在学校教育中的重要性，凸显当下教育的整体性，避免各学科教学中出现的各自为政，只见树木，不见森林的现象。
② 苏军. 应试教育阻碍创造力 学生年级越高创造力却越低 [J]. 成才之路，2010（30）：11.

育意向性就基本形成了。苏霍姆林斯基用过一个词表达类似的意思，即
"人对教育的敏锐性"，他把这种敏锐性看成是一个人"成为有教养的人
之所在"①。教育意向性作为一种指向，所显示的正是一个人接受教育的
能力。

　　教育意向性所关涉的中心问题是内在于个体的教育活动何以可能发
生，它关注的不是一个人正在接受何种形式的教育（从学生角度而言，
也就是具体的学习内容、学习方式、学习效果），而是学习活动得以发
生的内在基础是什么。换言之，教育意向性问题关注的不是个体认识了
世界上的什么，认识了多少，而是个体如何认识世界、体验世界，如何
向世界敞开，如何内在地"看-世界"，世界以何种方式在个体的意识中
呈现出来。对于成长中的儿童而言，最重要的并不是他们周遭的世界是
什么样，而是世界如何在他们的意识中建构起来，也就是他们如何"观
看"世界（他们"观看"世界的方式会成就他们的"世界观"），也就
是他们向着世界的意向性。

　　教育意向性关注的重心，不是个体接受何种教育内容，也就是发生
在个体意识之中的具体教育活动是怎样的，而是这种教育活动的前结
构，也就是个体是以何种方式朝向此种教育活动，这种教育活动究竟是
如何发生在个体意识之中的。这样，我们对个体教育的关注就始终被置
于个体与教育教学事物的关系结构之中。个体以何种姿态面向教育情境
所指涉的事物，或者说个体进入教育情境中的意向性，是个体教育活动
得以可能的基础。关注个体的教育意向性，也就是充分地关注个体进入
教育情境之中的准备性接受状态，以及其中的相关知识内容与个体之间
的关系，这直接涉及个体教育的可能性及其限度。苏霍姆林斯基在论及
读书时说："我认为一个非常重要的教育任务，就在于使读书成为每个
孩子最强烈的，精神上不可压抑的欲望，使人终生都入迷地想同书中的

①　苏霍姆林斯基. 怎样培养真正的人 [M]. 蔡汀，译. 北京：教育科学出版社，
1992：15.

思想、美、人的伟大精神、取之不尽的知识源泉打交道。这是一条最基本的教育规律。"① 其实，书中的任何思想、美、人的伟大精神、取之不尽的知识源泉都不足以成为个体教育发生的依据，而不过是一种潜在的可能性。只有当个体对书所代表的思想、美、人的伟大精神以及知识源泉产生了一种强烈的倾向性时，这种潜在的可能性才有变成现实的可能。

教育在个体生命中能真实地发生，不是因为教育目标的重要性（这种重要性往往是成人世界赋予的），而是因为受教育者真实地朝向了教育目标所指涉的事物，也即受教育者开启了自己的教育意向性。只有当个体开启了教育意向性，有了接受教育的基础性结构，教育目标的重要性才向个体显现出来。换言之，理解教育的发生，不能简单地把受教育者和教育目标的特性分割开来考察，教育在任何时候都是一种关系，唯有当受教育者的意识真实地朝向了教学事物，其充满欢乐地、充满好奇地、富于关切地、凝神地"看"教学事物时，个体教育的发生才是可能的。这意味着对于个体教育而言，比教-学内容更重要的是教-学方式，也就是说，重要的是弄明白教-学活动究竟是怎样发生在个体意识之中的。显然，教育意向性的开启正是教-学的前提和基础，简言之，教-学的基础就是唤起学生"欢乐地看-教学事物"的意向性结构。所谓"欢乐地看-教学事物"，乃是一种描述，意指个体的身心转向教学事物，并在这种真实地"看"教学事物的过程中，获得了"看"的状态的充实，也即个体在将身心转向教学事物后，身心感到充实和愉悦，由此而保持学习过程中"欢乐地看-教学事物"的意向性结构（其中也包含着日常学习过程中发生的惊奇地看、关注地看、凝神地看、倾心地看等基本状态）。

本书把"欢乐地看-教学事物"作为个体教育意向性的基本结构，

---

① 苏霍姆林斯基. 怎样培养真正的人 [M]. 蔡汀，译. 北京：教育科学出版社，1992：116.

其中，"欢乐地看"指涉如何看，即意向行为，"教学事物"指涉看什么，即意向对象。① 我们把"欢乐地看-教学事物"作为个体教育意向性的基本结构，这显然包含了我们对一种积极的教育过程的价值期待，或者说，我们所探寻的是一种好的教育得以发生的意向性基础。"欢乐地看-教学事物"意味着教学事物充实了个体"欢乐地看"的意向姿态，换言之，此种教育活动构成了个体当下充实的生命状态，也即教育意义真实地发生在个体当下生命之中。与之相应，"忧伤地看-教学事物"或者"漠然地看-教学事物"，则往往意味着教育过程的阻滞，学习主体自身先在性的忧伤或漠然阻碍了教学事物在个体意识中的积极呈现，这使得当下教育情境中个体教育的真实发生遇到了阻碍。此时，个体生命并没有真实地朝向教学事物，教育活动并没有成为此时此刻让个体生命充实的活动，个体不过是被动地承受教学事物，教育意义没有在当下真实地形成。

这意味着对于学校教育活动而言，学生进入教育情境之前、之中的态度绝不是可有可无的，它们恰恰构成了个体教育真实发生的基础，构成了教育之于个体的意义源泉。正如洪汉鼎先生所言，现象学在接近人生、带给我们文化与理智生活的意义和贡献方面的成就，就是"使我们前哲学的生活、经验与思考获得正当有效性。对于我们这些受过近代科学启蒙的人来说，理性与科学固然给了我们重大成就，但一旦我们步入后现代时，它们就显得薄弱不足了，而现象学正是在这里启示了我们"②。用现象学来观照教育学，就是要揭示个体进入教育情境之前、之中的生活经验、体验对于教育活动的意义。教育活动并不是纯粹的智力意义上的知识授受的活动，教育所要培养的也并不是单纯掌握客观知识

---

① 关于胡塞尔对意向的介绍可参见倪梁康的分析：倪梁康. 现象学及其效应：胡塞尔与当代德国哲学［M］. 北京：生活·读书·新知三联书店，1994：40.
② 洪汉鼎. 重新回到现象学的原点：现象学十四讲［M］. 北京：人民出版社，2008：序言 3.

的主体，不是对抽象的个人主体性的建构，而是关注活生生的渴求意义的人的生成及其对富有意义的生活的建构，关注个体对生活和世界的爱与热情。

任何自主性的教育活动，都是发生在个体意识之中的活动。只有个体开启意识结构中的意向性，也即个体真实地朝向教学事物，并最终使这种活动充实自己的生命和扩展自己的意识，真正的教育才会发生。一旦个体意向性的开启在教育活动中缺席，知识活动就成了一种与个体疏离的外在的理智活动，这样的活动不能充实个体的生命，也不足以成为个体生命中有意义的事件。在这个意义上，所谓教育就是个体生命意向开启过程中的自我充实之旅。譬如就劳动与劳动教育而言，并非个体所经历的劳动都构成对这个人的教育。当个体在机械地劳动时，劳动只是其不得不承受的任务，此时此刻的劳动就不是一种旨在提升个体的教育实践，而不过是其生命不得不承受的压力与苦役。只有当个体心中有了劳动事务，并且朝向这种事务，即当劳动成为个体意识之中的活动，个体在劳动情境中找到兴趣，找到意义感，劳动反过来成为其充实自我意向的活动，也即劳动让人觉得充实时，此时此刻的劳动才构成一种教育。

二、教育意向性的双重结构及其形成

个体的教育意向性，乃是个体在面对自然、他人与文化世界的过程中显现出来的结构。直白地说，个体的教育意向性，就是个体进入教育情境之中的态度，也就是个体以某种姿态进入教育情境以及面向其所涉及的诸种事物。个体进入教育情境之中，当下便和教育情境中现成的事物，也就是诸种知识相遇，个体直接面对教育情境及其所涉及的事物的态度构成了即时性的教育意向性。个体除了作为即时性的活动者进入教育情境之中外，同时还作为一个历史性的存在者进入教育情境所代表的生活与世界整体之中。换言之，一个人进入课堂的姿态，从表层来看，涉及个体与教育情境中的人和事物的关系；从深层来看，则涉及个体与生活、世界整体的关系，也就是个体"观看"生活和世界的姿态。如果说前者是即时性的教育意向性，事关个体与当下学习事物的关系，那么后者则是整体性的教育意向性，事关个体整体性的向着世界的基本姿态。

由此，个体进入当下教育情境之中，其教育意向性包含双重结构：一种是基于早期生存经验所孕育出来的向着自然、他人与文化世界开启的意向性结构，也即个体看世界的意向性结构，这种结构是相对于个体早期人生经验而言的，是先于当下教育情境的，是整体性的，对当下学习的影响往往也是间接的；另一种是当下教育情境所唤起的意向性结构，即个体看教学事物的意向性结构，其是与当下教育情境并存的，或者说是个体在进入当下教育情境之中时，面对学校、教师、教育内容、教育情境等产生的意向性，这种意向性更直接。胡塞尔把我们对时间的意识区分为两种意向性，即纵向意向性与横向意向性。胡塞尔认为："内在时间意识有着双重的意向性，一方面，它滞留着它自己的先行当下，以及前摄了它自己的未来，建立了一种原初的自我同一；另一方面，它又建立了被经验对象的连续性，也就是对象成就为在时间中展现出来的经验。内在时间意识在这里进行了一个我们可称之为纵向意向性（vertical intentionality），即建立了它自己的连续同一性，以及一个我们可称之为横向意向性（transverse intentionality），即建立了在时间中展现的意向对象。"① 从个体人生早期经验出发并向后延展的教育意向性，是一种纵向展开的教育意向性；在当下指向教学事物的教育意向性，则是一种横向展开的教育意向性。

个体的先在性教育意向性的孕育乃是基于历时性的个体在发展过程

————————

① 洪汉鼎. 重新回到现象学的原点：现象学十四讲［M］. 北京：人民出版社，2008：189.

中所形成的整体经验，个体当下教育意向性的开启则更多地是基于当下学校与教师的教育教学艺术。如果说指向当下教育意向性的教学艺术是个性化的，是经过设计的，其对当下学习效果而言是直接性的，那么，先于当下的教育意向性的整体性的教育意向性则是整体性的，是个体周遭整体的生活世界长期对个体发展产生的影响所导致的，是非设计性的（或主要是非设计性的），其对当下学习效果的影响乃是间接性的，但却是根本性的。爱生活、爱世界的个体更容易爱学习，表现出足够的学习热情，并享受学习的快乐。个体在发展过程中逐渐形成的教育意向性同样是当下教育意向性唤起的基础，具有相对稳定的教育意向性结构的个体，更容易在当下教育情境中敞开接近自身的事物的教育意识。若一个人从来就没有被充分唤起过教育意向性，要在当下教育情境中唤起其即时性的教育意向性，将十分不易。

当然，两者绝非简单分割的对象，实际上整体性的教育意向性的形成来自个体成长过程中一个个即时性的教育意向性的唤起，而且，低龄阶段的学校教育经历对于个体整体教育意向性的形成至关重要。依照胡塞尔现象学的理解，一种非客体化的行为，必须奠基于一种客体化的行为之中。他认为非客体化的行为不具有自己的质料，使喜悦成为喜悦的质性特征，在其内在本质中并不具有与对象的联系。① 倪梁康对此的理解是："与对象的联系只能在质料中构造起来。但由于只有客体化的行为才具有自己的质料，也就是说，由于每一个质料都是客体化行为的质料，因此，非客体化的行为必须奠基于客体化的行为之中，并且借助于这种奠基而获得质料。这便是客体化行为的奠基作用所在。"② 换言之，一个人面向世界的、并无确定指向的积极态度的形成乃是由一个个曾经面向世界上具体事物的积极态度的唤起奠基而成

---

① 倪梁康．现象学及其效应：胡塞尔与当代德国哲学 [M]．北京：生活·读书·新知三联书店，1994：43.

② 同①.

的。这意味着一个人整体教育意向性的形成，其实也就是其早期经历中无数即时性教育意向性唤起的结果。

我们把个体成长理解为一个渐次发生的过程。若以现象学还原的方式来理解个体精神的发展，那么一个人何以能拥有开放性的精神结构，而非自我封闭？发生在个体生命开端的亲子之爱，可谓其教育意向性的发端。亲子之爱的重要性，正在于它在一个人生命的开端处开启其面向父母、他人的意向性结构，让其活在爱者-被爱者的关系结构之中。个体生命开端处的爱的意向性的开启，正是个体爱这个世界，也是其"欢乐地看-世界"的意向性结构的开端。这意味着父母对孩子的陪伴直接关涉孩子朝向世界的基本态度。一旦孩子在这个阶段缺少父母的陪伴，其就很容易关闭自己曾经面向世界开启的意向性结构。苏霍姆林斯基曾写过这样一个故事①：

三年级女学生卓娅，今天早晨从家里出来时满面春风，高兴极了。原来，前一天晚上爸爸妈妈在她的床边坐了很久，讲了不少童话故事，在她想睡觉的时候，爸爸妈妈吻了吻她，并说：好吧，愿你能梦见明亮的太阳。晚上卓娅真的梦见了明亮的太阳，还梦见一片绿色草原像大海那样大，一朵朵黄色的蒲公英小花、嗡嗡叫的雄蜂和在歌唱的云雀……

可是卓娅同班同学米佳从家里出来时，无精打采，闷闷不乐，现出心中有事的样子。原来，昨天晚上他的爸爸妈妈吵架了，吵了好久，妈妈哭了，米佳也久久不能入睡。后来他在梦中还梦见妈妈哭得泪汪汪的那双眼睛。

卓娅和米佳一同去上学。女孩高兴地在叽叽喳喳说着什么，米佳想去琢磨她说的话，以便驱赶苦恼的情绪，然而无济于事。男孩的眼前总是出现母亲那对充满泪水的大眼睛。男孩想哭。

---

① 苏霍姆林斯基. 怎样培养真正的人 [M]. 蔡汀，译. 北京：教育科学出版社，1992：5-6.

突然卓娅喊了一声：

"你看呀，米佳，仙鹤飞来了！一大群呢……春天啊，春天。你看呀，那些仙鹤是蔚蓝色的，它们有多美呀！蔚蓝色的仙鹤！你看呀，米佳，你看呀！"

"不是蔚蓝色，是灰色的……"米佳小声地说。

"不是灰色，是蔚蓝色！真怪，明明是蔚蓝色的鸟，你怎么说是灰色的呢？"卓娅吃惊地说。

两个孩子都到学校里来了。卓娅走到我（指苏霍姆林斯基）跟前说：

"在我们上学的时候，天空中飞来了一群蔚蓝色的仙鹤，可米佳说仙鹤是灰色的，难道仙鹤是灰色的吗？我亲眼看见是蔚蓝色的嘛。"

一个儿童可能因为妈妈每天亲吻她而充满欢乐地看周遭事物，表现出"欢乐地看–周遭事物"的意向性结构，并由此看到周遭事物的亮色；而另一个儿童可能因为父母吵架，或者父母的长期缺席而充满忧伤地看周遭事物，表现出"忧伤地看–周遭事物"的意向性结构，以至于看到周遭事物的灰色。个体早期的生活经历直接孕育着其面向世界的意向，这种意向构成了其看待事物意义的境域。正因为意向不同，同样的事物才会在不同的意向性结构之中呈现出不同的意义。当个体意识中呈现出积极的意向，即当个体积极朝向世界，世界就会在其意识之中呈现出积极的一面，个体就能更好地理解世界，走向世界，而不是拒绝和逃离。"假如我们的孩子都能以乐观的情绪去看世界，假如他周围生活中的每一种现象都能向他展现出美丽、精细、柔弱、温和色彩的话，他就会易于接受教育，就会贪婪地聆听你的每一句话。"① 儿童"欢乐地看–世界"的意向性结构正是他们"贪婪地聆听世界"的基础，或者说正是前

---

① 苏霍姆林斯基. 怎样培养真正的人 [M]. 蔡汀，译. 北京：教育科学出版社，1992：6.

者使后者的发生成为可能。

正因为如此，苏霍姆林斯基提出，"为使孩子成为有教养的人，第一，要有欢乐、幸福及对世界的乐观感受。教育学方面真正的人道主义精神，就在于去珍惜孩子有权享受的欢乐和幸福"①。这意味着在个体早期发展阶段，一个重要的任务就是如何让"欢乐地看–世界"变成个体一种持续的意向性结构，也就是持续地唤起个体"欢乐地看–世界"的教育意向性并使之得以保持。由此，即时性的教育意向性进入个体整个发展历程之中，成为历时性的教育意向性，即，由个体对具体事物的经历而形成的教育意向性，转变成个体整个发展历程中面向世界的持续的教育意向性。

教育意向性不同于偏见，偏见是一种观念，教育意向性是身心的准备状态。教育意向性关涉的并不是或者说不止是受教育者头脑中的观念形态，而是受教育者的身心准备状态，也即个体作为人的基础性准备状态。人的一生虽然漫长，但年少时期无疑是漫长人生道路上的关键时期，它在很大程度上决定了一个人发展的基本方向与态势，个中原因正是年少阶段的经历所奠定的个体发展之内在意向性结构。如果说人生乃是个体经验的不断扩展，那么年少的经历无疑奠定了一个人经验世界的原初形式，这一原初形式构成一个人经验世界的相对稳定的内在意向性结构，或隐或显地成为其人生道路上与他人和世界相遇时的基础性身心状态。我们之所以强调一个人的成长道路往往在襁褓之中就决定了，正是因为母亲对待孩子最初的姿态，以及个体在早期成长过程中在家庭中所形成的原初性的意向性结构在其发展中具有奠基性意义。不仅如此，一个民族、一种文化，其中所包含的个体经验世界内隐的意向性结构同样跟这个民族、这种文化在开端处所形成的意向性结构有着根本性的联系，这也是我们身处现代依然需要不断回溯古典的原因。

---

① 苏霍姆林斯基．怎样培养真正的人［M］．蔡汀，译．北京：教育科学出版社，1992：5.

三、起兴作为古典教育技艺与个体教育意向性的唤起

意向性结构的形成不是认知性，而是体验性的，是始于个体身心整体朝向世界的姿态的形成。唤起个体的教育意向性，就是使其身体发生转向，开启其与世界相遇的意向性结构，从而激活个体身心向着世界的求知状态。这一过程正是起兴的过程。在英文中很难找到一个与起兴对应的词，德文中可以与之对应的词是 *dichten*①，英文中大致与之接近的词有：inspire，其基本含义是赋予某人灵感，启示、启迪、激励或鼓舞某人；uplift，其基本含义是提高、抬高或鼓舞某人（尤指在精神、道德或情绪方面）；另一个有点接近的词是 evoke，其基本含义是引起或唤起（感情、记忆等），产生或引起（回应、反应等）；与 evoke 类似的词是 invoke，其基本含义是用法术召唤。但这几个词都不足以完整地表达起兴的含义，inspire 能表达出身体受到激励的感觉，但缺少渐进性的引发，鼓舞的意味更浓；uplift 能传达提升的意思，但偏直接，不是特别切合起兴的潜在性唤起的方式；evoke 有渐进性的引发的含义，但传达不出整个身体被唤起的感觉；invoke 能传达出某种神秘事物的意味，但缺少整个身体被唤起的意蕴；associating，其所具有的联想、联合的意思符合起兴的过程，但这个词无法表达起兴在个体身体上的表现。本书选择用 evoke 来表示起兴，主要取其渐进性地唤起个体以引起其身心愉悦的感觉的含义，这整体上接近起兴的过程和结果。教育情境中的起兴乃是个体身心被唤起、激活的过程，个体被激活的身心往往处于非确定性状态，并不指向某种确切的知识，而是一种向着世界开放的意向。

起兴是中国古典诗教的基本技艺，当代教育学话语主要沿袭或接续

---

① 张祥龙．孔子的现象学阐释九讲：礼乐人生与哲理［M］．上海：华东师范大学出版社，2009：97．

欧美教育学话语系统，中国教育史中的话语并没有有效地融汇到当下教育学话语体系之中。国内著名的教育学者叶澜指出："教育学在中国的百年历程中，形成了对国外教育学翻译、介绍到述评、编纂、自编等一系列消化吸收的'中国范式'，并随着吸收对象的更替而多次循环，还视这种循环为'发展'。""中国教育学科的发展离'根'离'土'，长期未构筑起自己的'家园'，长期地保留着'舶来品'这一从降生之日起就带有的'胎记'。"① 在这里，我们从作为古典教育核心技艺的兴的基本内涵出发，试图重新阐释其在当代教育实践中的基础作用，激活"兴"这一古典教育词语在当下的意义，以此作为我们依"土"寻"根"，重新理解古典教育技艺和促成古典教育话语进入当代教育学话语体系的一项基本尝试。这项尝试看似很难，其实已有一定的基础。尽管周遭生活世界的变迁可谓翻天覆地，但如果从纯粹立人的角度而言，从置身复杂生活世界之中个体人格的生长生成而言，教育其实并无现代教育、古代教育之分，而只有教育与去教育、反教育之别。一种教育形式之所以被称为教育，是因为它首先是教育，而非它所处的时代。我们今天所面临的教育问题跟古典时代并没有根本性的区别，现代教育跟古典教育的相通之处远大于它们的差异。② 就教育的本原性意义而言，教育就是教育，教育学就是教育学，本体意义上的教育学其实并无古今抑或中西之别。但实际发生着的教育现象确实是有差异的，换言之，教育者所实践的教育学有着时代、地域之别。这意味着实践中的教育学需要立足本土，回归本土；但在对教育的本原性意义的追求，也就是在何谓教育的基础性问题上，教育学需要超越本土，直面教育本真的意蕴，唤起以立人为中心的教育学意识。所谓"月映万川"，原初性理念意义上的教育是一致的，但现实中的教育摹本乃是多样的。用宋明理学家的"理

① 叶澜. 中国教育学发展世纪问题的审视［J］. 教育研究，2004（7）：3-17.
② 刘铁芳. 古典传统的回归与教养性教育的重建［M］. 北京：北京师范大学出版社，2010：40.

一分殊"说来解释这句话就是，原初性的教育之理只有一个，但不同时期、不同地域的教育事物有不同的形式。或如钱钟书在《谈艺录》中论及东西方学术文化问题时所言——"东海西海，心理攸同；南学北学，道术未裂"①。唯其如此，我们才有可能凭借对教育真谛的探寻从而进入教育学堂奥之中，而不是固守着中国特色的教育问题或中国本土化的教育学这样的人为设定把自己囿于其中。我们探寻兴作为古典教育技艺的意蕴及其在当代的意义，并非简单地为中国教育学进行辩护，而是意在通过援用古典教育智慧来显现教育的真谛。

我们来看孔子所编定的《诗经》的开篇之作《关雎》中的部分内容："关关雎鸠，在河之洲；窈窕淑女，君子好逑。"在这个小节中，前句为兴句，后句为主题句。兴句看似跟主题句毫无关系，但它却"创造了一种氛围，在这种氛围中，后面的句子才能得到恰当的理解"。"关关雎鸠，在河之洲"构成了窈窕的淑女、好逑的君子出场的背景和视域，正是"在'关关雎鸠，在河之洲'开启的意境里，'窈窕'的气韵才能显示出来"②。"窈窕淑女，君子好逑"描述的是人的求偶行为，这原本是一种生理倾向，"但由于有了'关关雎鸠，在河之洲'这个光环，一下子被升华，获得了神性或原本的意义和感染力"③。人的活动一旦被置于自然的生动境域之中，就能获得更加丰富的意义，人的存在本身也因此得到扩展。正因为如此，学习《诗经》的过程也成了一种自我被唤起的过程，"关关雎鸠，在河之洲"能把个体引向自然之美好，"窈窕淑女，君子好逑"将个体的身体欲望提升为优雅的生命气象，也就是欲求"美"（"窈窕"之美）与"好"（君子所"好"之好）的生命姿态——所谓"窈窕淑女，寤寐求之。求之不得，寤寐思服。悠哉悠哉，辗转反

---

① 钱钟书. 谈艺录［M］. 北京：中华书局，1984：序1.
② 张祥龙. 孔子的现象学阐释九讲：礼乐人生与哲理［M］. 上海：华东师范大学出版社，2009：85.
③ 同②96.

侧"，由此把以自然为基础的"人性中最美好、最和谐的那一部分实现出来"①。

在这里，"关关雎鸠，在河之洲"的兴句，蕴含着对个体身体的唤起，意味着个体的身体转向美好的关关雎鸠、在河之洲的自然视域之中，由此个体摒弃了邪念。"窈窕淑女，君子好逑"的求偶行动也因为前面美好的自然视域的打开，不再是纯粹的生理欲望的展示，而成了美好人性的优雅姿态，成了关涉爱与美的人生追求。由此，我们才能明白孔子所言"诗三百，一言以蔽之，曰：'思无邪'"（《论语·为政》）。孔子在这里所阐发的就是：诗教，其意义是通过诗的起兴，以自然美好的视域的呈现来唤起个体"优雅地看-'食色'"的意向性结构，让个体自觉地获得美好的人性体验，从而把"食色"之"性"提升为优雅的"人文"之"性"。《诗经》中的《桃夭》同样蕴含着经典的起兴意味。"桃之夭夭，灼灼其华。之子于归，宜其室家。桃之夭夭，有蕡其实。之子于归，宜其家室。桃之夭夭，其叶蓁蓁。之子于归，宜其家人。"该诗三个部分的开头描写了桃树的三种状态，诗人通过它们来呈现天地间阴阳大化的流行和桃树兴盛衰落的状态。女子即将开始的婚姻生活就是伴随桃树之兴衰的诗情画意而展开的，桃之夭夭的自然境界就构成了"之子于归"这一人间之事展开的视域。在此，桃之夭夭提示着人美好的生存状态，并构成人的基本生存境域。

"兴于诗，立于礼，成于乐"（《论语·泰伯》）中的"兴于诗"，说的正是《诗经》之起兴，即《诗经》让个体开启了礼乐之门。在孔子看来，诗教是随后的礼教的背景与视域，正是在被诗教所起兴的美好的生命质地之上，礼教促进个体生命发展，也就是促进个体在社会化这方面的进一步提升。由此，作为诗教技艺的兴也就成了诗之教的技艺。

---

① 张祥龙.孔子的现象学阐释九讲：礼乐人生与哲理 [M].上海：华东师范大学出版社，2009：85.

《论语·季氏》有云：

> 陈亢问于伯鱼曰："子亦有异闻乎？"
>
> 对曰："未也。尝独立，鲤趋而过庭，曰：'学诗乎？'对曰：'未也。''不学诗，无以言。'鲤退而学诗。他日，又独立，鲤趋而过庭，曰：'学礼乎？'对曰：'未也。''不学礼，无以立。'鲤退而学礼。闻斯二者。"
>
> 陈亢退而喜曰："问一得三：闻诗，闻礼，又闻君子之远其子也。"

"不学诗，无以言"反映的正是无邪的《诗经》能对个体生命进行起兴，即《诗经》能唤起个体向着世界的美好生命姿态，提升个体在世的存在状态。以此为基础，"不学礼，无以立"说的是只有经过礼的教化，被起兴的个体才能合宜地应对广泛的社会交往关系。孔子由诗到礼的教化路径，蕴含着生动而健全的古典生命气象。《山海经》中的女娲补天、后羿射日、精卫填海的神话式叙述，和《易经》中的"天行健，君子以自强不息"的理性表达，都传达出了初民面对无限的天地时的主动精神。初民乃是在领悟天地的过程中获得了生命自觉，汉字的创造无疑就是这种生命自觉的体现，同样，汉字作为我们栖居其中的精神家园，每时每刻都提示我们作为天地之间的个体的存在。孔子所说的"兴于诗，立于礼，成于乐"所展示的教育路径乃是以《诗经》之天地境域所起兴的审美境界为基础，让个体学习对社会交往关系进行规定的礼，最后让个体学习乐，"成于乐"说的就是个体达到了天人合一的圆融之境。礼的规定始终被置于天地审美视域之中，一方面以审美化的生命作为社会化生命的基础，从而避免礼对人的生命的过度规训，以让其保持生命的活力；同时也让礼本身置于天地视域之中来获得自身的规定性，避免礼的强制与蛮横。

孔子还进一步阐释了诗教的意蕴，他说："小子何莫学夫诗？诗，可以兴，可以观，可以群，可以怨。迩之事父，远之事君；多识于鸟兽草木之名。"（《论语·阳货》）从这段话中我们可以看出，诗教的功能有两个层面：一个层面是直接性的，也就是诗凭借对个体生命的唤起而起到的兴、观、群、怨的作用。实际上，兴、观、群、怨是兴（也即直接唤起）的表现形式。另一个层面是延后性的，也就是诗引起个体生命状态的改变与提升，"迩之事父，远之事君"这句就点出了这个层面的作用，即由诗的教化而唤起个体对天道的遵从，从而使自我存在伦理化。"多识于鸟兽草木之名"则是说人因《诗经》中有大量的比兴和说事，扩展了自己的理智世界。确切地说，这句是说学习《诗经》能为个体进入世界、孕育成熟的理智做好初始性的准备：对草木鸟兽等周遭诸种事物的认识，让个体活在周遭的诸种事物构成的世界之中，从而为其更好地认识世界、亲近世界做准备。不仅如此，草木鸟兽的世界同时也给个体成人或践行仁提供了一个自然的生存境域，这一境域实际上也是观、群、怨以及事父与事君得以可能的基础。"认识这些名字不只是认识一类类的对象，增加科学知识，而是由此识别出天地之性，生发出物我相关的仁义之心。"[1] 诗教与礼教是孔子教育思想的两大基本组成部分，实际上诗教是礼教的基础——诗教作为唤起的艺术无疑正好给礼教的实践提供了身体上的基础。古典诗教之所以能起到起兴的作用，正是在于用以《诗经》为代表的情景合一之诗达致孔子所言的让人兴、观、群、怨的效果，其核心与灵魂正是兴，也就是个体身心的唤起。兴在这里实际上就成了古典诗教，其实也是孔子所代表的中国古典教育的核心技艺与精髓所在。

　　从对《关雎》以及孔子诗教理念的分析中，我们可以得出兴的基本特征：兴的目标是唤起人的身心，确切地说，是唤起人美好的身心状态；兴的起点是《诗经》及其所代表的优美的自然情境；兴的基本过程是把看似无关的事物、情境跟人的存在联系起来，以此作为个体存在的境域，激活个体的身心，这意味着兴的间接性和渐进性；兴所达成的乃

───────────────

[1] 张祥龙. 孔子的现象学阐释九讲：礼乐人生与哲理 [M]. 上海：华东师范大学出版社，2009：107.

是一种愉悦而不可名状的身心状态，也就是个体趋向更高世界的积极意向。孔子的礼教之所以是生动的，充满了生命的趣味，正是因为他把诗教的起兴作为礼教的基础，寓礼教于诗教的背景之中，从而使得个体生命之"礼"的规范建立在"诗"的趣味之上，也就是建立在为诗所起兴的积极向上的生命情态之上。而自董仲舒后伴随诗教的式微，礼教逐渐趋于僵化，只注重礼对个体生命的规定性，强调礼的规范性与说教意味，背离了孔子礼教中以起兴为中心的诗教精神，从而导致对个体生命趣味的抑制。① 诗教给人以审美的自由，其能弥补礼教带来的僵化。抽空了诗教的礼教，其结果乃是对生命的压抑与桎梏。中国古代诗教的发达，在一定意义上满足了古代专制体系下个人对精神自由的期待。在董仲舒之后的体制化礼教体系中，诗教并无独立的地位，诗教主要是礼教

---

① 《礼记·经解》有云："孔子曰：'入某国，其教可知也。其为人也温柔敦厚，《诗》教也。疏通知远，《书》教也。'广博易良，《乐》教也。絜静精微，《易》教也。恭俭庄敬，《礼》教也。属辞比事，《春秋》教也。故《诗》之失愚，《书》之失诬。《乐》之失奢，《易》之失贼，《礼》之失烦，《春秋》之失乱"。此篇还指出："其为人也温柔敦厚而不愚，则深于《诗》者也。疏通知远而不诬，则深于《书》者也。广博易良而不奢，则深于《乐》者也。絜静精微而不贼，则深于《易》者也。恭俭庄敬而不烦，则深于《礼》者也。属辞比事而不乱，则深于《春秋》者也。"转引自朱自清. 诗言志辨[M].桂林：广西师范大学出版社,2004：85.

　　这段话揭示了在孔子"六艺"之教中，诗教居首。其虽然较好地解释了诗教的特殊意义也就是能使人"温柔敦厚"，但并没有特别突出诗教的地位，或者说并不足以充分地显示孔子的诗教精神，朱自清怀疑《礼记》是汉儒的述作。

　　董仲舒在《春秋繁露·玉杯》中写道："君子知在位者之不能以恶服人也，是故简六艺以赡养之。《诗》《书》序其志；《礼》《乐》纯其美；《易》《春秋》明其知；六学皆大，而各有所长。《诗》道志，故长于质；《礼》制节，故长于文；《乐》咏德，故长于风；《书》著功，故长于事；《易》本天地，故长于数；《春秋》正是非，故长于治人。能兼得其所长，而不能偏举其详也。"他将六艺分为《诗》《书》、《礼》《乐》、《易》《春秋》三科，又说"六学皆大，而各有所长"，显然并不特别注重诗教。

　　朱自清认为："北宋以来的'文以载道'说渐渐发生了广大的影响，可以说成功了'文教'——虽然并没有用这个名字。于是乎'六经'都成了'载道'之文——这里所谓'文'包括诗；——于是乎'文以载道'说不但代替了《诗》教，而且代替了六艺之教。"参见：朱自清. 诗言志辨[M].桂林：广西师范大学出版社,2004：115.

的工具。这意味着诗教与礼教位置的颠倒,诗教不再作为礼教的本体性依据。邓晓芒之所以认为中国古代审美精神导致个体在专制体制下的自我麻痹,也正是因为他看到了诗教在礼教中的工具性地位。

我们再来看《论语》中的一个典型片段。子夏问曰:"'巧笑倩兮,美目盼兮,素以为绚兮'。何谓也?"子曰:"绘事后素。"曰:"礼后乎?"子曰:"起予者商也,始可与言诗已矣。"(《论语·八佾》)朱熹在《论语集注》中这样解释"绘事后素":"绘事,绘画之事也;后素,后於素也。《考工记》曰:'绘画之事后素功。'谓先以粉地为质,而后施五采,犹人有美质,然后可加文饰。"后人用"绘事后素"来表达有良好的质地才能进行锦上添花般的加工的意思。本书对上面这段话的第一种理解是,外在的礼乃是基于人质朴的仁德。这种解释是基于个体的礼的发生而言的,另一种理解则是基于整体的礼的发生,即初民原本不需要礼,或者说没有礼这回事,礼的出现乃是晚于初民朴素的本性的。孔子提出"绘事后素"同样是进入了诗的体验之中结合自己的思考来有针对性地启发子夏,而子夏得出的"礼后乎"则显然是以前面诗对他的起兴为基础,再加上孔子的点拨而给出的基于自己思考的延展性发问。这段对话可以说是典型的从诗教对人的起兴至对礼教(此礼教非后来以纲常伦理为重点的礼教)的领悟的完整的教育情境。当子夏问"'巧笑倩兮,美目盼兮,素以为绚兮'。何谓也?"时,子夏已经进入了为诗所起兴的状态,也就是孔子所谓的不愤不启、不悱不发的"愤"和"悱"状态,他期待着孔子的"启""发"。正因为子夏进入了较充分的起兴状态,在孔子对他进行启发后,他能迅速给出"礼后乎"的延展性发问,并让同样进入起兴状态的孔子也受到启发。这个片段可谓生动地显示出礼教始于诗教,对礼的领悟始于诗教对个体身心的唤起,以及孔子及其弟子以礼解诗、诗礼结合的情景。①

———————————

① 金春峰.《"道始于情"析论》[M]//乐黛云,李比雄.跨文化对话:第27辑.北京:生活·读书·新知三联书店,2011:41-50.

如果说作为西方教育者典范的苏格拉底所展现的教育技艺的灵魂是对话——一种以反讽为基本特征的哲学探究的技艺，那么作为中国教育者典范的孔子所展现的教育技艺的精髓就是兴发——生命的起兴与思维的启发。先有兴而后有发，首先是生命的起兴，也即在起兴过程中全面而优雅地唤起个体生命，让其处于开放、接纳、寻求的状态之中；然后是思维的启发，也即对个体智性思维的充分激励。思维的启发包容在生命整体之中，生命的起兴成为思维的启发的基础与背景，思维的激活反过来促进个体生命状态的进一步提升。正因为以伴随着生命整体起兴的优雅视域为基础，思维展开于个体生命之接纳、寻求的视域之中，思维的灵活性、敏锐性得以更充分地显现，活跃的思维状态成为个体生命的集中写照，反过来进一步凸显个体生命的生动与优雅。如果说教育的目标乃是个体在思维层面的自由自主，也就是达成基于个体理性发展的自主学习、自主发展，也即促成个体的自我教育，那么这种自我教育的方向与动力，正是包容在个体生命整体性地唤醒与激活的生命状态之中。若个体生命整体缺少激活，那么个体在理智上的发展乃是缺乏自我兴趣的单方面发展。

我们常常把孔子教育思想的精髓归为启发，即"不愤不启、不悱不发"中的启和发。其实，愤和悱比启和发更基本，也更难。怎样引导个体进入愤和悱的状态才是更为基本的教育技艺，而启和发不过是对处于愤和悱状态的个体的适时点拨而已。尽管恰逢其时的点拨也至关重要而且不易，但对愤和悱的激发才是更为基本和内隐的力量。愤和悱发生的过程，就是兴的过程。如果说启和发是思维层面的、理智性的，是思维层面的点拨，那么愤和悱就是身体性的、生命性的，是积极生命状态的唤起，也就是教育意向性的充分唤起。如果说启发乃是后发性的，那么起兴就是本源性的。个体愤和悱的生命状态，是教育者顺利地启发个体思维的前提，愤悱构成了启和发得以可能的背景和视域。

如果说启和发是可以名状的理智意义上的点拨，那么愤和悱则是难以命名的情态的唤起。被起兴的个体，正是求知热情被唤起的个体。这个时候，理智化的知识并没有在个体的头脑中形成，但其身体已经开启了对知识与真理的欲求。一旦对其加以点拨，开启其理智，知识就在愤和悱的生命视域中迅速形成。缺少了愤和悱的生命状态的整体唤起，启和发就成了无源之水、无本之木，这个源与本就是被起兴所唤起的个体生命的丰富性与开放性。启发不是技术。单纯理智的启发往往是干瘪的，其根源就在于缺少了生命状态的整体唤起，这也是当下学校教育中教师表面上无处不在启发学生，但很难见到学生被真正唤起的根源所在，因为我们早已把启发变成了唾手可得的现成技艺，忽视了启发之前的愤悱状态。大班教学，加上课堂教学的模式化、效率化诉求，本身就意味着愤和悱状态变得难以企及。离开了起兴，启发就降格为单纯的教育技术。教师只有将愤悱与启发结合在一起，才能在当下教育情境中带出个体生命的整体发展。如果说启和发即思维的启发，那么愤悱就是生命的起兴。兴而后发之。愤悱与启发的结合，构成个体完整成人的教育技艺，这也是孔子教育艺术的真谛所在。

四、准备性教学阶段的起兴："欢乐地看–世界"

亚里士多德在论及事物的本源时引用了巴门尼德和赫西俄德的说法①：

巴门尼德在设计万物生成的时候，就说："全部神中爱情产生了第一个神。"赫西俄德则说："混沌在万物中首先生成，接着就是宽阔胸怀

---

① 亚里士多德. 形而上学 [M]//亚里士多德. 亚里士多德全集：第七卷. 北京：中国人民大学出版社，1993：37.

的大地，……在众多不朽之物最前面的则是爱情。"①

在这里，爱神所代表的爱的情感乃是使事物变得美好的原因，也是存在物的本原②。如果说在赫西俄德的神（人）的世界中，爱乃是在混沌之中作为事物之本原而存在，换言之，正是爱让混沌的世界显现出秩序，由此万事万物得以生成，那么在这个意义上，赫西俄德的爱神神话因而具有指明人类起源的意义。就个体发展而言，如果说初生的蒙昧个体的基本特征乃是混沌，那么同样是爱赋予个体初始的混沌生命世界以秩序，也即促成个体向着世界打开自我，敞开自我生命的意义。这意味着个体向着世界的爱在其成长过程中具有本原性的意义。

（一）早期阶段教学的起兴：唤起个体生命的整体意向性

面向个体成长早期阶段的教学的起兴，也就是唤起个体整体意向性的起兴，其基本意义乃是唤起个体对他人、世界开放的意向性，唤起个体对世界的热情和求知欲，唤起个体对这个世界的爱。作为整体的早期教育阶段的起兴，其实质就是唤起个体身体优雅地向着世界的意向姿态。早期教育的意义就是尽可能地拓展个体基于身体的生命体验，唤起个体基于良好身体感觉的、向着世界的开放意识，唤起个体"欢乐地看－世界"的意向性结构。这种"欢乐地看－世界"的意向性结构，是

① 张竹明和蒋平的译文为："最先产生的确实是卡俄斯（混沌），其次便产生该亚——宽阔的大地，所有一切〔以冰雪覆盖的奥林波斯山峰为家的神灵〕的永远牢靠的根基，以及在道路宽阔的大地深处的幽暗的塔尔塔罗斯、爱神厄罗斯——在不朽的诸神中数她最美，能使所有的神和所有的人销魂荡魄呆若木鸡，使他们丧失理智，心里没了主意。"参见：赫西俄德．神谱 [M]//赫西俄德．工作与时日·神谱．北京：商务印书馆，1991：29-30.

② 亚里士多德．形而上学 [M]//亚里士多德．亚里士多德全集：第七卷．北京：中国人民大学出版社，1993：37.

个体今后教育活动得以展开的基础性背景。这意味着早期教育阶段就是诗性的、审美性的，或者说是美育构成了个体人生发展的基础。

早期阶段教学的意义，其实就是用准备性教育阶段的兴来充分地唤起个体的求知意向，从而为其青年时期教育的深化做准备。正如卢梭所言，最初十几年（主要是0—12岁）的教育应当是消极的，"它不在于教学生以道德和真理，而在于防止他的心沾染罪恶，防止他的思想产生谬见"。正因为如此，这个阶段的教育，"不仅不应当争取时间，而且还必须把时间白白地放过去"，教育者所能做的是"锻炼他的身体、他的器官、他的感觉和他的体力，但是要尽可能让他的心闲着不用，能闲多久就闲多久。需要担心的，是他还没有判断感情的能力以前就产生种种的情感"。① 卢梭的自然教育思想中的消极教育理念，其目标乃是防止个体产生谬见，为个体健全的判断力的发展做准备，实际上他已经涉及了这个阶段教育的准备性意义。

如果说卢梭的自然教育旨在让个体保持健康的身体以及建立在健康的身体之上的健全的判断力，为早期阶段个体被起兴提供身体层面的准备，那么这个阶段通过家庭、周遭社会环境的熏染来唤起个体对世界的求知热情，就是从积极的方面来起兴个体的必要路径。这其中，家庭的影响至关重要。中国人重视"书香门第"，是因为家庭中弥散的书香无疑是孕育个体教育意向性的基本资源；而中国传统社会中的"耕读传家"作为农耕社会的生活理想，也是在强调唤起个体教育意向性的家庭环境的作用。家庭所能产生的影响具有多样性，既有设计性的，也有非设计性的。设计性的指家长本人有自觉的教育意识，他们通过有意识地设计家庭教育情境来对孩子施加影响。非设计性的一方面指家庭生活本身对孩子的孕育，另一方面指社会的影响，后者更加复杂。第一，个体生活在其中的小社区的文化氛围与精神气象对其产生影响。第二，当下

---

① 卢梭．爱弥儿：论教育：上卷［M］．李平沤，译．北京：商务印书馆，1978：96-97.

社会整体的文化生态也对个体教育意向性的形成有着潜移默化的影响。总体而言，这两个方面都是不可设计的，其中具有适度可塑性的乃是社会成员对待儿童的态度。

这个阶段准备性的教育越充分，个体青年期的发展潜力就会越充分地显现出来。一旦我们忽视了低龄阶段教育的特殊性（也就是没有充分地认识到这个阶段其实是作为准备性教育阶段，其基本意义乃是兴，也就是在个体与世界逐渐相遇的过程中唤起个体面对世界的热情与好奇心，由此而唤起个体求知的意向性），就必然会导致个体功能化的学习任务在这个阶段无限扩展，学习不可避免地就会成为他们必须承受的苦役。个体在早期阶段的求知意向被持续唤起，意味着这种意向性逐渐成为其生命的本体，从而为个体一生的发展奠定求知方面的意向性基础。显然，准备性教育阶段的根本任务乃是充分唤起个体的生命，让稚幼的生命保持开放而无名的姿态，避免个体在早期发展阶段就定型化。一旦让这个准备性阶段直接成为功能化的求取知识的过程，那么这个阶段所承载的任务就不是教育意向性的唤起。当求知替代求知意向的唤起，这种求知活动便可能会抑制、消解个体对周遭世界天然的好奇心和求知欲，抑制、消解个体生命对世界开放的热情。

（二）早期阶段教学的起兴如何可能：回到爱与自由的生活世界

在个体成长早期，教学的起兴如何可能？起兴的起点乃是儿童生命的自然与自由。保持儿童发展的自由，无疑是起兴的基础。在此之上，让儿童向周遭生活世界开放，并扩展这个范围；重新理解父母等亲人的陪伴、游戏、民俗、仪式、故事等对儿童生命发展的意义，让儿童更多地回到由历史、神话、宗教、仪式、童谣等建构起来的原初的生活世界，以从中获得广泛的陶冶和深度的养育，从而保持对周遭电子世界必要的对抗性力量，由此给个体人生发展提供一份基于自身身心整体唤起的、更具本原性的生活资源。

我们来看辛弃疾的《清平乐·村居》："茅檐低小，溪上青青草。醉里吴音相媚好，白发谁家翁媪。大儿锄豆溪东，中儿正织鸡笼。最喜小儿无赖，溪头卧剥莲蓬。"用茅草盖成的房子，屋矮檐低；门前有一道溪流，岸边长满青草。谁家两位头发斑白的老夫妻带着醉意用地道的方言说话，互相取悦，语调柔媚亲昵。大儿子在河东的豆田里锄草，二儿子正在编织鸡笼，最逗人喜欢的顽皮小儿子在河岸边躺着剥莲蓬。这里所展示的是一幅充满诗意的村居生活图景，构成诗意的村居生活的基本要素无非两个：一是基于自然的自由，二是质朴的爱。"茅檐低小，溪上青青草"呈现的是村居生活的自然背景，在此背景中出场的是翁媪"醉里吴音相媚好"式的质朴爱意与在爱意中展开的"大儿锄豆溪东，中儿正织鸡笼"这一和谐有序的生活世界。前面所展示出来的爱与自由的村居世界，构成了"无赖"小儿出场的整体背景。如果说这首诗的灵魂是最后两句，那么前面的诗句就构成了"无赖"小儿卧剥莲蓬不可或缺的情境。"无赖"小儿卧剥莲蓬，将父母等亲人之爱与自由的活动之于个体成长的意义展现无遗。活在爱与自由之中，正是个体成长的本质所在。离开了父母等亲人的爱，个体的成长难免是虚空的；离开了自由的活动，则个体的生命是无趣的。从这里我们可以进一步反思我国目前家庭教育中的误区，那就是成人对孩子过度呵护，包办代替现象普遍存在。成人对孩子过度呵护，实际上剥夺了孩子自我学习和自我成长的可能性。所谓儿孙自有儿孙福，每代人的幸福都要靠自己争取，不能代替，也无法代替，代替的结果就是个体在追求自己幸福的过程中迷失自我。家庭教育的实质就是在充分尊重子女独立性的基础上，陪伴子女成长，爱与自由的合一可谓家庭教育的灵魂。

国际安徒生大奖获得者布朗（Anthony Brown）在绘本《我爸爸》中这样写道：

　　这是我爸爸，他真的很棒！我爸爸什么都不怕，连坏蛋大野狼都不怕。他可以从月亮上跳过去，还会走高空绳索（不会掉下去）。他敢跟大力士摔跤。在运动会的比赛中，他轻轻松松就跑了第一名。我爸爸真的很棒！我爸爸吃得像马一样多，游得像鱼一样快。他像大猩猩一样强壮，也像河马一样快乐。我爸爸真的很棒！我爸爸像房子一样高大，有时又像泰迪熊一样柔软。他像猫头鹰一样聪明，有时候也会做一些傻事。我爸爸真的很棒！我爸爸是个伟大的舞蹈家，也是个了不起的歌唱家。他踢足球的技术一流，也常常逗得我哈哈大笑。我爱他，而且你知道吗？他也爱我！（永远爱我。）①

　　这本绘本充分地显示了父亲的陪伴对儿童生命起兴的意义：正是穿着睡衣的父亲在孩子面前无拘无束地做出各种洋溢着生命趣味的夸张举动和姿态，诸如走高空绳索，敢和大力士摔跤，参加运动会，像马一样大吃，像河马一样快乐地笑，像猫头鹰一样聪明，有时候也做点傻事，唱歌，跳舞，踢足球，等等，才让孩子的内心充满了对父亲风趣、达观的想象，从而奠定孩子欢乐地看父亲，以及由此出发欢乐地看世界的姿态。在这里，起兴的基础是亲子之爱，起兴的具体路径则是父亲如何以孩子喜闻乐见的形式进入孩子的世界。换言之，正是父亲富于爱心、亲切而温暖的陪伴，让孩子产生向着世界的初始性内心体验，让孩子拥有了乐观地朝向世界的意向性。这种乐观地面对世界的意向性，就成了孩子活在这个世界中的基础性精神结构。

　　电视不能代替祖父母讲故事，同样也不能代替父母的陪伴。电视、电子游戏以及没完没了的功课，在家庭中越来越多地代替了父母对儿童的陪伴。如果说课业负担使儿童的生命处于沉沦状态，那么父母的陪伴

---

① 布朗. 我爸爸 [M]. 余治莹，译. 石家庄：河北教育出版社，2007：1-22.

则意味着对儿童无拘无束感的唤起，也就是个体生命在伸手可及的父母之爱与包容中被起兴。尽管电视和电子游戏本身也具备起兴个体的功能，但是其与父母的陪伴相比，缺少了基于亲子之间的温情的互动，不足以全面激活个体向着世界的积极的初始性体验。正是在陪伴的意义上，家庭教育不同于学校教育的功能及其对学校教育的补充性充分地体现了出来。一旦孩子在家庭中仅仅是完成功课，家庭就完全成了学校教育的工具，其在个体发展中的独特意义就没有办法显现。与此同时，当父母把陪伴孩子的时间简单地交付给电视、电子游戏，儿童向着周遭世界的开放性就会弱化。缺少了家人充满爱的陪伴，儿童的生命不足以被充分唤起。这意味着充满爱的陪伴在儿童生命起兴中具有不可替代的本体意义。

起兴对个体成长意义重大。这意味着源自家庭或者说以家庭教育为基础的早期教育的重要性——家庭教育在很大程度上奠定个体身心发展的初始形式。父母的陪伴对于儿童生命成长具有本体性的意义，今日家庭教育中存在一个重要问题，即父母（尤其是父亲）缺少对孩子的陪伴，忙于生计往往成为这种缺失的托词。父母的陪伴直接地孕育个体生命的基本内涵，也成为个体进入世界中获得意义的原初形式。正因为如此，父母的陪伴在个体早期成长中的缺席，可能导致个体生命扩展得不充分与生命意义的匮乏，以至于出现生命的虚空化现象。当前中国农村留守儿童身上出现的一些问题，其关键原因就是父母的缺席所带来的个体生命的虚空。留守儿童由于缺少了父母的陪伴，日常游戏空间大大缩减。父母挣钱给子女读书、消费，孩子除了读书、写作业，就是在爷爷奶奶等人的照看（主要是照顾他们的身体）中长大，生命缺少足够的起兴，以至于生命单一化和过早功能化。这样的家庭大大弱化了儿童生命起兴的可能性，由此弱化了儿童乐观地感受世界、体验幸福的能力，而这导致他们在成长过程中更容易出现生命意义匮乏的情况。

此外，恰切地理解父母的陪伴也是至关重要的，陪伴意味着父母与孩子共同成长。今日家庭生活中的另一个紧要的问题是，家长很多时候还是把小孩当作成人的附属物，不认为他们有自己独立的人格，家长要么溺爱孩子，要么过于专制，管教过多，但这些都不足以达到起兴孩子生命的目的。

儿童自由自在的游戏同样是起兴儿童生命的重要形式。"对于人生来说，学校的学习并不是一切。和附近的孩子们到处游玩，也是掌握与人交往方法的重要的人生学问；想出各种各样的游戏，也是重要的创造和涵养。对于孩子来说，一切事物都是人生的教师和教材。"① 虽然池田大作还是从有用性的角度来思考儿童游戏的意义，但他无疑准确地认识到了儿童自在的游戏对其人生发展的重要性。当然，对于儿童而言，最重要的是游戏着的姿态。玩游戏本身就意味着儿童向着美好事物开放的意向性，而不是被大量玩具环绕了事，以至于儿童其实并没有处于游戏中，反而为成堆的玩具所累。著名文学家泰戈尔回忆自己的童年生活经历时写道："也许正是因为和外界接触的机会微乎其微，才使得这种接触的快乐那么容易就能直达我的心里。当物质充裕时，心灵就怠惰了，把一切都交给物质，忘了对于一个成功的快乐筵席来说，内心的禀赋远比外在的装备来得重要。这是一个人在他孩童时能给他的最重要的人生经验。他占有的东西又少又小，但是他很快乐，无须更多的东西。而对于那些为众多玩具所累的不幸孩童来说，他们的游戏世界已经被毁掉了。"② 对于儿童而言，游戏中最重要的一点就是自由，免于实用性的束缚。本雅明认为，"对于成人越是没有实用价值的玩具，越是真正的玩具"，对成人"越是有意义的玩具，越难以成为玩具；模仿成人的东西

---

① 池田大作. 人生箴言 [M]. 卞立强，译. 北京：中国文联出版社，1995：137.
② 泰戈尔. 和父亲一起去旅行 [M]. 李鲜红，涂帅，贾艳艳，译. 南京：江苏文艺出版社，2010：10.

越逼真的玩具，越远离游戏"。① 玩具的实用价值往往预设了玩具具有既定的功能，从而极大地降低了儿童自由参与游戏的可能性，弱化了玩具作为游戏中的物品的意蕴。让儿童进入游戏中，就是让他们充分地进入当下，让他们愉悦、优雅地活在当下，由此使他们的生命处于起兴状态，让他们向着美好事物开启的心灵形成秩序。"对儿童来说，游戏不仅与空气、水同样必不可少，而且自由的游戏犹如从事开天辟地的宏伟事业。"② 儿童自在地游戏，可谓个体早期生命起兴的根本路径。我们不仅需要充分尊重儿童自在地游戏的权利，同时也需要让年少时期的教育尽可能游戏化，以扩展儿童的游戏空间，增进儿童对教育本身的亲近。

儿童自在地游戏实际上大大扩展了儿童与周遭世界的联系范围，从而让儿童以被充分唤起的姿态生活在与周遭世界的联系之中。这种被起兴的生命无疑是其今后丰富而具有创造性的人生的基础。我们来看沈从文的经历："我幼小时较美丽的生活，大部分都与水不能分离"③（他经常偷偷下河洗澡）；"我认识美，学会思索，水对我有极大的关系"④；"我一面被处罚跪在房中的一隅，一面便记着各种事情，想象恰如生了一对翅膀，凭经验飞到各样动人事物上去。……想到河中的鳜鱼被钓起离水以后拨剌的情形，想到天上飞满风筝的情形，想到空中歌呼的黄鹂，想到树木上累累的果实"⑤；"我生活中充满了疑问，都得我自己去找寻解答。我要知道的太多，所知道的又太少，有时就有点发愁。就为的是白日里太野，各处去看，各处去听，还各处去嗅闻，死蛇的气味，腐草的气味，屠户身上的气味……"⑥；"若把一本好书同这种好地方尽

---

① 转引自孙传钊. 徘徊在教养与救赎之间：瓦尔特·本雅明《儿童·青年和教育》[M]//孙传钊. 东张西望. 合肥：安徽教育出版社，2013：171.

② 孙传钊. 徘徊在教养与救赎之间：瓦尔特·本雅明《儿童·青年和教育》[M]//孙传钊. 东张西望. 合肥：安徽教育出版社，2013：171.

③ 沈从文. 沈从文散文选[M]. 长沙：湖南人民出版社，1981：11.

④ 同③.

⑤ 同③13.

⑥ 同③19.

我拣选一种，直到如今，我还觉得不必要看这本弄虚作假千篇一律用文字写成的小书"①。沈从文就是在走出书本的同时，走向了世界，在世界中游戏，由此而拥有（而非占有）了广阔的世界。沈从文之所以能成为沈从文，部分是因为其在年少阶段被与水有关的经历和他广泛接触的自然世界所起兴，从而与周遭世界建立起生动的联系，以及建立在这种生动的联系之上的向着世界的敏感性。

我们再来看作为日常生活形式的童谣、神话等在儿童发展中的作用。并无多少实质性意义的童谣，却有着很强的起兴意义。童谣的特点往往是把生活中看似毫无关系的各种事物以押韵的形式组合在一起，在话语的不断转换中唤起儿童身体的投入，从而让个体身心处于起兴状态。阅读民间故事（包括神话故事）以及倾听年长者讲述这种故事，同样是起兴个体早期身心的重要形式。我们来看我的一位学生的一段经历：

记得那时候，我还没到上学年龄。夏天每当夜幕降临，吃过晚饭后，爷爷会要求我们小孩子赶紧去洗澡。其实每次洗完澡后，一疯起来，身上还是会湿透。虽然我们家附近的孩子不是很多，但在同龄伙伴中，我算是比较小的。有时候玩累了，会吵着要经历丰富的爷爷奶奶给我讲故事。爷爷奶奶出生在战争年代，没上过什么学，自然没什么文化。但是在我幼小的心灵里，总觉得爷爷很伟大，一是因为他很受人尊敬，是个老党员，年轻时曾当过十几年的生产队长，为乡亲们服务过，做过不少事情。二是因为他很正直，为此也得罪过一些人，但在我眼里他就是正义的化身。爷爷很能干，什么事都会做，而且力气大，不过脾气好像不好，我小时候没少被他打，但是我和小伙伴们还是很喜欢和他在一起，听他跟其他年轻人讲抗日战争时候的经历，讲特殊年代他们没

① 沈从文．沈从文散文选［M］．长沙：湖南人民出版社，1981：39.

饭吃的惨淡生活，等等。我们这些小孩子自然不是很懂，但仍然听得津津有味。有时候他会跟我们小朋友讲鬼故事，很吓人的，后来听得多了，知道了鬼的来历，了解到有好鬼和坏鬼之分……

　　爷爷奶奶还会跟我们说月亮上住着嫦娥，她是个神仙，不能用手指指着她，不然月亮会割我们的耳朵。好像有一次，我趁着他们不注意，偷偷指了一下月亮，第二天醒来，居然耳根真的疼，后来就不敢再指月亮了。他们还会说小孩子不能说脏话骂人，不然嘴巴上会长东西，很疼，不信你看看某某小孩，很调皮，经常骂人，现在他的嘴巴就开始疼了。男孩女孩都要穿好衣服和鞋子，要是不小心看到别人的身体，眼睛会长"瘤"，要想让那个"瘤"尽快好起来，就要找我们的四奶奶，她是以前从河南逃难逃到我们那个地方的，她很喜欢吃生东西。记得有一次我眼睛上也长了个东西，很疼，我奶奶就带我去找四奶奶帮忙，她了解情况后，就拿了根绣花针，然后对着我说了几句话，就用针在我眼睛上弄了几下，好像当时还挺疼的，后来没过多久就好了。那时候我还没上学，这些都是从故事或者经验教训当中学到的。总之，人不能做坏事，不然鬼也不会放过你；人要诚实善良，不能占别人的便宜，就算别人不知道，菩萨也会看见的。①

　　我们从起兴的视角来解读乡村生活中听爷爷奶奶讲故事的场景所具有的教育学内涵。首先，成人往往是在自然的场域中构造了一个不乏神秘意味的、敞开的教育境域，典型的场景是夜晚、闪烁的星空、夜色中不时传来的鸟叫声（比如乌鸦的叫声）、在微风中摇曳的昏暗的煤油灯或蜡烛等。这种神秘的境域作为讲故事的背景，先行把孩子的心带到神秘又令人心仪的想象之地，成为孩子沉浸在故事情景中身体一惊一乍的基础，激发孩子内心深处的惊愕。第二，就人物而言，爷爷奶奶注视着

---

① 这是我给研究生上课，从胡塞尔的生活世界谈到有关故事的教育学意蕴时，一位叫高德凰的硕士研究生讲述的他小时候听故事的经历，收入本书时略有修改。

年幼的孙辈，小孩子充满期待而又无拘无束地依偎在爷爷奶奶身上，凝神倾听他们讲故事。满脸皱纹的爷爷奶奶往往与先民、大地保持着更亲密的接触，或者说他们的身上深藏着先民、大地的种种信息，不乏神秘的背景正好给爷爷奶奶身上所蕴含的种种信息提供了一种敞开的可能。第三，就故事所涉及的内容而言，往往有两个层面：一是具体的内容，从各种民间传说，到村民们走南闯北的种种不乏夸张的经历，这类内容无疑把孩子们带入乡村社会的深处，在扩展孩子们的内心世界、发展他们的想象力的同时，也让他们逐渐融入厚重的乡村世界之中；二是去掉具体内容之后故事的基本结构，包括人世间的各种磨难、村民的挣扎、善恶有别、对美好生活的期待等等，这些东西所传达的正是村民的生命态度和生命智慧。由此，古老的村庄、夜晚、爷爷奶奶和孩子围坐在一起、各种神秘而奇妙的故事，本身就表现出人类精神的传递以及生命的交融，撇开所讲的具体内容，这些已经构成了教育的潜在结构。作为教育的基础形式，其潜移默化地唤起乡村少年向着自然、乡村社会，以及更广的文化世界开放的意向姿态。个体早期所积累的神秘事物的经验，唤起了个体面向世界的好奇心，引发其追求更高事物的意向性。

各种仪式，包括民间仪式，同样具有不可或缺的起兴意义，激励个体开放心智。譬如入学仪式、毕业典礼等，就是赋予普通的入学、毕业事件以必要的迷魅，唤起个体对学习与学校生活必要的敬畏感。各种民间仪式，如祭祀，同样赋予个体日常生活空间以必要的迷魅。仪式作为对神话事件的表演，乃是给个体开启通往本原性的神话的通道。从个体起兴的视角而言，仪式乃是以神圣意味的礼仪激发置身于现实的活动之中的个体对神圣事物的体验，使其身心朝向现实活动之上的神圣事物，这一系列的活动使得日常活动显现出特殊的意义，从而在日常生活世界中开启个体通往神圣事物的可能性。

儿童置身于生活世界之中的非设计性的起兴，暗含着三个基本向度，即个体向自然、社会和文化的开启。早期教育对儿童生命的起兴就是让儿童在自然与自由的状态中，更充分地亲近自然，锻炼身体，玩游戏，与他人交往，接触民谣、民间故事、民间仪式，逐步让儿童开始阅读适合儿童身心发展特点的读物，等等，唤起儿童向着自然、社会、文化的开放性，把儿童引向热情的求知活动，唤起儿童更真切、更美好的进入世界之中生存的教育意向性。正是这个阶段的非设计性的各种准备性教育，使得个体身心被充分唤起成为可能。生活世界之中的人际交往、故事、游戏，以及发生在儿童与他人和自然之间的诸种生动交往开启了儿童朝向自然、社会、文化的基本姿态，整体性教育意向性由此得以形成。

早期阶段至关重要的教育形式乃是诗教，诗教可谓人为的起兴的典型样式。当然，人为的起兴同样需要与个体自然发展的内在需求相契合。《论语》记载了孔子对儿子伯鱼的两次教诲，都是孔子要伯鱼学诗。有一次，伯鱼走过院子时，"子谓伯鱼曰：'女为周南、召南矣乎？人而不为周南、召南，其犹正墙面而立也与？'"（《论语·阳货》）朱熹在《论语集注》中说："《周南》《召南》，《诗》首篇名，所言皆修身齐家之事。'正墙面而立'，言即其至近之地，而一物无所见，一步不可行。""正墙面而立"就是面壁，如达摩面壁九年，直到如个木头人，对一切漠然。"为"的意思是不仅要读，而且要照着做，学而习之、循而行之。孔子在这里之所以特别提出《周南》《召南》，乃是"要伯鱼像《周南》、《召南》那样，多情而有礼，不要做木头人一样无情之人"①。《周南》《召南》，与前面提到的《关雎》类似，情思绵绵。其他，如《葛覃》讲"归宁父母"，《卷耳》讲怀念妻子，《桃夭》讲嫁人的喜悦，《汝坟》讲夫妻情深，《鹊巢》讲被遗弃的痛苦，《草虫》讲对丈夫的思念，《甘棠》讲对召伯的感恩，等等。所抒之情之浓，在三百篇中莫过于《周南》《召南》两篇，可谓"乐而不淫，哀而不伤"的典范。孔

---

① 金春峰."道始于情"析论［M］//乐黛云，李比雄.跨文化对话：第27辑.北京：生活·读书·新知三联书店，2011：49.

子强调诗教，特别是强调《周南》《召南》，正是强调以诗之美来唤起个体对美好情感的体验。在孔子六艺之教中，《诗经》居首。诗教的基本意义乃是教人变得温柔敦厚，也就是让人生命柔化与美化。郭店楚简《性自命出》中明确提出"道始于情，情生于性"。几乎每个民族初始的教育形式都是诗教，这意味着诗教不仅属于个体的童年，而且属于人类"童年期"典型的教育形式。杜威这样谈及诗歌的价值："无论如何，我们可以这样说，如果教育没有成功地使诗歌成为生活的一个资源和闲暇生活的手段，这种教育就是有缺陷的。否则诗歌只是矫揉造作的诗歌。"① 诗教的根本意义并不是让个体去记诵诗歌，或者训练个体欣赏诗歌的能力，而是以诗起兴个体生命，唤起个体在世的闲暇姿态与优雅生存。

这里特别值得一提的是，起兴可以有自然的起兴与人为的起兴两种路径，但就年少阶段的教育而言，自然的起兴乃是基础性的，是不可替代的。而且，这里所谓的自然的起兴与人为的起兴的区分，主要是从起兴的缘起而言，并没有涉及起兴的过程及其特征。不管是自然的起兴还是人为的起兴，其实质都是对个体身心的内在唤起，其是基于个体身体的自然状态及其内在需求的。自然的起兴包括自然中的起兴与自然状态中的起兴，两者都是非设计性的、没有特殊指向的起兴。

兴趣的培养与发展也是早期阶段教学中个体起兴的基本路径。有兴趣做某事，乃是指个体做某事时，身心整体自然地投入其中，而且能从中获得愉悦的体验。一个人有兴趣做某事，意味着其不是因为某事可能带来的结果，而是做某事本身就能让其从中获得快乐。正因为如此，兴趣总是意味着个体朝向世界之中某事的积极姿态，兴趣引导个体愉悦地朝向世界。兴趣之所以重要，乃是因为通过兴趣，并且在兴趣中，个体的身体（生命）处于被唤起的状态，换言之，兴趣意味着个体朝向世界

---

① 杜威．民主主义与教育［M］．王承绪，译．2 版．北京：人民教育出版社，2001：259.

的积极姿态。这也提示我们，在个体生命早期，需要以某种兴趣的发展作为依托，起兴个体生命；但同时，我们也须谨慎，因为早期兴趣的培养，重在个体生命的起兴与个体向着世界的积极乐观的意向性结构的养成，而不是兴趣培养过程中的技能发展。当然，适当的技能发展对于兴趣的持续大有裨益，但我们需要让技能的发展适应、指向兴趣的培育。在这里，兴趣发展与特长发展的区别十分清楚，兴趣发展重在兴致，也就是积极生命状态的唤起，而特长的发展重在技能，强调的是技能训练的充分与有效。早期教育重在兴趣，兴趣在个体成人的过程中会逐渐发展为特长。甚至可以说，一个人有没有特长并不重要，重要的是有某种持续的兴趣。换言之，一个人的兴趣并不一定要成为特长，兴趣的发展就是一种价值，充分的兴趣本身就意味着在个体在生命早期阶段被充分唤起过。

从小培养孩子求知的兴趣，意味着孩子并不是因为升学或者父母强迫而学习，而是在学习过程中找到快乐。一旦个体从小养成学习的兴趣，在学习中切实地显现出活跃而富有热情的思维，那么教育就激活了个体的心智，并让其保持开放；若个体从小没有感受到纯粹的求知之乐，缺乏纯粹的求知兴趣，其自然不能在学习过程中体验到基于自身身心愉悦的整体性的快乐。没有快乐的推动，学习纯粹只是个体在理智层面的被动参与，在这种状态下希望个体在学习过程中有更大的发展显然是不切实际的。正如没有责任只求快乐的生活是不可想象的一样，完全依靠责任而忽视快乐的生活同样是不可想象的。一个人能长期从事不乏艰辛的学习与创造，在成长的道路上越走越远，其中一个重要因素就是学习与成长过程中不断被纯粹的求知之乐所推动。这种快乐从童年开始，从童年时期的学习兴趣的培育开始。"快乐使活动变得完美，所以，它通过使生活变得完美而使人们去追求它。人们有充分理由去追求快乐，因为它把生活变得完美，使它成为对每个人都乐于选择的事情。"①
基于兴趣而产生的快乐使得学习过程本身（而不是单纯只有学习结果）
成为值得追求的活动，并使得一个人的才华伴随着其青春年华。"快乐
可使现实活动成为完美的，它不是作为一种寓于其中的品质，而像是一
种天生的伴随物，它使活动完美正如才华之于青春。"②

　　教育当然无法在社会之外进行，其需要与现实接轨，以切实的训练
提升个体服务现实的能力，但关键在于不把训练当作教育目的。我们强
调早期教育阶段兴趣发展的重要性，并不是一味排斥训练，不顾及现实
的教育需求，而是让训练中有兴趣，或者说让训练融入兴趣之中，让实
际的教育与训练过程被赋予美的形式。如果说单纯的训练意味着个体在
教育过程中的被动性，那么以兴趣为主导则意味着个体在教育过程中的
主动性，意味着个体生命的生长与生成。任何教育都需要考量现实的需
要，从实际出发对个体进行必要的训练，但关键在于不能让训练变成对
个体身心的桎梏，要让它促成个体精神自由。要从个体兴趣出发，尽可
能减少机械的训练，让其从中找到乐趣，让学习过程审美化，由此让个
体亲近学习，爱学习，并且通过学习获得积极的成长。优良的教育在任
何时候都应该让个体感受到生命的生长感。

（三）　早期阶段教学中的起兴：培育个体向着世界的爱的意向

　　胡塞尔对意向概念给出过双重解释：首先，狭义上的意向意味着
"瞄准"，确切地说，它是指行为带着它的意义指向一个或多个对象；广

---

①　亚里士多德. 形而上学 ［M］//亚里士多德. 亚里士多德全集：第七卷. 北京：
　　中国人民大学出版社，1993：221.
②　同①220.

义上的意向则既包括瞄准，也包括射中，也就是说，它意味着整个行
为。① 就教育意向性而言，早期教育更多地培养的是一种瞄准意义上的
意向，也就是个体对世界的热情与好奇心；理智化教育阶段的教育意向
性就逐渐转变为瞄准与射中的统一，也就是由开放性的求知的热情转向
求知过程中的某些具体事物，从而让个体的发展由非定型的无名状态转
变为一种逐渐定型的可命名状态。兴作为个体身心的唤起，乃是一种非
定型的无名状态，之后理智化的教育则是个体身心的无名状态逐渐明
晰，也就是被起兴的个体的身心状态逐渐定型化的过程。作为准备性阶
段的兴的意义，就是尽可能多地保持个体的非定型状态，从而为之后正
式的教育做充分的准备。若说教育即回忆，那么早期阶段之后的正式教
育，正是让个体无名状态的诸种美好印记逐渐显现、明晰化与理智化的
过程。个体在发展过程中过早定型，意味着个体发展可能性的减少。

怀特海在论及自由与纪律的关系时提出："教育的开始阶段和结束
阶段的主要特征是自由，但是有一个纪律占主导地位的中间阶段，这时
自由从属于纪律。"②他把第一个自由阶段称为浪漫阶段，把中间的纪律
阶段称为精确阶段，把最后的自由阶段称为综合运用阶段。"在任何的
教育阶段中，你都不能没有纪律，或没有自由；但是在浪漫阶段，必须
永远侧重于自由，让儿童独自去领会，独自去行动。""对正在成长的儿
童来说，浪漫阶段的自然发展尚未结束时就对精确性进行训导，必然会
妨碍他对概念的吸收。"怀特海进一步提出，浪漫乃是精确阶段的背景，
"浪漫不是无生命的，它是这样一种艺术：教人们如何在专注于指定的
工作中培养浪漫。"在这里，浪漫正是作为指定工作的背景与基础，并
且反过来促进指定工作的完成。正因为如此，"浪漫必须加以培养，因

---

① 倪梁康. 胡塞尔现象学及其效应：胡塞尔与当代德国哲学 [M]. 北京：生活·
读书·新知三联书店，1994：48.
② 怀特海. 教育的目的 [M]. 徐汝舟，译. 北京：生活·读书·新知三联书店，
2002：55.

为浪漫毕竟是我们要得到的那种和谐的智慧中的一个必要的组成部分"，"如果生命有机体的领悟力不能通过浪漫而保持新鲜的活力，它就不能吸收工作的果实"。① 准备阶段的非定型教育接近于怀特海所说的浪漫阶段的教育，非定型阶段的教育正是为之后理智化的教育做充分的准备，使理智化的教育成为可能。所谓小大人，正是儿童没有被充分起兴，反而被成人功用化的生活方式所影响，而过早定型化的结果。

2011 年美国国家年度教师奖获得者希勒（Michelle Sheare）在其获奖感言中提到不同学段教师的任务，很有启发性。她说："小学教师为学生的学业成长奠定了基石；中学教师用富有创造性的教学吸引着学生，努力让学生成为自主学习的人；高中教师让学生全身心投入学习之中，为升学和未来的人生做准备。所有的这些教师，共同致力于学生批判性思维、创造性问题解决、合作、交流、独立、适应性、自信等品质的养成。"② 如果我们把高中阶段视为正式的学习阶段，把小学和初中阶段视作准备性的学习阶段，那么小学阶段的教育主要是让学生爱学习，享受学习，也就是启迪学生基于情感的教育意向性，初中阶段的教育则逐渐让学生学会自主学习，会学习，启迪学生基于思维的教育意向性，高中阶段才是学生全力以赴地开始学习的阶段。以此为基础，每个阶段的教育方式都立足于个体健全的心智和人格的养成。

早期阶段教学当然也可以而且需要为今后的发展提供准备，但这种准备同样是体验性的、模糊的、开放的。早期阶段教学的中心乃是教育意向性的整体孕育。早期教育中，优雅地唤起个体身心，孕育个体优雅而乐观地向着世界的意向性结构，从而为个体后期教育的开展乃至终身发展奠定积极的意向姿态。早期教育阶段的起兴，其实质就是以个体早期身心的充分激活，也就是个体身心的优雅唤起作为个体今后理智化教

---

① 怀特海.教育的目的[M].徐汝舟，译.北京:生活·读书·新知三联书店,2002:62.
② 汪明帅.揭秘美国最好的教师：美国年度教师的卓越之道（2007—2016）[M].上海：华东师范大学出版社，2017：102.

育活动得以展开的生命境域，从而让个体将来必将经历的理智化的教育实践在个体和谐的身心的基础性背景中出场。这样做一方面有助于保持个体积极的教育意向姿态，另一方面有助于避免理智化的教育对个体生命的过度挤压，保持个体身心发展的活力。

作为现实中的人，每个人都是单个的自我。一个人如何可能敞开自我，保持自我向着他人和世界的开放性，亲近他人与世界？个体向着他人和世界的开放性，作为一种意向性结构是在个体童年阶段得到奠基的。构成个体向着他人和世界开放的意向性结构的关键质素乃是健康、丰富和美好。健康是基础，是个体身心自由的基本保障；丰富指涉个体与世界联系的数量；美好源自个体在日常生活世界中向着更高事物开启，涉及个体生存的品质。健康涉及个体自身，丰富涉及个体与周遭事物的交往，美好则涉及个体在日常生活世界向着更高的价值世界的敞开。个体年少阶段体验的匮乏意味着个性的单一，其体验结构的单一与封闭意味着个性的封闭，而其在年少阶段缺乏对美好事物的经历则意味着其沉沦于日常生活世界之中，缺少超越的姿态。一个人对他人和世界的爱正是以下面这两点为基础：一是基于个体年少阶段健康的身体之上的其与世界交往的丰富性，二是个体在这种丰富的经历中所开启、孕育的自身之于美好事物的经验。这实际上构成个体人生早期教育的灵魂，也是一个人成为有教养的人的基础。

作家余华曾这样谈及童年："我一直认为童年的经历决定了一个人一生的方向。世界最初的图像就是童年时来到我们的印象里，就像是现在的复印机一样，闪亮一道光线就把世界的基本图像复印在了我们的思想和感情里。当我们长大成人以后所做的一切，其实不过是对这个童年时就拥有的基本图像做一些局部的修改。"[①] 余华在这里对童年经历之于个体发展意义的近乎偏执的强调，折射出童年对他的影响。一个人在童

---

① 余华. 我们生活在巨大的差距里 [M]. 北京：北京十月文艺出版社，2015：
76-77.

年期逐渐形成的乐观或悲观地看待周遭世界的方式，决定了其所看到的基本的世界图像也构成了其感受世界的基本方式。个体在成年后当然可以通过努力适当地改变和超越这种感受世界的方式，但要从根本上超越它是非常困难的，这就是苏霍姆林斯基强调童年期欢乐、幸福以及对世界的乐观的感受对一个人成为有教养的人的基础性意义的原因①。早期教育阶段的起兴之所以对一个人的成长极其重要，正在于起兴唤起个体生命向着他人与世界的积极的意向姿态和爱，由此让个体积极地进入自己与他人、世界的关系之中去，唤起个体人性中的他人性和世界性，避免个体陷于孤立的存在状态。人性之中的他人性与世界性即一个人向着他人和世界的开放性，由此让自己生命之中活出他人和世界蕴含的特性。换言之，人性本身就蕴含着人对他人与世界的亲近，离开了他人和世界，人性就是虚空的。这实际上是一个人成为人的根本。缺少了这一基础，个体成长就会沦为纯粹的理智世界的扩展，也就是个体作为理智性动物的发展，而不是个体置身于人群与世界之中的属人性的发展。

我们常常陷入中美教育对比的难题，其中的悖论就是中国基础教育比美国强，而高等教育比美国弱，理由主要是中国学生从小会读书，知识获取方面的能力发展得很快。其实，造成这种现象的一个原因是我们持一种典型的功用化的教育观，即把低龄阶段的教育完全功用化、实用化，忽视低龄阶段教育的准备性。事实上，这个阶段的主要任务原本不是用来学习的，而不过是为学习做准备，也就是个体之教育意向性的充分唤起，从而使得个体向世界开放和积极探索世界、求取智慧与真理的意向涌动在其人生之旅中。功用化的教育观造就了将个体视为功用化的肉身存在的观念，也就是将个体视为学习的肉身。强调起兴作为低龄阶段教育的根本技艺，就是强调个体优雅健全的生命状态的基础性，换言之，年少阶段的教育，其根本目的就是培育个体积极健全的生命形态。

---

① 苏霍姆林斯基. 怎样培养真正的人 [M]. 蔡汀，译. 北京：教育科学出版社，1992：5.

一旦这个阶段儿童背负太多压力，身体、生命更多地处于压迫性的、功用化的状态，而不是审美性的起兴状态，儿童的学习就很容易成为其生命必须承受的苦役，长此以往，还会产生不良影响。有研究者指出："从小学便开始的高强度、刻板性学术化规训、技术性训练，虽然不能说一无是处，譬如相对于美国，我国中小学生在基本知识和读写技能、甚至艰深的奥数训练方面，平均水准的确有一定的优势。但是为这种学业成绩平均优势付出的最终代价是优胜者不优，能够鼎立国际学术界的卓越人才寥寥，大多所谓优秀人才也不过担当了国际科技走向的追随者、仿制者角色，或者充其量是鲍尔斯所提到的在大企业中从事带有'打工'性质工作的高学历常规创新者。"[①] 德国的有关法律明确规定，禁止设立先修学校，儿童在读小学前，任何人都不可以对其进行所谓的学前教育，比如跳舞、体操、读书、绘画、钢琴、外语、奥数等活动都是被禁止的。学前教育的教学活动主要有三项：一是教给儿童基本的社会常识，比如不允许使用暴力、不大声说话等；二是培养儿童的动手能力，让他们根据自己的兴趣进行手工制作，从小就主动做具体的事情；三是培养儿童的情商，特别是领导力。德国的小学生没有什么功课负担，学生只上上午半天必修课，下午主要是根据自己的爱好选择课程（他们可以选择上钢琴、绘画、手工和体育等与素质有关的课程）。德国教育界普遍的观点是，由于儿童各方面并不成熟，没有成熟的思考能力，如果太早强行教授所谓的知识，那么最后将会使儿童变成读书机器。[②] 虽然德国儿童阶段的教育整体上比较务实，不够浪漫，但不强调具体的知识与技能的学习，尽可能地让儿童免于学业压力，培养他们的兴趣，让他们主动做事，乃是贯穿其中的精髓。

早期阶段教学的起兴就是要充分唤起个体向着世界积极的意向姿

① 阎光才. 关于创造力、创新与体制化的教育 [J]. 教育学报，2011（1）：15-20.

② 罗瑾瑜. 德国杂感 [J]. 随笔，2013（1）：123-132.

态，从而让个体产生向着世界的爱的意向。早期教育阶段的起兴，其基本意义就是唤起个体积极的生命姿态，唤起其乐观（富于爱意）地看世界的意向，也就是唤起个体对世界的爱，让其体验生而为人的乐趣，从而自觉地欲求美好的人生，由此最大限度地唤起个体的人性，也就是一个人对他人和世界的爱与亲近。起兴就其实质而言，就是要给予个体在人生初期快乐的生命体验，为个体的美善人生奠基。因此，教育者要引导个体在丰富而优雅的实践活动中获得快乐的体验，让他从中学会爱他人与世界，同时也培育起他对学习的爱，让他的成长过程因此变得愉悦和值得追求。正如亚里士多德所说，"重要的是，从小就培养起对所应做之事的快乐和痛苦的情感"①。从小就让个体在亲近美好事物的过程中，养成内在的兴趣，获得快乐的体验，就是为个体的美善人生奠基。这里涉及年少阶段培育理想的问题。理想的意义乃是对当下而言的，人应当用理想来开启当下的生命意向，也即开启自己积极的生活状态，所以人应当心怀理想地活在当下。心怀理想地活在当下构成个体当下生存的基础性生命状态。换言之，理想的意义并不在于其今后能否实现，而在于其是否充盈于当下，也即转化成个体当下积极的生活姿态。在这个意义上，所谓理想教育，就其实质而言，并不是理想目标的教育，而是个体积极的生命意向性的培育。

这里特别值得一提的是，对于个体发展而言，个体对世界的爱优先于个体对世界的认识。我们强调个体爱世界优先于认识世界，从而积极引导个体在世界必要的神秘感中亲近世界，然后以此为基础去认识世界，实际上是让个体对世界的认识展开在个体对世界的爱的背景中。爱智慧乃是以爱为前提，缺少了爱，智慧就是冷冰冰的。爱给智慧以实践的方向。爱不仅是个体增进自己的智慧的动力，也给智慧的显现指引了方向。过早地发展个体的理智，会弱化其对世界整体性的感受力，同时

---

① 亚里士多德. 尼各马科伦理学［M］//亚里士多德. 亚里士多德全集：第八卷. 北京：中国人民大学出版社，1994：30.

也会弱化个体对世界的爱。爱就其内容而言，正是个体从身体出发感受世界，之后这种感受进入其内心，成为内心的情状，由此个体向着世界的情感状态得以形成。早期教育中的起兴，就是要突出对个体优美情感的唤起，孕育个体向着他人与世界的爱，由此孕育个体积极的发展姿态，然后在此基础上再发展个体的理智能力、反思能力和实践能力，使之全面发展。换言之，个体前期的发展重在让心灵在体验美好事物的过程中转向美好事物，孕育美好的原型，形成个体发展的基础性精神结构。我们强调从儿童自我生命存在出发的快乐体验，优先于知识、技能的获得与对规范的遵循，正是要将个体习得知识、技能与遵循规范的过程置于自我愉悦的生命状态之中，以孕育个体习得知识、技能与规范的生命意义，让个体始终朝着健康的方向发展。

早期阶段教学中起兴的匮乏，意味着没有充分唤起个体朝向世界的意向性结构，个体没有在与他人和世界的关联中被唤起，无法获得快乐的体验，这样的结果往往是个体产生厌世的感受，即对与他人、世界交往的厌恶，或者对世界、生活的厌恶与逃离。

具体到个体的状态而言，一个没有被充分起兴的生命总是单一的，感受事物的方式也是单一的，这样的人难以建立起与周遭的人和事物丰富而生动的联系，个体的发展因此缺少更多的可能性；一个从未被起兴的生命与他人、世界难免是疏离的，与自己的人性也是疏离的，这样的生命将是单薄而蹇促的存在。

我们强调早期阶段教学中的起兴的重要性，一是强调早期阶段教学的要旨是起兴个体生命，即以唤起个体优雅的身心姿态作为个体早期阶段教育的灵魂；二是强调早期阶段教育本身的重要性，更准确地说是个体发展早期阶段的家庭教育与低龄学校教育的重要性。说早期阶段教育为个体人生奠基，准确地说是优良的家庭教育与低龄阶段学校教育——主要是学前教育和初等教育奠定了个体优雅健康的基础性的生命状态。

五、即时性教学情境中的起兴："欢乐地看-教学事物"

起兴在教育实践活动中作为对身心的唤起，就是为之后的个体教育的发生提供一个意义视域，也就是为个体教育的发生提供一个个体身心乃至完整生命在场的背景，从而使得个体教育的发生能为个体生命带去真实的意义。即时性的起兴，就是在当下教育情境中充分唤起个体身心优雅和谐地向着世界的意向姿态，也就是以个体被激活的优雅和谐的身心作为个体教育发生的背景与视域。个体在教育中被起兴，意味着其身心加入教育活动中，由此教育事件真实地发生在其身心的完整视域中，成为其全身心所系的活动，即让个体教育的发生与其身心整体唤起相融合。教育意义在个体生命中的生成有赖于个体自身的生命背景，意义的不同源于背景的不同。起兴就是以个体优雅的身心状态作为教育发生的背景，由此促成教育意义生动地生成于个体优雅的身心视域之中。

（一）即时性教学情境中的起兴：唤起个体身心的整体在场

起兴就其直接目的而言，就是让个体充分进入当下，使其身心充分在场，以被激活的身心整体来感受周遭事物，由此保持个体积极的身心状态，达到个体生命在教育教学情景中的充分激励与提升。教育不仅是灵魂的转向，其首先是身体的转向。缺少了起兴，个体教育就少了身体的、生命的视域，教育就不过是一种理智化的行动，而不是完整的身体乃至生命的行动，教育之于个体身体乃至生命的意义就是匮乏的，这样的教育必然因为意义的匮乏而显得枯燥，对学生缺乏吸引力。这意味着美育在当下教育情境中同样具有基础性意义，或者说，理想的教育情境的发生乃是审美性的。个体在教育教学情境中所感受到的审美愉悦与由此而来的身心唤起，可谓一切优良教育实践的基础。

个体始自身体的起兴往往包括三个基本过程：首先是身体感到舒适；其次是基于身体舒适之上进一步产生的心理层面的愉悦感；最后是基于身体舒适、心理愉悦之上进一步产生的生命潜能的激活与心灵向着更高事物开放的现象，也就是个体教育意向性结构的形成。若就学习而言，"一日之计在于晨"是说，一天的学习活动离不开个人身体在早晨的激活和舒适。换言之，个体身体状态在早晨的激活对于当天的教育生活而言具有起兴意义。让自己以适当的形式活动开来，舒展自己的身体，让身体处于活泼的状态，保持身体的舒适，实际上构成了一天的教育生活的准备活动。洛克在《教育漫话》的开篇便讨论了体育的问题，他同样是把优良的身体状态作为个体教育的起点，他特别谈到不应让儿童娇生惯养："多吸新鲜空气，多运动，多睡眠；食物要清淡，酒类或烈性的饮料不可喝，药物要用得极少，最好是不用；衣服不可过暖过紧，尤其是头部和足部要凉爽，脚应习惯冷水，应与水接触。"①洛克特别提到多睡硬床、按时大便等细节②，这不仅关系到身体的健康状况，还是保持身体舒适的方法。就一天的准备活动而言，积极的准备状态对于提升一天的教育生活质量而言是不可或缺的，就当下具体的教育情景而言，同样如此。身体的舒适和内心的愉悦，构成个体身心置身于教育情境中的亲熟感，也就是让个体身心整体萌生出向着当下教育情境的亲近、熟悉的感觉，从而让其身心完整地转向当下教育情境之中，使其身心在场，激发个体对教育情境本身的爱与亲近感，即一种基于个体身心整体进入教育情境的意向姿态，从而为思维的发展奠定生命基础。

个体教育总是在两个层面展开的，一是基础性的个体身心准备状态，二是教育过程中个体思维的展开。前者主要指向人与人的交往，后者主要指向理智层面上的人与知识的"交往"，而充分的智性活动正是

---

① 洛克.教育漫话［M］.傅任敢，译.北京：教育科学出版社，1999：19.

② 同①15-18.

建立在个体身心的优雅唤起的基础之上，因此，前者是后者的基础。教育情境中的起兴就是以积极的师生交往唤起彼此之间的亲熟感，从而激发个体此时此地自由而优雅的身心状态，为其理智性的学习活动的展开提供身心基础，也就是为个体教育的发生提供积极的本体性基础，让个体理智性的学习在和谐优雅的身心背景之中展开。

即时性教学情境中的起兴，直接指涉教育教学的艺术。教是为了不教，任何教育最终都需要转化成学生的自我教育。这意味着教育教学艺术的着眼点同样在于充分激活学生当下的求知意向，或者说不断敞开学生的求知意向，也就是唤起其对更高知识的欲求。这也是教师专业性的核心所在。一个人并不是懂得了自己所教授的知识就可以成为好教师，教师的核心技艺并不是组织知识与解决问题，而是如何唤起学生积极解决问题的欲望。换言之，教师真正的专业能力正在于从不同学科背景出发，积极地起兴学生。在这里，兴的技艺，其实就是最大限度地唤起学生身体并使之转向，即使之转向学校和课堂，让身体沉浸在学校、课堂事物之中，爱学校和课堂而不是想要逃离学校和课堂。所谓寓教于乐，也就是以"乐"作为教育发生的基础状态，即以个体身心的深度唤起作为个体教育发生的基础状态，让"教-学"置于"乐"的状态之中。当然，这里的"乐"并不是庸俗化的愉快教育（即单纯以愉快的形式来调动学生兴趣的教育），而是基于学生的立场，确切地说是基于学生身心的充分在场化，也就是不以外在的形式，而是以学生在当下情景中的身心唤起为要义。在这个意义上，任何阶段的教育其实都是寓"教"于"乐"的，只不过不同阶段的个体被唤起（进入"乐"）的方式不一样而已。正如在苏格拉底与另一方的反诘式对话中，对话中的另一方往往体会到很强的紧张感，但对话双方的亲熟关系在一定程度上弱化了对话中的紧张感。事实上，跟谁说话，如何说话，在什么场合说话，都对对话过程的性质有着不同的影响。

这意味着教育教学真正的重心并不是如何去讲授知识，而是如何唤起学生对学习知识这件事情的爱，也就是唤起其置身于当下教育情境之中的意向性，让其转向教师所讲授的事物之中，由此保持良好的学习状态，使其学习行为成为置身于起兴情境中的自发自主的具有生命感的行动。课堂起兴的实践路径乃是用贴近学生生活、生命的形式来使学生的生命在场化，激活学生的生命潜能，激励学生自主探究的热情，再逐步过渡到学习知识的阶段。前者重在唤起学生探究的热情，后者重在给予学生理智上的启迪。理智化的学习过程是建立在生活化的学习阶段之上的，个体生命的爱欲被唤起乃是其走向自主学习得以可能的根本依据。唯有学生置身于生命之"乐"的积极状态中，教–学才有了生命真实参与的本体依托，教–学活动才有可能真正贴近学生生命本身，并促成学生学习之"乐"。此时知识学习不再是生命的负担，而是直接构成学生当下存在的意义。

对于学生而言，学习什么十分重要，但比学习什么更为基本的问题是如何学习，也就是学生如何进入学习的过程之中，或者说其进入具体学习过程的基础性状态是怎样的。学习什么主要指涉学习的内容与目标，关注的是外在于学习者的事物；如何学习关注的重心是个体的学习在何种生命状态中展开，即学习活动得以可能的生命基础和学习活动得以展开时的生命情态。如何学习这个问题直接从学生的身心状态出发，关涉学生的学习兴趣与求知意向，关涉学习内容对学生的吸引力，关涉教师的教育魅力与实际的教育教学艺术对此时此地学生身心唤起的程度。显然，这里的"如何学习"，不单是指学习方法，而是要探讨学习的本体依据。正因为如此，当我们关注如何学习时，实际上也关注了学习的内容，只不过我们的落脚点是学习内容与学生个人之间的联系，也就是这种内容对学生而言意味着什么？其是否足以唤起学生学习的意向性？或者直白地说就是它是否能唤起学生学习的兴趣？起兴的意义就是要唤起个体积极的生命状态，唤起个体向着所学之物的积极的生命情态。唯有当个体整体上处于积极的生命状态时，其才有可能显现出良好的生命活力与创造力。即时性的起兴就是要关注作为学习发生的本体依据与基础的个体生命的处境，它的目的是唤起个体置身于教学情境之中的积极的生命状态。

（二）即时性教学情境中的起兴如何可能：从教师到学校

在教学过程中，教师让自己的身体和生命保持对教学情境开放，并且做到全方位地不断感知教学情境中的各种事物，使自己真实地活在教学情境之中，是教师拥有课堂教学创造力的源泉，也是使教师自身保持自己作为完整的生命存在的途径。同样，理想的教学过程也应是充分唤起、激活学生身心，使其生命完整在场的过程，即教学应该让学生身体全面进入教学情境之中，感受教学情境，由此激活自身的生命活力，使自身理智的发展与知识的获得成为被全面激活的生命存在自然涌现出的结果，教学的生命意义也由此显现出来。

真正的教学：师生进入教-学关系结构之中

曾获得"美国最佳教师"称号的艾斯奎斯（Rafe Esquith），面对中国教师的问题——"您在短短一年的时间里，开设了那么多的课程，莎士比亚戏剧、棒球、电影课、经济课程，您要花时间带学生去旅游，但是您的学生考试成绩非常好。对此我感到很神奇，您是怎么做到这一点的？我为了提高学生的成绩，需要花很多时间，我跟您的差距咋这么大呢？"，他这样回答："我的孩子考试成绩好是因为他们是放松的。我在平时会考考他们理解到哪一步，但是我也会告诉他们，如果考不好，会有什么结果，结果就是没有任何变化——他们不会因为考试不好下地狱，他们的妈妈依然爱他们，我也依然爱他们。我告诉他们，我希望达到的不是说考试成绩怎么样，而是我在一年中让他们学到了什么生活技能，他们不是为考试而学习，他们是为了生活中使自己受益的知识而学习。让他们很放松，他们就会考得很好。"① 艾斯奎斯的教学实践较充分地体现了起兴对学生学习成绩的影响：消除学生对考试及其结果的惧怕感，让学生在学习中体会到自由，由此其就能身心放松，保持良好的生命状态，使自己的生命潜能得以发挥，获得良好的学业成绩。

真正的教学就是师生进入教学情景之中，进入教-学关系结构之中，而不是进入教学的知识结构之中。教学中的知识结构固然重要，但过于强调知识，会抑制个体生命。相对于个体生命成长而言，知识是末。真正的教学乃是对生命的促进，让生命向教学情境开放，这才是教学中真正的本体。有了本体，有了对知识的欲求，就有了个体教育发生的本体性依据，其后的学习就水到渠成了。当然，知识并非不重要，但对于教育活动而言，更重要的是建立起人与知识之间的内在关系，人进入教学之中才是教育实践得以可能的根本。

正如池田大作所言："我觉得再没有比能遇上充满热情的良师的青年更幸福的了。……我不能不衷心地呼吁，让那些对教育倾注了热情、投入全部身心、在青少年心中点燃起永恒回忆之灯的好老师，大批地登上讲台吧！这样，通向难题如山的人的教育的道路，一定会一下子豁然开朗。"② 堪称优秀的教师总是用自己全部的热情来唤起学生的学习热情，敞开学生的人生发展道路。如果说个体教育的发生对于学生而言，直接的基础就是学生身体的唤起，那么教师的教育学（实践着的教育艺术）的基础，就是焕发着教育热情的教师的身体，换言之，教师的身体（生命整体）体现着其所实践着的教育学。任何教育教学方法，都是基于教师个人的教育教学方法，换言之，每个教师乃是任何一种教育教学方法的核心环节。任何优秀的教育教学实践，乃是建立在教师个人在当下教育教学情景中努力让自己的生命姿态堪称卓越的基础上的。任何教育教学方法都需要教师生命的进入，离开了教师自身的教育教学方法是

① 周钧. 雷夫回答中国教师最想问的 16 个问题 [J]. 教师博览，2012（6）：6-9.
② 池田大作. 人生箴言 [M]. 卞立强，译. 北京：中国文联出版社，1995：138.

内容空洞的方法，不能简单地套用教育教学方法的根本原因就在这里。"亲其师则信其道"，从教育现象学的意义上而言，其意蕴就是当一个人亲近教师时，这个人的身心就容易在与教师交往的情景之中转向该教师，从而表现出对教师所传之道亲近的意向姿态。正是在这个意义上，我们不难理解，教师还可以用如下姿态置身于师生交往活动之中："双膝跪在学生的课桌前，以一种平等而非高出一头的姿势与他们交流；帅气的男教师，嘴上叼着电子笔，一屁股坐在学生的书桌上，晃动他修长的腿，微笑地看着孩子们交头接耳；一名化学老师，看起来更像面点师，系着围裙，头顶高而尖的白帽子，上面用英文写着'我是魔术师'，在实验室里走来走去，指导学生们如何把一枚枚银色的硬币炼出金子般的颜色……"①

伽达默尔曾言："因此每次真正的谈话都表现为一个人向另一个敞开自己，真正认为后者的观点值得考虑并且深入另一个人的内心"，"所以一次涉及根本问题的谈话永远也不是我们想要进行的谈话。说我们进入谈话，甚至说我们卷进谈话之中，一般倒更为正确。……所有这些都表明一次谈话具有其本身的精神，而且谈话所用的语言在谈话中就带有其本身的真实性，也就是说它显示某种今后存在的东西"。②充分地唤起个体，让其进入谈话情景，尤其是在交谈中凭借语言唤起个体，使其充分地进入当下，由此让谈话双方卷进谈话之中，进入谈话本有的精神之中，构成了真正的谈话艺术。就教学而言，充分地唤起学生进入课堂交流情景，实际上就成了教学技艺的核心。这意味着师生交往作为师生身心整体向着课堂教学情景的充分唤起，也即师生生命的充分在场化，就

① 李斌. 青年乡村教师英国归来反思记 [N/OL]. 中国青年报，2012-01-17（3）[2018-11-15]. http：//zqb.cyol.com/html/2012-01/17/nw.D110000zgqnb_20120-117_1-03.htm.

② 伽达默尔. 语言作为解释学经验的媒介 [J]. 慎之，译. 哲学译丛，1986（3）：58-61.

成了教学技艺的中心，或者说成了教学得以可能的本体依据。

教学中的起兴：从教师生命的自我起兴开始

个体生命的起兴发生在人与人之间，孤立的个体的生命状态往往是封闭和静态的，唯有在对话中，在师生彼此向对方敞亮的过程中，师生才能成为交往共同体，个体的思维才能变得活跃，心灵对真理趋于敏感，对知识之爱萌生，真理也在师生积极的交往与言说中显现，理想的教育情景得以形成。正因为如此，在课堂教学中，基于教师生命热情的积极的师生交往，对于教学过程而言，绝非可有可无，而是不可或缺的基础。教育情景中知识与人的关系的基础，乃是鲜活地存在着的教师与学生的关系。具体的教育活动是在师生关系中展开的，任何教育教学方法的运用，都有赖于当下师生关系的扩展：教师不断出发，让自我生命热情抵达学生，激活学生当下的生命状态；学生让自己被唤起的疑惑、热情，不断抵达教师。"孩子不关心你知道什么，直到他们知道你关心他们。"① 要让学生关心教师所关心的事物，首先要让学生知道教师在关心他们。这意味着真实的师生交往在当下教育教学情境中十分重要，换言之，优良的教育教学情境正是基于当下积极的师生交往的真实开启②。完整的师生交往既包括外显的基于知识的交往，也包括内隐的生命层面的交往，后者指向师生生命热情的共同唤起，而师生生命的互通与契合是优良教学展开的基础。"亲其师则信其道" 说的就是优良的教育建立在师生彼此的亲熟感之上，师生交往对学生在教育情境中的教育意向性

① 怀特．教师首先要成为最前沿的学习者［EB/OL］．（2015-11-06）［2018-11-15］．http://blog.sina.com.cn/s/blog_65foe89colo2wqui.html.

② 优良的教育教学情境的基础也可以如《第56号教室的奇迹》的作者、获得"美国最佳教师"称号的艾斯奎斯所说："一位专业人士，能在别人无法与孩子沟通的时候，抵达孩子的内心。"参见：李茂，李斌．"美国最佳教师"雷夫·艾斯奎斯：理想的学校没有恐惧，只有信任［J］．基础教育论坛（文摘版），2012（11）：61-62.

的即时唤起有着根本意义，师生之间彼此的亲熟感可以消除学生面对教师的紧张感与陌生感，唤起学生的教育意向性，促成教育的发生。

《第56号教室的奇迹》的作者、获"美国最佳教师"荣誉的艾斯奎斯说："一位专业人士，能在别人无法与孩子沟通的时候，抵达孩子的内心。"① 《回忆苏格拉底》中有一段苏格拉底与安提丰的对话："'安提丰，正如别人所欢喜的是一匹好马，一条狗或一只鸟一样，在更大的程度上我所欢喜的乃是有价值的朋友；而且，如果我知道什么好的事情，我就传授给他们，并把他们介绍给我所认为会使他们在德行方面有所增长的任何其他教师。贤明的古人在他们所著的书中遗留下来的宝贵的遗产，我也和他们共同研讨探索，如果我们从古人的书中发现什么好的东西，我们就把它摘录出来，我们把能够这样彼此帮助看为是极大的收获。"② 这本书中所记录的苏格拉底与他人的对话都是发生在熟人之间，苏格拉底实施教育的基本路径正是基于朋友式的交往而发生的对更高事物的追求③。其中，朋友式的交往所显明的正是以教育情境中彼此的亲熟感作为共同追求更高事物的基础，换言之，正是这种亲熟感唤起个体的教育意向性，由此促成个体教育的发生。进入教学场域中的教师如何倾注自我生命热情，有效地消除与学生的身份隔阂，超越权威控制，形成师生之间的良性互动，由此引导师生生命在教学情境中的全面唤起，实际上就成了教师的教育艺术的关键所在。在这个意义上，教师对学生生命的起兴，同时而且首先意味着对自我生命的起兴。

苏联著名教育家赞科夫曾引述过这样一个案例：

① 转引自李茂，李斌．"美国最佳教师"雷夫·艾斯奎斯：理想的学校没有恐惧，只有信任 [J]．基础教育论坛（文摘版），2012（11）：61-62.
② 色诺芬．回忆苏格拉底 [M]．吴永泉，译．北京：商务印书馆，1984：37.
③ 刘铁芳．古典传统的回归与教养性教育的重建 [M]．北京：北京师范大学出版社，2010：109.

有一次，莫斯科第二十九学校的一批中年级女学生，跑来找校长叶·瓦·玛尔季扬诺娃，她们来告一位女教师的状，原因是这位女教师总把她们喊作"小姑娘"。

"她这样称呼，对我们是一种侮辱。"女学生们对校长说。叶卡杰琳娜·瓦西里耶芙娜感到惊奇：这批女孩子，怎么会为了这一点点小事就生起气来了？

"这有什么大不了的呢，"她说，"你们的老师年纪也很大了，你们在她面前还真的是小姑娘哩。我有时候不也是这样称呼你们吗？"

"噢，您——这完全是另一回事，"女学生们说，"您可以这样称呼我们，我们对您绝不生气，可是她，她没有这种权利。"

"可这究竟是为了什么呢？"这位女校长追问着。"是不是你们认为，我担任了学校领导职务，我就可以比一个普通教师对你们的态度差一些呢？"

"不，问题并不在于您是校长，"女孩子们说，"而在于您……可以……像母亲那样……您就是再凶一些骂我们，我们也不会生气。可是她，根本不像母亲。所以我们不高兴她这样称呼我们。"①

女学生们之所以欣然接受校长称呼她们为"小姑娘"，正是建立在校长和她们之间建立起来的母女似的亲熟关系之上，而另一位教师则没有在这种关系结构中展开与学生的对话，其只是居高临下地称呼她们"小姑娘"，从而让学生有被侮辱的感觉。师生之间任何教育性交往，都是建立在师生彼此作为人本身的交往之上的，师生之间发生的生命意义上的亲熟与融合，正是师生之间展开优良的教育交往的基础。这里特别值得一提的是，教师在教育实践中总是免不了会批评学生，教师需要切实地立足于师生关系结构来思考批评之于学生的意义。基于师生亲熟感

① 赞科夫. 和教师的谈话 [M]. 杜殿坤，译. 北京：教育科学出版社，1980：38-39.

之上的批评和以表扬为基础的批评之所以更容易被学生理解与认同，正是因为这种批评是建立在当下师生之间的亲熟与融合之上，学生不是纯粹被动挨批的客体。因为教师公开批评违反校纪校规的学生，导致学生抑郁、自杀等极端事件发生的情况不在少数。这提示我们，批评学生时需要审慎，公开批评学生尤其要慎重。在公开批评学生的过程中，学生更容易沦为被动挨批的对象，以至于放大批评本身对于自己可能造成的不良生命影响。

　　教学中的起兴得以可能的一个依据是教师自我生命活力的焕发。池田大作曾说："所谓教育，就是点火。只要教师有探求真理的熊熊的火焰，就会点燃学生的探求的热情；只要教师有追求文化与美的热情，学生的创造力也会燃烧起来。教师的胸中即便没有报酬、荣誉、特权等一切考虑，仍是不够。重要的是，有没有非要教学生一点什么不可的愿望，学生的胸中有没有要知道它，学习它的渴望和仰慕之心。只有从火花四溅似的人与人的接触中，才会培养出走在时代前头的、有创造力的人。只是将片段的知识填装进脑袋，那只会生产没有人格的、机械似的专家。这种没有灵魂的精英教育的可怕性，今天社会的混乱不是已经雄辩地提出了警告吗?!"① 在这里，池田大作可谓准确地把握了现代教育问题的中心，那就是"生产没有人格的、机械似的专家"、从事"没有灵魂的精英教育"，同时也真切地提出了展开优良教育的路径，即以教师自身燃起的探求真理的熊熊火焰点燃学生探求知识的热情，以教师追求文化与美的热情激发学生的创造力。如果说学生生命起兴的核心乃是对知识与真理、文化与美的"渴望与仰慕之心"的唤起，那么这种起兴的根本依据正是教师自身积极探求真理、追求文化与美的生命姿态的唤起，也就是教师自身生命的起兴。由此，师生在更为本源的层面上，在师生彼此作为被起兴的"火花四溅"的人与人之间，达成富有创造性和

① 池田大作 . 我的世界交友录：第一卷［M］. 卞立强，译 . 长沙：湖南师范大学出版社，2006：90.

人格魅力的沟通、融合，形成积极的教育意向性。在这个意义上，教师对学生的了解，不是居高临下的技术性的理解，也不是简单向着学生，其首先是一种对自我以及自我存在于这个世界中的理解。师生生命之间的互动，不是表浅的迎合，而是深层次的互相映衬，彼此观照，各自在对方的背景中显明自身。此时，对他人的理解转化成对自我的理解，彼此在理解对方的过程中加深对自我的理解。这意味着师生交往的过程，并不仅仅是在现实层面展开的，其还意味着一种可能性，即师生之间的交往本身就是对师生生命姿态的引导与更高生命姿态的唤起；师生间的交往，不仅仅是工具性的，即其被视作正式教学过程的基础，而且是本体性的，即师生交往作为教育意向性唤起的过程本身就构成了教育。

池田大作认为："当意识到彼此既是老师又是学生这种深刻的人与人的关系来相互接触时，友好也会结出极为丰硕的果实。"① 教学方法和教学艺术实际上有两个层面：一是技术性层面，也就是可以被每位教师采用的基本方法和艺术；二是本体层面，也就是教师自身——教师的爱与热情、审美能力，以及置身于教育情景中的想象力，或者，更完整地说，就是教师个人的生命德性（其是教育教学的根本依据）。"教师本身先要具备这种品质——能够领会和体验生活中和艺术中的美，才能在学生身上培养出这种品质。如果照着教学法指示办事，做得冷冰冰、干巴巴的，缺乏激昂的热情，那是未必会有什么效果的。"② 教学不是冷冰冰、干巴巴地运用教学法的技术性活动，而是建基于教师自身完整生命之上的艺术化的生成活动。优良的教育需要教师本人的完整投入，也需要教师本人德性的整体性提升。就其实质而言，每位教师就是他本人的教育学。这意味着以起兴为基础的教育实践需要教师用健全的生命来起兴学生的生命，以健全的人格来成全学生的人格。基于起兴的教育实践

---

① 池田大作. 人生箴言 [M]. 卞立强，译. 北京：中国文联出版社，1995：136.
② 赞科夫. 和教师的谈话 [M]. 杜殿坤，译. 北京：教育科学出版社，1980：116.

反对卖命式的教育实践，其恰恰主张教师以自身健全的生命作为教育实践的根本依据，教育的人道原则始于教师自身健全的生命。

教学中的起兴与学校整体教育秩序的改进

学校教育中的起兴不仅是课堂层面的，或者说课堂教学的起兴不仅仅与课堂本身有关，也与学校整体教育秩序有关。苏霍姆林斯基在谈及"怎样使学生们具有知识的欢乐"这个问题时，非常得体地谈道："在学校里，只有当学生渴望学习，只有在学习中（上学、读书、写字、认识）他感到是一种欢乐，得到是欢乐并得到人的一种骄傲时，学校里其他的一切才会成为现实的、可以达到的。"① 对学习的渴望以及在学习中感受到欢乐，所指涉的正是学生的教育意向性。要实现学生对学习的渴望与学习中的欢乐感，就要充分唤起学生的教育意向性。学校整体教育活动的设计与学校氛围的营造就是要唤起学生对学习的渴望和对学校生活的喜爱，由此增强其进入学校生活之中的教育意向性。

起兴不仅涉及教师，还涉及学校教育活动的整体设计。苏霍姆林斯基所给出的路径是唤起学生的思维生活，他说："只有当他是思想家的时候，当他的思维生活在某种程度上不依赖于他在课堂上学到的和正在学习的那些东西的时候，那时孩子才会成为好问的、求知欲望旺盛的、勤奋的学生。课外的思维活动，是不以初级阶段教学课程为转移的，要比孩子在课堂上所学的一切都更为重要、更丰富、范围更广泛。如果孩子的精神发展没有蓬勃的、泉水般涌出的思维生活，让他对待学习像对待幸福、对待欢乐那样，一般来说是不可思议的。"② 苏霍姆林斯基提出了两个达成思维生活的基本途径：一是回到大自然，"思维课应当在教会每一个字母、每一道算术演算之前，在思维的最初发源地——大自然

---

① 苏霍姆林斯基. 怎样培养真正的人 [M]. 蔡汀，译. 北京：教育科学出版社，1992：113.
② 同①114–115.

中进行"①；二是让学生在图书世界里生活，"如果一个学生没有发现学校里的图书世界，如果这个世界没有在学生面前展现出智力生活的欢乐的话，那么，学校也不会给他什么，他只能怀着空虚的心灵走进生活中去"②。关于阅读对儿童发展的意义，苏霍姆林斯基的论述可谓一针见血："为此，应当教会孩子们去掌握图书世界里的生活欢乐。……这许许多多作品，就是一个富有魅力的美的世界，思维的世界和人的感情的世界，这一世界本身在孩子面前展现着生活的欢乐。我极力使我的孩子们觉得，不去阅读和反复阅读那些令人喜爱的图书，不静下心来去攻读那些图书，生活就会像是阴暗的牢狱。"③周国平的一段反思可以作为这段话的注脚："回想起来，我的青春期的最重大事件是对书的迷恋，这使我终身受益。从中学开始，我的课余时间都是在阅览室里度过的，看的多半是课外书。阅览室的墙上贴着高尔基的语录：'我扑在书籍上，就像饥饿的人扑在面包上一样。'当时真是觉得，这句话无比贴切地表达了我的心情。现在想，觉得不够贴切了，因为它只表达了读书的饥渴感，没有表达出那种如痴如醉的精神上的幸福感。"④ 周国平的这段话既阐释了青春期（课外）阅读的喜好所培育起来的延续一生的读书的意向性，又阐释了青春期的阅读对自我身心的唤起所产生的愉悦感。

苏霍姆林斯基所谈及的对学习的渴望和欢乐的情绪实际上就是贯穿于个体学校生活之中的教育意向性，以及这种意向性的唤起所带来的身心愉悦感，也就是学校教育整体中个体起兴的路径。激活思维可谓一种兴的实践，而在大自然和图书世界中唤起学生的思维，正是起兴的具体

---

① 苏霍姆林斯基 . 怎样培养真正的人 ［M］. 蔡汀，译 . 北京：教育科学出版社，
1992：115.

② 同①116.

③ 同①116-117.

④ 周国平 . 青春期的阅读 ［J］. 课外阅读，2018（1）：32-33.

路径。显然在这里，接近大自然、走进图书世界，其意义并不全然在于认识大自然和阅读书籍本身，而在于借助它们唤起个体丰富的思维生活，扩展个体的生命体验，让他们获得学习的欢乐，为成长中的个体奠定教育意向性之基础。这提示我们关注学校教育的整体性，或者说学校教育要有必要的生态视野，即要把学校教育放在开放的背景中，因为学校教育内外，看似与教育无关或关系不大的活动，却可能是构成学生置身于学校教育场域之中被积极起兴的关键。这意味着我们既要充分重视校园内部环境的建设，提升校园环境对师生个人的起兴功能，给学校教育生活提供富有意义的优雅的物理空间，同时也要重视学校教育活动与外部环境的生动联系，将校内与校外相结合，让周遭自然社会空间能以合适的形式进入学校教育的视域，成为个体教育生活的基础背景，促进学校教育之于个体生命的意义的实现。

数学家苏步青曾这样描述自己在初中二年级时遇到刚从东京留学归来的数学老师杨霁朝后，杨老师改变了他学习兴趣的经过：

以前，我并没有对数学产生多大的兴趣，尽管前两年的数学成绩也总是全班第一。我觉得文学、历史才有浩瀚的知识可学，而数学不免显得简单乏味。但是杨霁朝老师的数学课却能吸引住我。那些枯燥乏味的数学公式、定理一经他讲解就变活了，那一步步的推理、演算、论证，就像一级级台阶，通往高深、奇妙的境界。杨老师还带领我们测量山高、计算田亩、设计房屋，这些生动活泼的形式在学生中间产生了极大反响。我在这些活动中干得最起劲，杨老师出了许多趣味数学题让我们竞赛，每次我都取得好名次。①

不难发现，苏步青萌发学习数学的兴趣的关键条件，就是杨霁朝老

① 苏步青．神奇的符号［M］．长沙：湖南少年儿童出版社，1997：21.

师的引导与激励，而这无非是通过两个方面实现的：一是课内教学活动足够生动，二是课外实地活动足够有趣。课内生动的教学对于启迪苏步青的数学思维，让其从理智上走进数学学习大门是十分重要的；而生动的课外实地活动，则是激活苏步青的感官，使其感受课堂上数学学习所指涉的事物，让其身心整体萌发朝向数学学习的兴趣。这两个方面相互促进，促成苏步青数学学习兴趣的生长和生成。如果说课堂上杨老师的热情与卓越的教学技艺构成苏步青提升数学学习兴趣的基础，那么，课外实践活动则让苏步青在有趣的实践中充分感受到学习数学的意义，成为进一步提升其数学学习兴趣的重要形式。

起兴意在激发个体活跃的身心姿态，由此激活个体活跃的心灵状态，唤起个体的潜能，激发个体向着更高事物开放的生命状态。被起兴的、处于优雅身心状态的个体，不仅意味着其在智性上活跃，也就是说其更多地具有理智发展的可能性，同时也意味着其向着他人和世界的开放性、包容性与亲近感，也就是说其更多地具有德性发展的可能性。学校教育中的起兴，同样涉及不同学科在学校教育整体中的位序。就学校教育中不同学科在个体发展中的意义而言，除了各学科自身具有的育人价值外，艺术教育、体育等学科还具有独特的起兴功能。这意味着体育、美育和德育、智育在学校教育中具有同等重要的价值，甚至就低龄阶段的学校教育而言，体育、美育的价值超越了德育、智育，特别是在幼儿教育阶段，德育、智育更多地是被包含在游戏化的体育、美育之中。如果说起兴的教育主要是身体性的、感性的，那么之后的知识学习、能力与道德发展都是寓于起兴所唤起的优雅的身体背景中，这意味着体育、美育在教育实践中具有基础性的意义，充分的德育、智育寓于充分的体育、美育之中。

起兴的过程乃是身体性的、审美性的，走向起兴的教学实践蕴含着德智体美融合的可能性。诗教的意义并不仅仅在于诗本身所呈现的事理带给个体以理智上的启迪，更在于诗对个体身心的审美观照，唤起个体身体的本然在世，从而唤起其直接朝向天地与人生的生命姿态，也就是把个体日常面对世界和人生的习俗化甚至是扭曲的态度与方式都悬置起来，让其以本然之身心或曰童心朝向天地与人生，使个体恢复无邪之思，从而保持个体向着天地和人生的纯粹而优雅的姿态，由此唤起个体诗意地栖居于大地之上的意向性，并以此作为个体生存的基础性结构。如果没有唤起一个人的身心，就对其训以各种伦理规范，那么施加在其身上的教育就必然是身体上的规训，难以唤起其身心对伦理规范的积极体验和内在欲求。我们看这样一个案例：

四五月间如果有机会去台湾，车子过高速公路，可以看见山的两边全是白花花的一片，非常美。现在台湾有个"桐花季"，像日本的"樱花季"一样，人们也在桐花树下规划出很多的小路。

桐花很特别，它开过以后会大片大片地飘落。我站在一棵开满桐花的树下，大概五分钟没有动，身上便落满了桐花，地上也全是桐花。

有一次我在桐花林里走，看见一位妈妈带着一个小男孩，小男孩在地上玩，他妈妈在远处跟别人聊天。

突然小男孩大叫："妈妈，妈妈……"原来在他玩的时候，不知不觉他的周围已经落满桐花，当他站起来想找妈妈时，不知道该怎么办了。他不忍心踩那些花，因为每一朵花都好漂亮，所以他就一直叫妈妈。他妈妈却说："笨蛋，过来。"[1]

在这个案例里，小男孩面对桐花时所表现出来的犹豫和怜爱的情感，正是被桐花之美所唤起的，而其内心的美感又成为其伦理化行动的基础。于是，美和善合一，对美的爱与善的欲求合一。

体育所指向的健康的身体、刚毅的意志与音乐所指向的和谐的心灵同样是智育展开的基础，确切地说，健康的身体、和谐的心灵为个体理

---

① 蒋勋．不忍［J］．读者，2011（22）：1.

智的扩展提供了健全的生命本体的视域。以身心和谐为基本视域，个体理智的发展和健全心智的形成就有了生命本体的基础。同时，以身体为视域的理智的扩展，反过来促成了教育意义的生长和生命意义的丰盈。这里需要补充的是，虽然健康的身体促生健康的心灵，但病弱的身体有时也可能会导致创造性思考的形成。疾病实际上也可能为个体提供基于不同于健康的身体状态的本体性思维场域，反过来促成超越日常思维状态的创造性思维的产生。当然，我们需要看到，基于疾病的创造性思维的产生并非一种正常状态，因为疾病仅仅是为个体另一种思考方式的产生提供了不同的境域而已，创造性思维的产生依然有赖于个体的心智基础与知识积累状况。同时，我们也应该看到，基于疾病状态的思考，难免会因身体情况打上消极悲观的烙印。

体育、美育之所以在学校教育中占据基础地位，首先是因为学校要通过体育来锻炼人的身体、以美育来陶冶人的心灵，其次是因为体育、美育对学校教育实践的深化具有奠基性意义，即充分的体育、美育所造就的个体健康优雅的身心姿态是其理智和德性发展的本体性基础。然而制度化的学校教育很难保证每一项学习活动都是基于学生的兴趣，实际上很多时候，学校做出的教育安排变成了学生不得不接受的活动。这意味着要在尊重并扩大学生自主选择空间的同时，切实加强身体性的、审美性的活动，以唤起学生生动健康的生命姿态，增进学生在学校教育中的自由与活力，为学生制度化的学习开启健康优雅的基础性境遇。促成学生在体制化的教育中健全发展，应是当下学校教育实践的要义。

优良的学校应是充满人性温情和想象力，并以此为基础激励个体不断超越的场域。一旦学校教育变成纯粹为诸种训练所充斥的理智工厂，个体的发展方向就不过是成为缺少起兴的智能机器人，而不是生动完整的人。①
当斯宾塞对"什么知识最有价值"给出直接明了的回答——"一致的答
案就是科学"②，并认为"这些才艺、艺术、纯文学以及一切组成我们所
谓文化之花的东西都应该全部放在为文化打基础的教育和训练之下。它
们在生活中既是占闲暇的部分，在教育中也应该是占闲暇的部分"③ 时，
其恰恰忽略了这些学科对个体发展的起兴意义。当然，体育、美育虽然
相对于德育、智育而言更具有起兴的意义，但这并不意味着体育、美育
就必然是起兴性的。一旦体育、美育并没有立足于唤起个体的兴趣，而
是侧重于技能训练，其同样不足以达到充分地让个体身心起兴的作用。

（三）即时性教学情境中的起兴：培育学生对学习的爱

孔子的"知之者不如好之者，好之者不如乐之者"中的"知之"乃
是个体理智活动的结果，"好之"是个体情感体验活动的结果，"乐之"
是个体生命沉浸其中获得的完美体验的结果。正如亚里士多德所言，快
乐使活动变得完美，所以，活动通过使生活变得完美而让人去追求它。
"没有现实活动，快乐就不得以生成，唯有快乐才能使一切现实活动变
得完美。"④ 学校教育实践中即时性的起兴，就是要唤起个体进入实际学

---

① 艾斯奎斯这样谈及理想中的学校："学生勤奋学习，每天都要参加体育运动、学习艺
术；没有太多作业，但学生在学校里的时间会更长一些；所有孩子都要演奏音乐；
教师应该是和善而耐心的；学校里没有恐惧，只有信任。"这样的学校的中心就是
对学生生命的充分起兴与激励，而不是压迫和抑制，由此而达成师生生命在此时此
地的学校生活中的最优化。参见：李茂，李斌．"美国最佳教师"雷夫·艾斯奎斯：
理想的学校没有恐惧，只有信任 [J]．基础教育论坛(文摘版)，2012(11)：61-62.
② 斯宾塞．斯宾塞教育论著选 [M]．胡毅，王承绪，译．北京：人民教育出版社，
1997：91.
③ 同②81.
④ 亚里士多德．尼各马科伦理学 [M]//亚里士多德．亚里士多德全集：第八卷．
北京：中国人民大学出版社，1994：221.

习过程中积极的准备状态，激活个体的身心潜能，从而让个体在起兴的过程中对知识与教育交往的兴趣和爱被唤起，实现个体在兴趣和爱之中学习与发展的目标。其根本旨趣就是使个体在爱的欲求之中发展，以超越单纯的理智活动。对于个体而言，爱是一切优良的知识活动的基础。没有爱，知识活动就是一种与个体疏离的、外在的理智活动，而非能充实个体生命的活动。换言之，正是爱让知识学习活动成为个体生命中有意义的活动，基于爱的学习使个体免于在学习压力中沉沦，并孕育个体健全的发展姿态。

如果说准备性教育阶段的起兴乃在于唤起个体"爱世界"的教育意向性，那么即时性教育情境中的起兴的基本着眼点是"爱学习"。前一种起兴的匮乏所导致的后果乃是厌世，后一种起兴的匮乏所导致的后果乃是厌学。当然，我们这里将厌世与厌学区分开来，重在强调厌世乃是个体成长过程中累积性的生命意向姿态，而把厌学看成是当下教育教学情境中直接发生的个体对学习的情绪或情感。实际上这两者是密切相关、相互转化的，难以截然分开：一是厌世中必然隐含着厌学，二是在学校教育中不断累积的厌学情绪，以及在长期厌学中所积累的身体的紧张感的转移，同样可能导致厌世。我们今天大量存在的厌学倾向，直接原因正是在受教育过程中个体的身体、生命并没有被唤起，个体不过是作为理智意义上的接受教育的客体，教育成为其必须承受的压力。所谓厌学，正是因为"学"没有基于个体身体的唤起而展开，以至于学乃是一种外在于其身体的活动，是其身体不得不承受的东西，身体对学习的厌恶就必然会发生（这既包括对某一门学科的厌恶，也包括对学习本身的厌恶）。过早又过多地承受学业负担，频繁参加考试以及在考试中遭遇挫败，会直接导致个体早期生命起兴的缺失，此时读书更多地是一种找不到生命愉悦感的外在任务。加上当下一些教育情境枯燥乏味，厌学乃至逃学就成为一种常态。从来没有被起兴过的生命是干枯的，没有起兴的课堂同样是干枯乏味、远离学生身体的。

　　有人曾指出，负担过重必然导致肤浅。从生命论的意义而言，过重的负担必然导致个体的身体在学习中沉沦。一旦身体在学习情境中体验不到愉悦感，身体在教育情境中就成了工具化存在。失去了身体作为学习与发展的本体性依据，个体的学习与发展就失去了深度发展的生命基础。如果说在学校意味着身体、生命不自由，那么身体、生命逃离学校则意味着对自由和意义感的寻找。反过来，如果学校教育尊重学生的身体，保障学生享有足够的自由，那么这无疑是唤起学生学习意义感的基础。学校还要以此为基础，适度减少学生的课业负担，避免学生陷于繁杂的考试，唤起、培育学生置身于学校教育之中的身体感觉，扩展基于身体的教育意义，让学生身心整体转向学校教育，让厌恶学习的意向性结构转变成对学习之爱、对学校教育之爱、对生命成长之爱。

　　学生置身于学校这个空间，无法逃避的学业压力、个体成长中遭遇的各种困惑，直接构成个体置身于学校教育空间的生存紧迫感。处于生存紧迫感之中的个体，其生命状态往往是低迷的，厌学、逃学无疑是个体试图逃离这种生存紧迫感的表现。学校教育中的起兴，其意义就是要直面并缓解这种紧迫感，唤起个体更高的人性欲求。

　　激活个体更高的人性欲求和更富有人性的行动，无疑构成一切优良的学校教育的基础。这实际上也是我们重新回到赫尔巴特的教学的教育性问题的关键所在。教学的教育性的核心，或者说教学的教育性得以可能的依据，就是教学中开启的个体对更高事物的欲求和爱。这意味着学校教育活动就是要充分激活个体向着他人和世界的爱，唤起个体在当下教育教学情境中对更高事物的积极欲求，唤起个体之身体积极的在世之在，避免个体在此时此刻的教育情境中成为孤立的存在。这样，个体在学校教育教学情境中就不仅仅是在单纯地获取知识和技能，而是让处在此时此刻教学情境中的自己活生生地活在他人与世界之中。此时，教学与教育性重新合一。

六、起兴的生命旨趣与个体成长的苦乐辩证法

个体自诞生之日起就蕴含着超越本能的可能性。个体最初的成长经验绝非可有可无，其恰恰可能对一个人之后的发展产生不可估量的影响（尽管我们无法准确估计一个人早期的成长经验对其之后的人生发展究竟会有多大影响，但可以肯定的是一定会有不可磨灭的影响）。这也是民间常说"一岁看大，三岁看老"的原因（这句话是民间长期观察个体发展积累的经验）。这意味着从个体成长早期开始，我们就需要把稚嫩的个体作为一个整体来潜移默化地加以孕育。

人生是一个累积性发展的过程，由个体在前期发展过程中的生命体验所累积而成的内在的精神结构，会直接成为其之后看待他人和世界的基础性生命结构。一个人年少时期持续拥有的积极乐观的情绪体验，把个体引向他人和世界，让个体拥有开放的心理结构，由此形成积极感受他人和世界与接纳他人和世界的亲社会性的情感、态度以及价值观，形成个体积极乐观的生命意向性结构。个体以何种姿态朝向某种事物，决定了其形成何种基础性的意向性结构。一个人进入情境之初的状态是昂扬、欣喜，还是压抑、伤感，会直接影响其进入情境中的状态和感受相关事物的方式，这反过来使情境对个体呈现出不同的意义。譬如，一个人在单位受到批评，回到家里，一件他原本不会有意见的小事，会因为前面的经历所产生的不良情绪而使其生气。高兴或伤感的经历孕育着人的意向姿态，持续的体验孕育一个人在世的稳定的意向性结构。持续地让个体获得优雅的身心体验，进而让个体形成稳定的向着他人和世界的积极乐观的意向姿态，从而让个体形成向着他人、世界和未来的积极乐观的基础性生命状态（这些会使个体进一步学习与成长）。当个体的日常生活都发生在积极的基础性生命背景之中，个体便会乐生，爱生，享受生命，发展生命，获得丰盈的生命意义。所谓起兴，就是要先行影响

这种前结构，引导个体以一种优雅的方式进入教育情境之中，与此同时，激励、提升个体朝向他人与世界的积极的生命状态，促成个体置身于教育情境中的生动的生命活力与对教育事物的感受力，并以被激活的优雅生命姿态为基础性视域，让个体所亲历的教育生活产生充分的意义。

趋乐避苦可谓人的本性，亚里士多德这样说快乐："它看来和我们人类的天赋最相投合。所以，人们把奖赏和惩罚、快乐和痛苦当作教育青年的手段。同时，应该喜欢什么，应该憎恶什么，对善良风俗的养成也是极其巨大的因素。它们贯穿于整个生命之中，对德性和幸福生活发生影响和作用，因为，人们选择快乐，避免痛苦。"① 正因为快乐符合人的天性，从小引导个体在优雅的情景中获得快乐的体验，对于个体养成积极乐观的人生态度，培育个体对他人和世界的爱与亲近感，促成个体优良德性的养成，无疑具有奠基性的意义；而在学习情境中，让个体产生积极愉快的体验，对于个体更深入地体验学习之乐、爱学习，保持自身向所学事物开放，并承受学习过程中必然会经历的心智的磨砺，无疑也是具有奠基性的作用的。

起兴作为教学的技艺，就是通过优雅地唤起个体的身心整体，促使个体形成积极乐观地向着他人和世界的意向姿态，养成个体置身于教育情境中的优雅的生命结构，以此作为个体教育过程中的基础性生命状态，从而让个体的学习容纳在其积极的基础性生命状态之中。这样，教学就能促进教育意义在个体积极的生命视域中的生长和生成，从而让个体享受更有意义的教育生活，使其乐学，爱学，享受学习与发展。如果一个人持续体验到的是压抑、怨恨等情绪，那么这种压抑、怨恨就会成为其稳定的心理结构。这种稳定的心理结构，会影响一个人对他人或者社会的判断，弱化其感受力，这样的人会活在压抑和伤感的心理状态

---

① 亚里士多德. 尼各马科伦理学［M］//亚里士多德. 亚里士多德全集：第八卷. 北京：中国人民大学出版社，1994：213.

里，变成一个自我封闭的人，其对自己压抑得越多，其自我封闭程度就会越深。这就是一个健全的社会需要造就一种普遍性的积极、开放的姿态，从而让个体更多地体验积极乐观的情绪的原因。在这个意义上，一个民主开放的社会，其实就是让每个人都能获得表达情绪与交流情感的机会，而不至于造成社会交往领域的彼此阻隔，从而使每个人都独立自主，但又能彼此积极沟通，进而形成人与人之间积极联系与精神共契的社会形态。

兴发之说，兴中有发，发中有兴，兴而后发，个体生命的整体唤起与激活始终是其学习与发展的本体性基础。尽管一个人在学习与成长过程中不可避免会经历痛苦，甚至可以说一个最终成熟的人就是要学会承担人生中的各种责任、磨砺，但曾经被充分起兴的个体无疑能够让自己在乐的生命视域中承受苦，也即在被兴发的生命本体视域中承受苦，由此促成个体积极乐观、辩证的人生态度。不难发现，作为教学方式的起兴之于个体具有多重意义：第一，起兴强调从个体身体出发，激活个体优雅的身心姿态，促成个体身体的健康与其当下基础性生存状态的完满，这意味着起兴的教育的身体性与生命性。换言之，起兴的教育就是一种生命教育，是基于生命且为了生命的教育，起兴的教育因此充分地体现了对个体生命的尊重。第二，起兴强调个体在当下情景中被优雅地唤起，因此，起兴的教育乃是直接指向个体当下生命的完善，并通过个体当下生命的完满感觉引领其以积极的姿态朝向未来，因而是一种凸显当下、以当下开启未来的教育。起兴的教育对生命的尊重直接地体现为对当下生命的尊重，如果个体当下的生命没有被点燃和唤起，那就意味着其当下的生命世界缺少光亮，其就无法从当下看到未来。

人总是在爱中走向他人和世界，在爱中成为人。个体成长的过程乃是爱欲上升的过程。起兴以爱的意向的唤起为中心，其间所蕴含的正是一种爱的教育的实践路径。基于起兴的早期教育重在激发个体爱世界的意向性，走向成年期的教育逐渐让爱明晰，引导学生以实际行动关爱具体的人和事物，让这种普遍的爱变成积极的责任担当与生命实践。起兴的意义就是积极培育教育实践中富有爱心的师生交往基础，让教育教学在爱的关系结构中展开，由此引导个体在爱中成长。起兴作为对爱的教育的实践，就其过程而言，就是要促成师生和生生之间的亲近，形成教育过程中师生和生生彼此期待、相互促进的积极交往场域，为具体的教育教学活动的展开提供优雅的生命境遇，让教育过程富有生动的意义。没有爱，就意味着缺少了人与人之间充满期待的联系，教育就成了机械的授受活动，而不是建立在人与人的生动联系和相互促进之上的活动。教育就其目标而言，就是要培育个体爱的情感与能力，唤起个体对更广、更高事物的关注与期待，激励学生自我发展。蒙昧中的个体身心是混沌的，积极的爱引领着生命朝向更高事物，让个体的身心自发形成秩序，促成生命的和谐生长。兴发的过程正是激励学生欲求更高事物，并让学生自主地建立秩序的过程。自然状态中的个体身心存在多样化的欲求，一旦个体被起兴，其身心就会以被起兴所激励起来的对更高事物的欲求为中心，自由自主地整合起基于个体身心的种种欲求。由此，个体身心呈现出以欲求更高事物为中心的秩序结构，这直接促成了个体身心的和谐。

意向性是个体心灵结构的属性，也是个体的身心整体显现出来的生命朝向。高兴和喜悦不仅是个体心灵的状态，也是个体完整的生命状态。《毛诗序》里写道："情动于中，而行于言；言之不足，故嗟叹之；嗟叹之不足，故咏歌之；咏歌之不足，不知手之舞之足之蹈之也。"起兴作为教育的技艺，以唤起个体优雅的身心状态为中心，强调对个体身体与心灵的整体激活，调动个体身心潜能，培育个体积极的生命意向，达成个体生命的正面引领与整体激励，孕育积极健康的生命姿态，为个体积极有为的人生奠定基础，由此显现教育实践的生命性与完整性。人总是活在难以预料的状态之中，不可预测性可谓人生存的本质。尽管如此，我们还是可以凭借当下的优雅在世，让自己活在当下优雅而充分的生命视域之中。我们总是从当下走向未来，当下乃是过去与未来的连接点。就生命意义而言，起兴就是以积极的生命意向充分地照亮个体当下的生活。

所谓教学中的起兴，其实就是把教学活动置于个体优雅的身心背景之中，以激活个体对所学事物的亲近感。所谓"磨刀不误砍柴工"，起兴的过程就是一个磨砺学习之"刀"的过程，也就是激活个体的身心，培育敏感的心灵，以提升个体对所学事物的多维感受力，促成置身于教育情景中的个体身心的整体参与。起兴总是在个体身心自由自主的体验中激活个体身心，让个体从自我身体的舒适、心灵的愉悦，走向对更高事物的欲求，由此建立起自我生命秩序。奠基于自由与美好体验的个体成长，导向个体生命的完整生成。

个体成长的过程乃是一个从自然人到文化人、社会人的过程，让个体人文化与社会化的过程是对个体的自然存在的促进过程，其也总是内含着对个体的自然性的必要再造。尽管我们追求因材施教，但实际上任何因材施教都是极其有限的，我们根本就不可能准确而充分地认识教育对象究竟是何种"材"。即使对此有充分认识，我们也无法真正把握"教"，即我们同样无法把握我们所"施"之"教"是否真正"因"着我们所把握的"材"。这至少意味着两方面的问题：一是任何教育总是需要个体承受人文化、社会化对个体自然存在的超越所带来的必要的"苦"，换言之，个体的成长过程总是内含着某种必要的阵痛，不可能总是轻松惬意的；二是就个体发展的复杂性而言，任何教育都有可能是单一的、片面的，这意味着教育需要给个体整体性的发展留下尽可能多的余地，促成个体自我内在完整性的自主生成。起兴作为教育的技艺，其意义正在于此，即让个体的成长建立在自我生命整体唤起之上，以帮助个体以整体生命的激活进入相对单一的教育情景之中，同时引导个体健康而愉悦地进入教育过程，愉快地从事不乏艰辛的学习与发展之事。我们之所以提出用起兴作为教育的技艺，而不是提快乐教育，乃是因为起兴所欲求的是愉快地从事严肃的活动，快乐教育主要是提倡快乐地做简单的事，快乐教育容易把教育简单化，导致个体成长过程的简单化。

　　成长的艰辛是永恒的教育主题。如果说早期教育更多地是自然教育，或者说是基于自然习俗的教育，那么成年期的教育更多地乃是对自然与习俗的超越。显然，成年期教育内含着个体生命的自我否定与超越，换言之，个体成年期的教育并不是基于其与个体生命自然的契合，而更多地是接近于个体社会化的完成乃至超越，其间必然内含着个体生命在自我超越过程中将会经历的必要的痛苦。如果说早期教育应该是快乐的，奠定个体向着世界的积极的意向姿态，那么，成年期的教育究其实质而言就是不快乐的，成年期的教育意味着个体需要承受学习与成长过程中不可或缺的艰辛。柏拉图在《理想国》的洞穴比喻中这样写道："如果有人硬拉他走上一条陡峭崎岖的坡道，直到把他拉出洞穴见到了外面的阳光，不让他中途退回去，他会觉得这样被强迫着走很痛苦，并且感到恼火；当他来到阳光下时，他会觉得眼前金星乱蹦金蛇乱串，以致无法看见任何一个现在被称为真实的事物的。"① 这里一方面暗含着个体在成人过程中必要的被动性，另一方面则道出了这一过程中不可避免的艰难。正如孟子所言："天将降大任于斯人也，必先苦其心志，劳其筋骨，饿其体肤，空乏其身，行拂乱其所为，所以动心忍性，曾益其所不能。"（《孟子·告子下》）；或如王国维在《人间词话》中所说："古今之成大事业、大学问者，必经过三种之境界：'昨夜西风凋碧树，独上高楼，望尽天涯路。'此第一境也。'衣带渐宽终不悔，为伊消得人憔悴。'此第二境也。'众里寻他千百度，蓦然回首，那人却在，灯火阑珊

① 柏拉图.理想国［M］.郭斌和，张竹明，译.北京：商务印书馆，1986：274.

处。' 此第三境也。"① 虽然三位哲人的话主要是就个体趋于成人阶段的学习而言，但却道出了一个人成长过程中必经的磨砺。深度的学习与成长因为离不开对个体的心智能力的充分挑战，故任何形式的深度学习与发展乃是持续性的、艰难的，这意味着苦学在个体成长中后期十分必要。

这里的关键问题在于，一个人如何能积极地担负起成长过程中特别是在走向成人的过程中必要的磨砺与艰辛，也就是苦学？如果我们把个体的发展视为一个过程，那么，这意味着个体年少阶段的学习与成长重在对快乐的体验与兴趣的养成，也就是个体生命的整体唤起，形成个体发展过程中优雅的生命背景，使得个体在其后的发展中得以在年少阶段所奠定的优雅生命背景中继续艰辛地成长。如果一个人过早地担负学习与成长的艰辛，则意味着其成长过程整体上就是苦的，这很可能导致个体在成长过程中累积怨恨与自我封闭。

所谓乐学，乃是"乐"中作"苦"的学习，也就是以快乐包容着学习过程中必要的痛苦。唯有个体乐中作苦，也就是在生命之乐的背景中从事艰苦的学习，才能在"苦"的过程中体验出学习之"乐"来。若个体缺少了乐的生命背景，那么这种苦的体验就不可能转化成乐的意义。苦乐转换，乃是一种意义的转换，也就是苦的事实转化成乐的意义。在这里，苦是现实的，原初性的；乐是理想的，后发性的。从逻辑上说，个体肉身首先直接体验到的是苦，经由意义转换，苦成为精神之乐。意义的生成有赖于背景，意义的转换正是因为背景的扩展、转换，这个扩展的背景就是被兴发所唤起的个体的生命背景。换言之，不应把个体对

---

① 王国维. 人间词话 [M]. 北京：中华书局，2012：17. 在《文学小言》一文中，王国维又把这三种境界说成"三种之阶级"，并说："未有未阅第一第二阶级，而能遽跻第三阶级者。文学亦然。此有文学上之天才者，所以又需莫大之修养也。"参见：王国维. 文学小言 [M]//姚淦铭，王燕. 王国维文集：第一卷. 北京：中国文史出版社，1997：26.

学习之苦的承受置于压抑性的肉身背景之中，而是应该置于被唤起的优雅的身心视域之中，由此改变学习之苦的体验结构，使之生成为乐的生命意义。就"苦中作乐"而言，如果缺少了乐的生命视域，还说要把苦的生命视域中的苦体验为乐，那么，要么是勉强自己说它是乐，要么是无可奈何后的自我麻痹。显然，我们强调以乐学作为苦学的基础，也即乐学之于苦学的优先性，正是主张要让苦学的意义生成于乐学的背景之中，避免苦学所带来的个体的自我封闭，以免个体找不到学习的方向与意义。

　　一个人在成年阶段为什么能付出艰辛的努力且不觉得累？正是因为个体的"累"处于其年少时期奠定的乐观优雅的生命背景之中。这意味着年少阶段教育的中心就是培育个体乐观向上的生命姿态和对学习的优良兴趣。优良兴趣的培育，让基于兴趣的艰辛付出成为个体生命意向中的自我充实活动，因此，一个人一旦有了兴趣作基础，就能承受必要的压力，化苦为乐。学习一旦成为兴趣，意味着学习不再是个体生活的压力来源，这使得个体得以可能倾心于学习过程中所敞开的更高事物。对学习过程中更高事物的体验，能够召唤、激励个体追求更高人性。一旦学习变成压力，这种压力迅速变成个体的身体负担，个体就无法在学习中并且通过学习获得对更高事物的体验，其将沉沦在个体性之中，而无法通过学习开启更宽广的世界的大门，也即学习无法让个体获得通往更宽广的世界的可能性，并由此阻隔个体人性的生长和生成。一旦个体在学习过程中是"苦中作苦"，也即，一旦个体在当下学习过程中的苦的体验是建立在其年少以来所累积的苦的经历之上的，这种"苦"就会直接弱化其从中获得体验美好事物的可能性，从而弱化其身心向着外在世界开放和欲求更高事物的可能性，甚至会造成个体自我封闭，形成反社会心理。换言之，苦中作苦本身就内含着个体教育的非道德甚至不道德、反道德的状态。

　　年少时过早开始苦学、被动学习，更多地是造成个体悲观消极的生命背景，使个体在后期成长过程中需要承受更多苦累之时，只能以自己在年少阶段所奠定的悲观消极的生命质地为背景。彼时苦累就变得难以承受，进而更多地导致个体选择逃离。这或许是很多中学阶段各科奥林匹克竞赛的优胜者，进入大学后往往就放弃了他们曾经一度擅长的学科的原因所在。即，他们在中学阶段过早地遭受了学习之苦，并没有在成长过程中孕育出足够的兴趣，生命并没有被整体唤起，其在当时无法把实际遭遇的学习之苦转换为学习的乐趣，于是乎学习该学科仅仅是为考上好大学做准备，学习之苦也变成了为了考上好大学而不得不承受的东西。一旦进入了大学，该学科就成了他们想卸下来的包袱，弃之而后快。年少时所体验到的学习的快乐重在让个体发现学习的乐趣，进而形成相关兴趣，之后其在成长过程中再逐渐明晰兴趣，以艰辛的努力实现年少时期的梦想。显然，任何艰辛的创造都需要个体在成人阶段长期承受学习过程中的苦累，接受磨砺，过早地逃离与放弃无疑正是导致"钱学森之问"所反映的问题的直接原因。离开了浓厚的学习兴趣的支撑与对学习过程中的苦累的承受以及化苦为乐的能力，要想成为杰出的创造型人才几乎是不可能的。

显然，如果说苦乃是个体在发展过程中不可或缺的经历——任何人的深度成长都离不开吃苦，那么苦中作乐乃是个体在持续发展过程中必须具备的状态，这意味着优良的教育所需要做的就是让个体所承受之苦以乐为背景。乐的直接表现是个体生命的优雅唤起，唤起的路径有两条，一是在个体年少时期培育其积极的意向姿态，二是培养其对学习的兴趣。学习兴趣可以是个体自己的兴趣，也可以是被教师的教学魅力所激发的兴趣。第一条路径意味着个体年少阶段成长过程的审美化，第二条路径意味着教育教学过程必要的审美性，也即以个体兴趣为基础的教育教学实践。

如果说个体成长过程必然充满艰辛，那么起兴作为教学的基本技艺的意义就有两个方面：一是以年少阶段个体生命优雅姿态的积极唤起与兴趣的培育来为个体未来可能遭遇的艰辛打下良好的生命基础；二是以个体当下学习兴趣与热情的保持与不断激活，缓和个体成长过程中遭遇的苦累，或者让个体化学习之苦为成长之乐（即让个体从不乏痛苦的学习过程中获得快乐的体验，这种愉悦的体验让不乏痛苦的学习过程变得可以忍受，并使学习的事物值得追求）。正如王国维所言："同一事也，以审美的企图之，则感为快，不然则感为苦。吾人之灵魂，得由审美的技术而脱离苦痛。"① 王国维就是要以审美的教育来奠定个体优雅的生命意向，以此来面对成长过程中必然遭遇的苦累。

当然，我们需要意识到，如果说个体早期的学习主要靠兴趣，那么随着个体走向成熟，个体的学习与创造活动并不单单是基于自身的兴趣，而是被提升为社会化的志趣，也即在兴趣中融入责任与义务感，此时个体学习与创造的内在动力得到了提升与扩展。但责任和义务感如果完全抽空了个体的兴趣，那么受这种责任和义务感驱动的学习与创造活动对个体而言所具有的生命意义就会极大地弱化。以兴趣为基础，使自身兴趣向着责任感超越，这就是学习之苦乐辩证法的内在依据。

起兴的直接出发点是个体进入教育情景的准备状态，起兴的基本旨趣就是要唤起个体进入实际教学情境之中的优雅的准备状态，由此而寓活泼健康的心智活动于健康的身心准备状态之中。从历时性层面而言，起兴的意义乃是寓健全的心智活动于年少优雅的身心秩序结构之中。正是年少阶段生命的起兴所奠定的积极的生命意向，才使得个体在自己的人生历程中孜孜不倦地充实自我生命，这反过来又促成个体进一步孜孜以求。所谓诗意地栖居在大地之上，总是意味着辛劳地生活在大地之上而充满诗意，其基础正是个体积极的生命意向姿态，这种姿态无疑在其童年时期就有所奠定，同时它又是个体发展过程中不断充实的基础性生命姿态。

---

① 王国维. 霍恩氏之美育说［M］//周锡山. 王国维集：第二册. 北京：中国社会科学出版社，2008：72.

　　个体成长必然是需要承受痛苦的，甚至可以说，个体成长的过程就是学会去承受必要的苦也即重负的过程。每个人都有好逸恶劳的天性，快乐是一种生命本能力量的扩展，乐学之所以是必要的，正是因为要让个体在成长过程中找到基于自我生命本能的内在支撑，也即将成长建立在个体自我生命本能的充分调动之上。这意味着唯有个体在年少阶段充分享受了学习的乐趣，进而敞开自我生命，整体地融入学习与发展的生命通道，持续地形成积极向学的生命意向，其才有可能更多地承受重负，进而把这种重负转化成自我不断成长的动力。这就是个体成长过程中生动的苦乐辩证法的内涵。

第三章

从激活思维到培育理智兴趣：

启发的教学意蕴及其实现

如果说起兴的教学意蕴乃是充分地唤起个体的身心并使之在场，也即在当下教学情境中带出个体积极的生命准备状态，使其作为自然人的生命基础充分显现，那么，为了实现如下目标，即，让个体之身心在场转化为其对教学所呈现内容的关注，趋向教学所设计的目标，并且在成长过程中给予个体理性生命不断打开的机会，使其朝着社会人的方向发展，最终朝向完整成人，则需要充分调动个体的思维世界，使之切实地与当下的教学世界融合，让知识成为建构个体生命的基础，以此让个体由感性发展过渡到智性生成。就此而言，教学的过程便是在个体身心不断敞开的过程中，逐步建构一种朝向个体理性生命健全发展的道路，激活个体与教学事物的整体性联系，让个体在当下的教学之中实现思维的激活和理性能力的发展，并在此基础上不断奠定个体社会化的基础和发现其逐步成人的路径。启发的教学意义就在于在教学情境之中切实地开启个体的思维空间，激活个体的思维，让个体的智性生命充分发展，由此培育个体的理智兴趣，通达个体由感性生命的充分释放到理性生命的不断健全的完整成人之路。换言之，我们呼吁以教学过程中思维的启发作为个体朝着社会人方向发展并实现个体完整成人的基石。

　　同时，实现个体完整成人，不仅需要促使个体在每一个成长阶段开启思维世界，以使其与个体成长阶段相符，也需要在每一次教学过程中，使个体思维不断朝向教学世界所建构的个体整全成人的方向。也就是说，教学中的启发分为两种：一种是建基于个体不断成长之上的历时性启发，一种是建基于"教学事件"展开之中的即时性启发。因此，我们需要从两个不同的维度来考量启发的实现，以促成个体在每个成长阶段与任何教学活动中凭借启发而开启自我完整成人的可能性。

一、启发的内涵：基于中西的比较

　　教学过程的深化，需要教师在教学情境之中不断激活学生的思维，探寻和理解事物的"道""理"，把学生的思维引入教学的世界中，激活学生的智性生命。启发的过程就是不断敞开学生思维世界的过程，启发意味着在一定的教学情境之中充分激活和敞开学生的思维世界，使其获得一种向着周遭的事物和整个社会"思"的能力。启发作为一种古老而又"常新"的教学技艺，对它的理解在一定程度上影响着教学的具体展开过程。

（一）启发作为教学过程的中西探源

　　一般认为，孔子开启了我国在教学过程中运用启发这个方法的先河。他的"因材施教""举一反三"等论说及其教学实践活动都有启发的意蕴，这也为后世理解孔子以及儒家教育思想提供了维度和视角。孟子也曾言："君子引而不发，跃如也，中道而立，能者从之。"（《孟子·尽心上》）教师在教学时，要首先做出示范，有跃跃欲试的样子，犹如射箭者把弓箭的弦拉满，以此来引发学生学习的兴趣，让学生领会射箭的关键，从而让他们跟着自己自发地学习。在这里，我们可以看出，一名教师要通过亲身示范来引起学生学习的欲求，让学生主动自觉参与到教学的过程之中，或者说以具体的教学情境来唤起学生"从师"而学的内在动力，并且启发他们按照教师的"做"来完成自己的学习，以教师的"做"来开启思维空间。教学过程中的"引而不发"式"留白"能开启个体的思维空间，《学记》中的"道而弗牵，强而弗抑，开而弗达"就是对这种启发式教学的一种诠释。但后来，随着儒家文教制度的形成，特别是自科举考试兴盛以来，考试形式逐步僵化、考试内容趋于死板，这带来的结果就是教学方式的固化和教学内容的单一。在这种情境中，读书人只需要识记考试所规定的经史子集，对文人的读书要求后来也演变为只要其能够按照固定模式对答就行。如此一来，教学的活力大大减弱，启发式的教学失去了它能够生发的外在环境。以诵读记忆为主的学习方式，忽视了个体主动学习的意向，在某种程度上造成了个体心智能力的萎缩，思维活力的下降，个体理智的发展受到了极大的限制。近代以来，西方教学理论不断传入我国，在古老的中华大地上生发出了不一样的意义。陶行知先生倡导生活教育，反对那种"先生只管教，学生只管学"的传统教学方式，提倡"教学做"合一，也就是要把师生之间的交流引入活生生的社会之中，提高学生学习的主动性和积极性，让学生学会自觉主动地运用自己的思维解决实际生活中的各种问题，以激发学生"学"的动力和"做"的积极性，实现教学与社会生活的统一，也即以现实生活这一广泛背景作为启发学生在实际教学生活中不断学习和进行更加广泛意义上的学习的基础，以此带出学生生命的成长。

在西方，苏格拉底被认为是最早把启发运用到教学过程中的人。他的教学以对话贯穿始终，在对话中，他在恰切的时机引领对方不断思考自己已有的认识，在不断追问中引发对方意识到自己的不足，以实现其思维的转向，开启对于更高事物意义的追寻。美国学者米勒（Mitchell H. Miller）在研究苏格拉底的对话教学时，使用了"戏剧"这个名词来指代苏格拉底对话教学的实质①。他认为，苏格拉底的教学经由柏拉图的加工和整理，以一幕幕戏剧的形式呈现出来。他对苏格拉底的反讽式教学的结构进行了分析，指出从"诱导"到"基本的反驳"再到"重新规定过的洞见"直至最后的"回归"，构成了苏格拉底每个反讽式教学的整个结构。② 这也是所谓的"产婆术"，即一方不提供现成的答案，而是通过不断追问，让另一方不断体验到情境中的困难，由此引发另一方积极的思考，在不断重复类似场景的过程中，使另一方的理智能力不断得到提升。可以说，苏格拉底所有教学活动的展开都是以这样一种在恰切的时机中不断探寻本质和经由提问的方式，使另一方主动发现自己无知，然后不断思考以摆脱这种思维困境的方式进行的。这是一种将开启另一方的思维并使其思考已有观念的不足和引发另一方向着更加深远的方向思考事物的本质相统一的方法。夸美纽斯认为："我们由此可以为教师们找出一条金科玉律。在可能的范围以内，一切事物都应该尽量地放到感官跟前。"③ 为了实现由感官出发所能达到的教学效果，就必须在教学过程中运用启发的原则。他主张教师要在学生有了学习需求的基础上再去进行教学，而且要在学生理解事物的前提下进行，"使孩子们先运用他们的感官（因为这最容易），然后运用记忆，随后再运用理解，最后才运用判断"。④ 赫尔巴特则把教学分为"明了""联想""系统""方法"四个阶段，这个主张的要义就是通过儿童已有的观念加上现有教学刺激形成统觉，以让学生更好地接受知识。此时，教学中的启发已经变成了为了实现教学各个阶段的目标的一种手段。怀特海认为："教

---

① 米勒．灵魂的转向：柏拉图的《帕默尼德》［M］．曹聪，译．上海：华东师范大学出版社，2015：2.

② 同①8-9.

③ 夸美纽斯．大教学论［M］．傅任敢，译．2版．北京：人民教育出版社，1984：156.

④ 同③112.

育的全部目的就是使人具有活跃的智慧。"① 要使人具有活跃的智慧，就要靠教师不断启迪学生的思维。杜威也认为在教学中要调动学生的积极性和主动性，让学生在做中学。为此，他主张教师首先要给儿童提供一个真实的教育情境，其中要能够产生真正的需要儿童去解决的问题，而且环境中还应有刺激儿童思考的事物，让儿童在真实的教学情境中通过自己观察、动手和体验去不断提出解决问题的思路，最后验证自己的思路。② 在杜威所设计的整个教学过程中，儿童是学习的主体，教师只是教学情境的塑造者，儿童在学习过程中不断自觉主动地探究，这在某种意义上真正实现了启发学生自我参与和自我提升的目的。

西方教学过程中的启发始于苏格拉底，可以说苏格拉底所有的教学实践都是以对话的形式展开的，对话的方式也就是启发年轻人的方式。随着近代教学理论的建立，教学越来越被当成一种传授和获取知识的方式，其与人类社会生活的关系越来越疏远。也就是说，现代教学论意义上的启发，其中心不是指向让学生在学习的同时去体验和过一种美好的生活，而是指向知识的高效率获取，以便让学生在未来的生活中将知识转化为各种资本。如此一来，启发从一种教学思维和教学生活形式转变为一种教学指导原则。同样，随着现代教学理论的发展，工具理性占据我国现代教学理论和教学实践的主导地位。学生、教师与教学之间本然统一的教学共同体被割裂为学生在教师的指引下快速获取知识的活动，师生之间共同向着美好事物敞开自己的内心，不断在生活中创造意义的教育生活逐渐萎缩甚至消失。

在苏格拉底看来，教育实际上并不像某些人在自己的职业中所宣称

---

① 怀特海. 教育的目的 [M]. 徐汝舟，译. 北京：生活·读书·新知三联书店，2002：66.

② 杜威. 民主主义与教育 [M]. 王承绪，译. 2 版. 北京：人民教育出版社，2001：165.

的那样——"他们宣称，他们能把灵魂里原来没有的知识灌输到灵魂里去"①，所有的教学都只能是师生之间自发自愿、主动参与、共同创造的过程。教学要引发个体内在的思维，并激活它和使它积极"转向"，运用它对美好事物进行思考。面向儿童进行的教学并不意味着把所谓的客观知识输入儿童的头脑中，而是为儿童本身的天赋开启一扇宽广的大门，让儿童因教师所实施的这种具有一定意义的教学而散发出伟大光芒。因此，我们不能忽视作为古老教学技艺的启发。只有在充满启发的教学过程中，或者说只有在个体自由开启思维世界的过程中，才能真正寻觅到教学的意义。

（二）启发的功能：恰切地开启个体的思维世界

从中西方对于教学中启发的认识可以看到，启发作为重要的教学方式与路径，是在师生之间充分尊重彼此和不断交流的时机下所生发出来的一种自觉地打开自己思维世界和生命意义空间的活动，是一种连接教师的积极引导与学生内心自觉的教学方法。启发即"开启"和"引发"，这正好意味着一种生命意义空间由自然感性向着社会理性方向自觉打开和扩展的过程。所以，启发作为一种教学方法，首先指向的就是师生之间自由自主的互动过程。因此，启发也就具有了某种本原性和基础性的教学意义。个体思维的激活与意义空间的不断打开，需要借助于教学过程中的启发。与传统的灌输式教学相比，启发的教学意义无疑就在于其体现了师生之间自觉的、整体性的生命的敞开这一过程，以及在此基础上师生双方不断朝向社会生活以及更宽阔的意义世界。

孔子说："不愤不启，不悱不发。举一隅不以三隅反，则不复也。"（《论语·述而》）这句话启发我们，当学生心中有所思而不能通、口

---

① 柏拉图.理想国［M］.郭斌和，张竹明，译.北京：商务印书馆，1986：277.

欲言而又不能清晰地表达出来的时候，才是教师进行教学最适宜和最关键的时刻。教学活动中的师生不是单方面的授受的关系，而是学生自身在主动求知的过程中遇到困惑时接受教师的指引，师生彼此达成对于某个事物更深刻的认识和理解的关系。在《论语·先进》中，孔子说："以吾一日长乎尔，毋吾以也！居则曰：'不吾知也！'如或知尔，则何以哉？"在子路、曾晳、冉有、公西华侍坐的时候，孔子主动询问他们每个人的理想和志向，并且坦言不要因为自己年长，就不敢说话了。在这里，孔子无疑为大家的发言提供了一个开放自由的空间，以此开启每个人积极主动的思考和自由的言说。当然，这是孔子启发学生起始阶段的体现，即孔子提出一个开放的问题，同时也给学生最大限度的表达空间，让他们把自己最切己和最真实的思考表达出来。当后面子路率先说出自己的志向以后，孔子并没有急着评价，而是笑了笑，接着问其他人。在这里，孔子并没有及时进行评价，乃是在用另外一种方式来引发学生进行进一步的思考。启发是孔子重要的教学方式。孔子正是在与学生不断交流的过程当中抓住学生学习的最佳时机，用不同的方式回应学生，促成教学空间在某一刻的充分敞开，由此带出学生欲罢不能的思维意向与生命冲动，从而实现教学的意义生发，正如他的弟子对他的评价——"夫子循循然善诱人，博我以文，约我以礼，欲罢不能"（《论语·子罕》）。

思维世界的开启需要一种契机，即在个体内心有欲求（时间）和有适宜的外部环境（空间）之时，且这种开启是自觉和自由的。只有抓住了这样的教学契机，才能真正促成学生理智思维品性的生成，而启发恰恰是基于学生内在需要的一种外在的教学引导式的适宜性给予，是个体内在"向学"与教学指向和引领学生开启思维世界的统一。不论是苏格拉底的引导所带来的个体思维的不断激活和基于教学活动所带来的个体自身的不断转向，还是夫子循循善诱般基于个体差异所给予的教诲，都在某种程度上开启了个体的思维。启发的意义正是促成个体"心求通"

的状态与外在教学的及时引导之间的连通。

值得一提的是，个体的发展是一个持续的过程，不同成长阶段的个体有着不同的发展特点。因此，在个体不同发展阶段有不同的教学主旨。在个体成长过程中，启而发之乃是一个渐次发生的过程。个体早期阶段的发展重在积累、扩展感性经验以及在此过程中充分激活直觉思维，中期阶段的发展重在提升理智思维和统整个体的感性经验，后期阶段的发展则重在超越感性经验，达成个体理性能力的完善。从某种意义上讲，这个过程也是个体不断社会化的历程。就个体历时性发展的维度而言，启发蕴含着"启蒙"与"引发"的内涵。所谓"启蒙"，就个体早期的成长阶段而言，乃是指不断开启个体思维世界对于周遭事物的初始性"印象"和最初的感觉，使其对世界萌生积极而又丰富的情感性的"依恋"并不断积淀；就个体中后期的成长历程而言，其乃是指在前一个阶段的基础之上，不断使个体萌发出对于理智世界的兴趣以及对于探究事物之意义的意向性和信心。"引发"指的是，在个体不同的成长阶段，经由教学事物的引入和教师恰切的指引，个体思维世界不断被引向一个积极、丰富而又蕴含着理性力量的道路，也即不断引发个体思维世界朝向一条稳定而又不断有意义在生成的道路，以此带出个体作为社会人的存在意义。两类启发同时也意味着两种不同的打开思维的模式：即时性的启发即在当下的教学场景之中，经由教师的引导，个体不断开启自身对于教学事物的积极思考；历时性的启发的根本意义乃是以年少阶段感性经验的积累为基础，逐渐点亮个体的理智世界，从而使个体的感性经验得以不断生成并基于意义产生联结，由此而逐步扩展为个体生命的意义世界。前者指向思维在当下的不断打开和深入，后者指向个体在不同成长阶段中思维的萌发、扩展与提升。

二、启发的教学意蕴：打开通往生活世界的思维通道

在实际的教学中，引发和开启个体的思维并使之活跃于教学世界是教学得以展开的基础。换言之，如果说人的思维世界的激活和敞开是教学活动的起始基础的话，那么我们可以肯定的是，这种思维状态首先是个体身上最直接的感知力的呈现和释放。也即，启发实现了对个体基础性的身体之感知力的充分激活，并在此基础上实现了个体思维世界恰切的转向，最终打开的是个体通往生活世界的思维通道，体现个体作为社会人的存在意义。同时，无论是即时性的启发还是历时性的启发，都意味着个体思维世界在不断被激发和引导的过程中有所敞开，个体的思维也都经历了由感性到理性、由被激活到不断拓展和深入的发展历程。

（一）教学中的启发：激发身体之感知基础

个体降生于世，就要受到先于其存在的外部世界的影响，同时作为一个自然人，其出生时必然带着其本有的"天赋"。个体的成长成人就是个体在外部世界的影响和自我天赋的不断协调过程中，向着周遭的世界不断敞开自我，走向他人和社会，实现生命意义的生发与扩展的过程。个体总是在协调自我与他者关系的过程中走向成人之路。同时，个体思维的发展始终伴随着个体成长和成熟的历程，而且也被置于自我与他者不断协调的意义创生之路上。教师在教学中启发个体思维，就是要把这种个体在和周遭世界接触的过程中所产生的各种感觉和思考引向更深远和更美好的意义世界的构建过程中。

如果说，个体本有的天赋是一种自然意义上的个体成长的内在基础，那么在教学中充分唤起个体身心对于教学事物的关注，则是不断开

启个体思维世界的起始阶段，而激活个体身体中所固有的感知力，则成为通过启发不断打开个体思维世界这一活动的重要开端。也即，启发首先意味着在教学中激活个体身体中丰富的感知力。

我们从《理想国》中柏拉图所设计的个体成人之路中，也能够清晰看到最初针对身体性的感知力的启发活动对于个体发展的基础性作用。在城邦卫士的培育过程中，天资适合的儿童到了一定年龄以后，他的父亲就要亲自带他到战场，在实际操练过程中，不断激活其身体中的各种感知力。

"很清楚，他们将会一同出征，并且会把所有身体结实的孩子带到战场上，好让这些孩子如同其他手工艺者的后代一样观察这一事业的整个过程，因为他们将来必须成为这一事业的高手：除了观看，他们必须辅助和料理涉及战争的一切工作，必须照料他们的父亲和母亲。"

"当他们非常年幼的时候，"我说，"我们必须让他们跃上马背，当他们学会了骑马，我们就必须带他们去观看战役，当然不让他们骑性子暴烈或擅长拼搏的战马，而是让他们骑那些跑速最快、最容易驾驭的马匹。这样，他们就能非常有效地观摩自己未来的事业，一旦有必要，他们又能非常安全地跟随年长的向导，使自己脱离危险。"①

这里，年长的父亲或者向导带领那些天资适宜的儿童去观看和亲自体验战场的实际情况，就是要在这种"观看"和"体验"之中不断开启儿童对于骑马和战争最初的感知力，把他们勇敢和好胜的品性激发起来。因此，启发在这里意味着把个体身体之中丰富的感知力经由恰切的观看和模仿转变为对于教学事物的自觉关注。

同时，个体的思维总要经历一个从在个体内部到向着外部不断显现

---

① 转引自柏拉图. 理想国 [M]. 王扬，译. 北京：华夏出版社，2017：192–193.

的过程，也即不断朝着社会化之成人方向发展。从某种意义上讲，"人
的主动性的发挥，从个体自身发展而言，乃是从个人身体自然出发，让
蕴藏在身体之中的生命潜能得到发挥，在显现、裨补、增益人的内在自
然的基础上，让人的生命得到充分的发挥"①。而且从人的整全性发展的
过程来看，"个体发展完全可以沿着自然的轨迹不断上升，最终达到理
性生命的充分实现，但身体始终是基础，是个体理性能力实现的基础性
边界"②。个体发展的起点是自然的身体，身体包容了人所有的初始性质
素，人的思维的发展也是在人的自然身体的不断发展过程中，逐渐显现
出成熟的状态。"通往人的自我发展的道路正是从回到具有真实肉身及
其感受力的个体自我开始，从个人的身体开始的。"③ 从某种意义上讲，
教师面对刚进入学校的儿童进行教学时，总是在各种身体性的活动中不
断展开更深入的教学内容的，儿童大声的朗诵和伴有节拍的歌唱都是要
以在一定的教学情境中整体性地唤起个体感性思维并使之充分在场和不
断活动为条件的。换言之，教学过程中的启发就是要找到一种最贴近学
生身体的自然的方式来唤起学生身心，使其整体性参与到教学内容之
中，实现思维的不断激活和意义空间的不断打开。

　　人的思维也要依靠身体的自然机能的支撑，正如王夫之所言："一
人之身，居要者心也。而心之神明，散寄于五藏，待感于五官。肝、
脾、肺、肾，魂魄志思之藏也，一藏失理而心之灵已损矣。无目而心不
辨色，无耳而心不知声，无手足而心无能指使，一官失用而心之灵已废
矣。其能孤扭一心以绌群用，而可效其灵乎？"（《船山全书》）由我们
的心之所动而引发的思维的产生和变化，与身体之中五脏六腑的自然机
能有很大关系，夸美纽斯也说："心智所用的一切思想的材料全是从感

---

① 刘铁芳．追寻生命的整全：个体成人的教育哲学阐释［M］．北京：高等教育出
　　版社，2017：85.
② 同①.
③ 同①86.

觉得来的”①，“知识的开端永远是从感官来到的”②。思维首先是人接触到事物以后所产生的一种感觉。我们从出生开始，就以自己的身体来感触外部事物，不断运用自己的感知力感知周遭的世界，这种感知力也是我们成长过程中最基本的能力。如卢梭所言："由于所有一切都是通过人的感官而进入人的头脑的，所以人的最初的理解是一种感性的理解，正是有了感性的理解做基础，理智的理解才能得以形成，所以说，我们最初的哲学老师是我们的脚、我们的手和我们的眼睛。"③ 身体的感官机能所拥有的感知力是人在周遭世界中学习和成长的基础，教学就是要在保护这种感知力的同时给予它一定的引导，让这种感知力转化为人的思维品性（即思维的敏锐性）。教学过程中的启发要想激活人的思维，就必须从关注人的身体之中的感知力开始。在合适的时机给予儿童"启迪"，保护和引导儿童的感知力就是在为他们思维的发展创造条件。换言之，在启发中借助于对个体感知力的保护和引导，实现思维的激活就成为个体生命成长的基础性路径。而如何通过对个体感知力的保护和引导，使其思维能力得到发展就成为一个需要关注的问题。

所有的心灵活动都是人在与外部世界的接触中所生发出来的，这也意味着这种心灵活动必然带有我们自身的某种意向。所有感觉的生发以及思维的激活和发展都只有当我们处在一种自由自觉的状态之中才能真正实现。在教学中，"一个自由人是不应该被迫地进行任何学习的，……被迫进行的学习是不能在心灵上生根的"，所以，柏拉图提出了这样的主张："请不要强迫孩子们学习，要用做游戏的方法。你可以

---

① 转引自傅任敢. 夸美纽斯对几个重要教育问题的主张：纪念夸美纽斯诞生 365 周年 [J]. 人民教育，1957（5）：36-39.
② 同①.
③ 卢梭. 爱弥儿：论教育：上卷 [M]. 李平沤，译. 北京：商务印书馆，1978：165.

在游戏中更好地了解到他们每个人的天性。"① 个体的学习是建立在一种身心自觉朝向教学内容的基础之上的，强迫不是最好的办法，而儿童在游戏中所焕发出来的身心的整体参与感能帮助儿童充分释放自己的天性。所以，如果说教学过程中的启发就是从人的身体感知力的激活开始的活动，那么在唤醒人之身心的整体参与的过程中实现思维的激活就是教学中的一个重要环节。从某种意义上讲，启发在教学过程中也意味着要唤醒学生参与教学活动的生命姿态，让学生产生一种主动的在场感和意向性，而学生身心的参与也需要空间的扩展，即学生在朝向事物的意义世界的过程中必然需要敞开自己的思维空间，以此使得学生思维能够自由主动、积极自觉地参与到教学的进程之中。

（二）启发对于个体的提升：思维的自由开启与统整

如果说教学是对生活的一种"补充"，是对于更好的生活所需要的思维品性的引发和提升，那么如何在教学情境中开启和培养学生的这种生命的质素也就成为无法回避的问题。有研究者提出，有意义的学习总是交织着逻辑与直觉、知性与感性、概念与经验、观念与意义的②。在由各类要素交织缠绕所形成的意义世界中，形成学习的自觉性和主动性便成为打开自己生命的钥匙。个体把初始性的感性和直觉与教学世界之中的理性概念联系起来，使之朝向自身作为社会人存在的意义世界，是思维发展必须经历的过程。在某种意义上，启发个体思维也就意味着恰切地使个体由感性思维向着更加稳定而有序的理性思维跃升。

在"中华民国"时期的课本中有两篇介绍"车"的课文，行文简洁

---

① 柏拉图．理想国［M］．郭斌和，张竹明，译．北京：商务印书馆，1986：304－305.

② 罗杰斯，福雷伯格．自由学习［M］．伍新春，管琳，贾容芳，译．北京：北京师范大学出版社，2006：43.

明了，并能让学生在阅读时从感性的认识上升到一种理性的思考。第一篇提道："陆行用车。车有轮，其形圆。轴贯其中，故能旋转。大车，用辕驾骡马，御者坐车前，执鞭驱之。小车，则用人力，或推之，或挽之。"第二篇写道："古时行车，或用人力，或用兽力。近百年中，新制叠出。有用汽力者，曰汽车。有用电力者，曰电车。亦有仍用人力者，而行使最轻便者，则为脚踏车。"① 我们大致可以推测这两篇关于"车"的课文开启学生思维世界的过程。首先，教材编写者在简短的文字之外，配以直观可感且优美的图片，能使学生一下子融入课文的文字之中，开启对于"车"的思考。其次，第一篇一开始便讲到人在陆地上用车，接着指出车有轮子，然后说大车用牲畜牵引，小车用人力拉亦可前行，这些都是对学生生活中已有的经验性"知识"的描述。第二篇便在此基础上介绍了车的发展历程：古时的车靠人力或畜力牵引，而近百年来则出现了种种"新"车。在这样的一个过程中，教材编写者以学生已有的感性经验为基础，通过课文中简短的叙述和描绘便能把学生引入对车的构造、车的动力以及车的发展历程等一系列问题的理性认识之中，由此开启学生理性思考身边事物的契机。

学生思维的发展总是一个从感性思维的直接生发到理性思维的间接统整的过程。启发就是在一定的教学情境中充分地激活学生的各种感知力，逐步让个体的思维由杂乱感性的状态，提升到有规律可循的阶段。在一定时机下对学生的思维进行启发，使学生能够把建基于丰富的生命底色之上的一些原初性思维转化为具有一定理性色彩的思维，才是教师在教学过程中真正需要着力之处。当然，在教学实践中，让学生的思维向着理性方向发展的一个最重要的方面，就是实现学生在思维层面独立、自主且自由地对已有的教学内容进行批判性的学习、继承、扬弃乃至开始自己的创造。启发所要开启的学生思维空间是一个不断自主完善

———————

① 庄俞，沈颐．共和国教科书新国文：初小［M］．天津：天津古籍出版社，2013：33–34.

的意义世界，教师的参与和恰切的引导最终所要实现的目标也是不断让学生获得一种从内在感性思维逐步发展为对所习得的教学内容进行反思的思维能力。从某种意义上而言，批判性思维便是学生以理性为基础，对自己已有的知识和思维水平以及外在教学所给予的内容与理论的再次思考，可以说批判性思维的激活意味着从身体感知出发的感性思维到一种超越感性思维的反思性思维的形成，学生由此进入真正的自由自主阶段。这也是学生不断由自然人向社会人发展的内在机制和其不断建构理性思维空间的历程。就如诺丁斯所认为的那样，批判性思维是"勤勉、熟练地把理性运用于具有重要道德/社会意义的问题上，如个人决策、行为和信念"①。启发在某种意义上是教师通过教学不断引导感性的个体，使其恰切地开启思维世界，向着理性化、社会化、伦理化的方向不断成长成人的教学智慧。

（三）以启发打开个体通往生活世界的思维通道

苏格拉底宣称自己是个无知的人，他的使命就如他自己所言："受命于神，献身于城邦的一个，这城邦就如同一匹高头大马，因为大，就很懒，需要一只牛虻来惊醒，在我看来，神就派我到城邦里来当这样一个牛虻，惊醒、劝说、责备你们每一个，我整天不停地在各处安顿你们。"② 苏格拉底全部教学的使命在于通过"惊醒"人而开启人的反省之思，他并不是要给人们带去既定的知识以及由此而来的财富，就如智者们宣称的那样。在苏格拉底看来，智者们其实是在向年轻人兜售"知识"，一旦知识能够被标示出价格和进行售卖，就意味着它已经不是真

---

① 诺丁斯.批判性误程：学校应该教授哪些知识 [M].李树培，译.2版.北京：教育科学出版社，2015：30.
② 柏拉图.苏格拉底的申辩 [M].吴飞，译.2版.北京：华夏出版社，2017：115.

正的关切个体生命的"知识"了，传授这样的知识的教学也就沦落为一种买卖活动。教学过程中真正的启发便是以直接指向人的自我的"知识"来打开和开启个体的生命空间，在某种程度上也意味着唤起个体对生活的"思"，或者说对于习俗性生活和惯常意义上的"知识"的"再思"，提升个体的理性思维的水平，使其不断朝向和观看生活中的每个事物。培育个体作为社会人存在的反思能力，激活个体的思维成为启发活动所要面临的最为基础的问题。同时，启发也意味着提升个体生活的品质，而理性能力的培育是其重要支撑。

在以苏格拉底的教学活动为代表的古典教学活动中，所谓的教学是基于一定的教学情境，经由教师恰切的引导充分唤醒和开启个体对自我和世界的"思"，让个体的思维活跃，以此凸显个体作为社会人的存在意义。与之对应的则是智者的教学，他们把既定的知识灌输给学生，学生遇到问题和事情以后只要按照智者所说的就能够赢得世俗社会中的荣誉与胜利。虽然我们需要获得世俗生活中的技能，但作为关涉自我生命成长和完满的教学，其意义绝不是让个体获得某种工作和社会身份，与之相反，其最大的作用就是让学生学会运用自己的理智去面对每天的生活，由此成为一个不断探索和发现这个世界的会"生活"的人。换言之，社会身份和角色的确立，只是个体在这个世界中生活的一种外在的展开方式，而真正的生活还有赖于通过教学的补充使个体的理智思维能力得到发展和发挥，只有这样，个体才能自如地面对复杂的生活世界。

同时，我们可以知道教学中的启发是一种特定时空背景下的由师生共同完成的活动，它本身就是一种特殊的社会生活，因为它的内容来源于生活中的各种素材，且启发的目的就是让个体经由一定的引导形成自己对于某些问题"更清晰"的认识，它的最终目的还是直接指向人进一步的生活。换言之，把教学作为对生活的"补充"，最大的意义就在于唤起个体对不断变动的生活的思考，让个体的身心沉浸在教学所关涉的社会生活及其所包含的"知识"之中，并让其自觉主动地把握其中的

"道""理",而不是表浅性地习得各种所谓的知识和技能。教学的最终目的也是要在个体内在生命质素的充分显现和释放的基础上,激发个体进行主动、自觉、深入的思考和探究,推动个体更好地生活。而启发所不断开启的个体思维世界,正是个体自身与社会生活不断发生意义关联的精神世界。教学应不断开启和激活个体的一种理性思维,这种理性思维是基于个体自身的生命意向的,同时它又是主动向着生活世界敞开的,拥有这种理性思维的个体,面对复杂的社会生活时能够自主地选择一种更好的生活方式。

当然,在教学过程中唤起和培养个体的一种理性思维,并不是一蹴而就的事情,师生需要一定的中介来连接起教学的世界与现实的生活世界。在苏格拉底看来,选择过一种好的生活需要完善的德行,也需要美德的指引。"美德即知识",知识在某种程度上是"可教"的。所以,培养学生的理性思维需要通过教学来给予学生"知识",以稳定的知识来超越日常生活的偶然性,由此增进学生在生活中的自由与自觉意识。

此外,教学所要教给学生的知识,不仅只是各种外在的事实性的规则和原理,它更重要的特性是能够切己地安顿学生的精神家园。即使就美德知识而言,其目的也不只是为了使学生成为一个熟知美德知识的人,而恰恰是为了使学生成为一个德行完善,能够遵循美德来生活的社会人。教学的意义也不仅仅在于传递当下的"知识",更重要的是能够关涉人的精神家园,或者说能够安顿人的灵魂。教学的要义在于,给予学生一种真实切己的、能够使其在生活中更好地向着自我和周遭世界思考的品性。这种思考不仅直接向内指涉人的灵魂,它还与人生活着的外部世界息息相关。由此,"生活—教学—灵魂"就成了本然一体的一种人之存在方式。我们需要的是通过教学过程中的启发给学生的积极思考带去真实和具有深度的知识,它是基于学生生命内在需要的"知识",是一种能够让学生向着世界更好地显现自我的生活方式。如果说,苏格拉底是想以他的信念和使命感,让与他交谈的人实现人之为人的根本性的生活和存在，那么，所有教学活动的意义也应力图使学生能够实现在置身于现实世界的同时又能够向着美好生活敞开自我的思维空间，以此提升自己的思维水平。人要在社会中生活，要面对更为复杂的生活困境以及各种诱惑，唯有灵魂上的和谐安宁才能使人超越世俗的意见，朝向理念世界中的美善。

如果说启发是以真正的"知识"来开启学生向着生活世界的思维通道，让学生的理性思维更好地面对复杂的生活，那么，"知识"如何引领和开启学生的思维通道，使其不断朝向意义世界也就成为我们不得不叩问的关键问题。

首先，教学所关涉的各种知识都是从社会生活中来的，学生只要在生活就必须面对既有的知识世界，同时学生进入教学情境之时本身已经拥有了某种经验，两者之间的联系则成为教学得以展开的基础。换言之，教学过程中的启发要能够经由知识与个体经验之间的真实联结来激活学生的思维和开启其思维空间。

其次，教学中的"知识"是一种理性化的结果，有特定的逻辑。这些"陌生"的知识会对学生原有的思维方式构成一定的挑战，这也是教学得以真正深入展开的中心环节。如果教学能够以知识的逻辑来引导学生已有的经验性思维，培养学生的理性思维，同时也能够使学生的学习建立在自身"欲求"的生命底色和基础之上，实现独立自主而又富有深度的学习、认知和理解，那么这就意味着在教学过程中成功实施了一次启发，真正打开了学生的理性思维空间。

最后，教学中的"知识"能够开启学生的理性思维空间，但仅有理性思维并不足以保证人能更好地生活，因为复杂的社会生活逼迫人不断批判性和反思性地叩问自己行动的道德性。即使美德在苏格拉底那里被冠以"知识"的称谓，这种"知识"也仅仅是被作为一种可教的对象，以显明美德之于人的本原性意义，它指涉和关心的依然是人的灵魂的安顿和精神世界的美好。启发作为基于学生生命本身的教学过程，从学生日常生活中的经验性思维入手，用"知识"不断激活学生的理性思维，且用更高的理性秩序来保证社会生活的完善性和学生的行为在伦理上的正当性，以实现学生思维空间向着生活世界不断开放并带出其作为社会人的存在意义。我们生存和生活在这个世界之中，就是要以自己对生活的认识和积极的生命姿态作用于我们所接触到的各种人与事。在教学过程中进行启发，就是要通过年长者与年轻人之间的对话与交流把关于美好生活方式的记忆一代代传递下去，让个体建构一种积极、丰富而又理性的思维世界，打开联系自我与世界的生命通道，从而获得关乎灵魂、引领社会生活的"知识"。

概言之，在即时性启发的过程中，教学不断被理性"知识"所指引，最终实现的是学生当下的感性思维向着教学世界中的理性思维，乃至更高事物的意义的追寻；历时性启发基于学生在成长初期感性思维空间的充分激活和丰富，在其后来的成长阶段中给予其恰切的基于理性知识的提升，使学生的思维空间实现一种整体性的上升和超越，实现理性思维与生活世界同一，由此敞开学生丰富而深远的意义世界。

三、历时性启发的实现：从好奇心的打开到理性生命的实现

如果说启发是个体不断社会化与成人的教学依据和教学之生命意义的实现过程，那么，在个体的不同成长阶段，实现学生思维空间的不断敞开则成为启发得以实现的重要保证。由感性思维的激活到理性生命的获得，是启发在不同阶段的具体成果。在教学过程中，启发要唤起学生的思维，打开学生的思维世界，使其内在的"向学"意向与外在的教学引领之间连接起来。启发需要唤起学生内在的质素，而每个人在生命早期阶段的好奇心是启发得以展开的基础。由好奇心的保护到学生成长中期对于事物的兴趣的生发，再到在学生长大成人的中后期以理性"知

识"的引领为中心的学生思维世界的不断敞开，是启发在学生不同成长阶段围绕着不同重心的充分实现过程。启发最终的目的就是不断引发个体的思维，促进其实现由感性生命向着理性生命的不断发展和超越。

（一）好奇心：学生早期阶段启发得以实现的内在思维起点

每个人天生都有着探索未知世界的欲求，也会因为感到好奇而特别关注某些事物。沈从文在回忆他年少时期的经历时曾写道：

> 最希奇处应当是另外那些人，在他那份习惯下所做的一切事情。为什么骡子推磨时得把眼睛遮上？为什么刀得烧红时在水里一淬方能坚硬？为什么雕像的会把木头雕成人形，所贴的金那么薄又用什么方法作成？为什么没小铜匠会在一块铜板上钻那么一个圆眼，刻花时刻得整整齐齐？这些古怪的事情太多了。

> 我要知道的太多，所知道得又太少，有时便有点发愁。就为的是白日里太野，各处去看，各处去听，还各处去嗅闻，死蛇的味道，腐草的气味，屠户身上的气味，烧碗处土窑淋雨以后放出的气味，……蝙蝠的声音，一只黄牛当屠户把刀插进它喉中时叹息的声音……①

在少年时期的沈从文的眼中，有太多的未知之物，即使常人已经习惯了的一些事情，他依然感到稀奇，依然渴望去"知道"。所以，他到处去"看"，这个世界对于他来讲是新鲜的。正是凭借这样一种对世界的好奇心，少年时期的沈从文不断阅读生活这本"大书"，从某种意义上说，正是这些见闻和经历，使得学校里的"小书"变得容易些。正如他自己所言："许多书总是临时来读十遍八遍，背诵时却居然琅琅上口，

---

① 沈从文. 沈从文自传 [M]. 长沙：湖南人民出版社，1981：19-20.

一字不遗。"①

其实，更确切地说，每一个儿童的内心对世界都怀着好奇与希望，他们总是希望通过自己的活动探索和发现世界中的种种奇妙之处。亚里士多德认为："不论现在，还是最初，人都是由于好奇而开始哲学思考，开始是对身边所不懂的东西感到惊异，继而逐步前进，而对更重大的事情产生疑问，例如关于月象的变化，关于太阳和星辰的变化，以及关于万物的生成。一个感到疑难和好奇的人，便觉得自己无知……。如若人们为了摆脱无知而进行哲学思考，那么，很显然他们是为了知而追求知识，并不以某种实用为目的。当前的事情自身就可作证，可以说，只有在生活必需品全部齐备之后，人们为了娱乐消遣才开始进行这样的思考。"② 如果说哲学是思考人类处境的基本形式，初民正是通过对于包容着自己的宇宙和自我的好奇而开始了人类自觉的生活的话，那么可以说这种好奇的天性一直流淌于每一个新生的个体身上。也就是说，早期阶段个体的好奇开启了其思维活动。个体在探究过程中不断积累知识，对于生命意义的体验也在不断加深。此外，好奇意味着一种生命整体性地朝向某事物的意向，也是个体全身心投入对某件事物的思考的起点。换言之，处于早期阶段的儿童，好奇心的萌生促成他们朝着所接触的事物的整体性的生命"转向"。

随着人的成长，人开始面对纷繁复杂的社会事务，逐渐忙碌起来，没有时间思考一些最根本的人生问题。那些最重大的问题被琐屑的生活事务所替代，也就是说，那些最根本的问题，如人的生存问题、人与世界关系的问题被掩盖了。这些现象导致的结果是，不仅人进行哲学思考的能力减弱了，教育的关注中心也转向了那些飘在空中看似与现实生活有紧密联系的知识。学习也就成了一种获取谋生手段的活动，通过启发

---

① 沈从文.沈从文自传［M］.长沙：湖南人民出版社，1981：19.
② 亚里士多德.形而上学［M］//亚里士多德.亚里士多德全集：第七卷.典藏本.北京：中国人民大学出版社，2016：31.

思维而生发的对宇宙中美好事物的热爱逐渐削弱，这也意味着人的好奇心的失落。如果说生活是要靠能推动人不断创造意义的激情去开创的话，那么，缺少好奇心的推动无疑是导致生活世界意义失落的最重要的原因。所以，我们的教学要启发学生的思维，最基本的一点就是要重新打开学生向着生活世界的好奇心，在个体与世界的丰富联系中找到那种最原初的生命情感之流，让学生的身心充分活跃于不断变化着的生活世界之中。

好奇就是人想对未知世界进行探究的一种欲求，而欲求也意味着现实的认识与理想的事物或者说想要达到的境界之间存在差距，这种差距的存在使得个体不断改变自我，寻求突破，以应对意义缺失所带来的孤独、困惑抑或恐惧。也就是说，人的欲求是产生好奇心的基础性动因和条件。从某种意义上讲，人类的进步就是建立在个体因对现实不满而生发出来的对更加美好的生活的欲求之上的。如果说教育是人对自己生活在世界之中的状态的一种认识、提升、改善的过程，那么，教学也就意味着是把人这种永恒的追求转化为现实活动中的一种生活方式。但是，现实的教学"被大量未被理解的信息知识弄得不堪重负，陷入困境。它失去了灵活的回应力，失去了渴求增加意义的热情。缺少直接的生活兴趣，仅仅堆积信息知识，会让心灵僵硬并失去弹性"①。这样的教学让身处其中的学生感受不到教学的活力，更感受不到教学能促使自己生发出鲜活的生命体验。他们找不到自己存在的价值，在教学中的体验与实际的生活之间充满了各种矛盾。如此一来，学生自身的主体性在教学中失落了。由此带来的结果是，学生身上本有的美好欲求被现实中繁杂的知识教育所遮蔽，他们心中探求美好生活和未知事物的渴望也变弱了。

因此，在启发的过程中，特别是在启发开始之时或者就处于早期阶段的个体而言，充分地保护和激发他们的好奇心，激活他们对于事物的

①　杜威. 民主与教育［M］//杜威. 杜威全集·中期著作（1899—1924）：第 9 卷（1916）. 上海：华东师范大学出版社，2012：172.

敏感性，是不断开启其思维空间的基础。换言之，在个体早期成长阶段，教学中的启发也就意味着在学生感性生命和思维充分萌生的基础之上，引发学生对于世界的充分关注和积极的情感体验，以此孕育学生思维世界的丰富性。

（二）个体成长中期阶段的启发：从好奇心的保护到兴趣的激发

《社会中的科学和技术》（*Science and Technology in Society*）这本英国教材有这样一段描述："我们每个人都是天生的科学家，我们生来对周围的事物，组成这个世界的一切物质和其他有生命的东西都具有好奇心。我们生活在一个被科学和技术所支配的世界中，在食品框里，在汽车里，在衣服的标签上，在电灯里……，科学无处不在。"① 如果说在个体成长的过程中，科学的教育是一个必经的阶段，那么使个体日常生活中的好奇发展为科学思维，则是促进个体向着社会生活敞开宽广的思维世界的基础。

儿童天生对于外部世界就有强烈的探究欲望，看见鱼儿在水中游的时候，看见鸟儿在天空中飞翔的时候，他们就想知道为什么鱼儿要在水里，为什么鸟儿会飞，等等。正是这些"想知道……"构成了儿童学习以及接触事物时最基本的心理结构。此外，好奇意味着一种生命之整体性地朝向某事物的"心向"，也是个体全身心地投入对于某件事物的思考之中的起点。儿童天生有着丰富的求得答案的心理诉求，这一方面是因为他们的社会阅历较少，另一方面也是因为他们的这种心理诉求没有受到社会习俗和生活困境太多的浸染和挤压，所以他们想知道的事情越多也就意味着他们的自然本性保持得越好。卢梭恰恰看到了这一点，所

---

① 转引自戚道浚. 评英国中学教材《社会中的科学和技术（SATIS）》［J］. 课程·教材·教法，1996（8）：59-61.

以他提出要保护儿童的自然天性，让他们在早期的生活中远离世俗社会的约束和浸染，就是要以消极教育的方式来保持儿童自身的敏感性和对于事物丰富的欲求。他认为："儿童是有他特有的看法、想法和感情的；如果想用我们的看法、想法和感情去代替他们的看法、想法和感情，那简直是最愚蠢的事情。"① 也就是说，教师抑或家长在教育儿童时要尊重儿童的想法，要视儿童为他自己，而不是一个"小大人"。他认为这是大自然的规律，"大自然希望儿童在成人以前就要像儿童的样子"②，"如果我们打乱了这个次序，我们就会造成一些早熟的果实，它们长得既不丰满也不甜美，而且很快就会腐烂：我们将造就一些年纪轻轻的博士和老态龙钟的儿童"③。洛克也呼吁应当让儿童在教育中"获得他们的年岁所应有的自由"④，也就是说我们要顺着孩子的意志去教育孩子⑤，让儿童自由地保持自身的欲求，自由地运用自己的思维。

儿童的心智尚不成熟，不能很好地认识和行使自己的权利，他们必须把部分自然权利让渡给成人，接受成人的约束和引导。加上童年时期蕴藏着无限的可能性，因此这个时期的教学活动必须特别留意和用心，也即必须十分审慎。卢梭主张自然教育，也就是消极地对待儿童早期的各种需求，不干涉儿童基于本能的行为，保护他们的天性不受外界的浸染。但同时，我们应该注意到，儿童这种充分的自由也必须是合理的，即要有一定的限度。对于这种限度的判断标准，洛克曾经说道："只要做得不坏就行，其余的自由都应给予他们。"⑥ 也就是说，只要儿童的行为"不坏"就有其合理性，一旦越过这个界限则需要接受成人的约束。

---

① 卢梭 . 爱弥儿：论教育：上卷 ［M］. 李平沤，译 . 北京：商务印书馆，1978：101.

② 同①.

③ 同①.

④ 洛克 . 教育漫话 ［M］. 傅任敢，译 . 北京：人民教育出版社，1985：67.

⑤ 参见：曹永国 . 爱弥儿与教育理想 ［M］. 北京：教育科学出版社，2014：66-72.

⑥ 同④.

康德在论述儿童教育的时候，也曾谈到过"强制"①，"父母要采取措施，使孩子不会有害地运用其能力"②，必要的规训可以防止人由于动物性的驱使而偏离其规定人性③。由此，以父母为代表的成人与儿童的自然权利便在教育情境中不可避免地构成一对永恒的矛盾。但是，对于教学中儿童的自由等自然权利的判断可以归结为以下几点：第一，儿童行使自然权利不能妨碍他人的自由和权利，即其不能对外造成破坏；第二，这种权利不能让儿童自己受到伤害；第三，不能伤害和妨碍儿童自己以后的发展，儿童要对自己以后的成长负责。

如果说保护儿童天生的欲求是激发儿童好奇心的第一步，那么启发儿童的思维也就具备了一种人性基础，此时的启发才能真正称为现实与人之精神相契合的教学活动。启发儿童的思维意味着要充分激发和显现儿童的好奇心，而想要使儿童的好奇心得到释放，就必须保护儿童丰富的整体性地向着周遭事物打开自我的生命冲动。当这种冲动达到一定程度的时候，他们便会产生各种各样的疑问。在个体发展的中期，伴随着其好奇心的发展，大量疑问开始产生。疑问是欲求积累到一定程度而不能得到解决时，内心产生的一种困惑的外在显现，这直指启发的中心问题，即对于"愤""悱"状态的充分激活。陆九渊曾指出："为学患无疑，疑则有进。"（《陆九渊集》）疑问正是指引教学以及让儿童不断敞开内心、寻求答案的基础性动力。他还说过"小疑则小进，大疑则大进"（《陆九渊集》）。这些都表明疑问对于儿童敞开自我的思维世界的重要作用。由此，儿童的好奇也就经由欲求而上升到了疑问的层次，可以说疑问是儿童的好奇心发展到一定阶段的产物，保持和激活儿童的好奇心，就是要让儿童不断言说自己的疑问，这同时也是个体独立自主的

---

① 康德．论教育学（附系科之争）［M］．赵鹏，何兆武，译．上海：上海人民出版社，2005：14.

② 同①15.

③ 同①3.

批判性思维产生的基础。

由好奇而生发出的对于事物的疑问是批判性思维得以生成的生命根基，对于事物独立自主的认识和理解来源于个体内心一个又一个等待解决的疑问。儿童"视每一个事物是有生命、感情和言语能力的，并相信每一个事物都在听他说话"①。在与身边世界不断进行交流的过程中，疑问充斥着儿童的身心，他们也迫切希望自己内心世界的疑问能够得到解答，以更加贴近和理解大自然中的每一个生命。在教学中保护儿童表达疑问的机会和权利，无疑也是使儿童得到启发的关键性因素。但是在现实的教学中，"在教师和学生之间也有一种十分死板的等级关系"②，甚至是一种"统治者和被统治者的关系"③。儿童的疑问在教师主导的教学境遇中往往得不到充分的表达，这也使得儿童由于疑问累积却得不到及时恰切的解决而产生厌学的倾向，最终的结果是儿童的好奇心得不到满足与发展。

如果儿童的疑问得不到解答，也就预示着儿童不断向外探究的思维路径受到了阻碍，教与学之间的通道被人为地割裂。反之，如果儿童的疑问在合适的时机得到解答，他们的积极性就会进一步增强，他们探究的欲望就会源源不断地涌现出来，进而这种内心的涌流转化为对事物无限的热爱，而这种热爱恰恰会让儿童生发出对于所关注事物的兴趣。所以，兴趣在某种意义上也意味着人对于某事物的持续关注所带来的情感依恋。一旦儿童对于事物的认知发展为兴趣，也就意味着儿童的好奇心转化成了一种持续而稳定的生命活动。

我们以一个美国科学教育的实例"蚯蚓的教学"来展开说明。一位科学教师和三名学生在学校附近的一块空地上考察时，突然对草地中出

---

① 福禄培尔. 人的教育 [M]. 孙祖复，译. 2版. 北京：人民教育出版社，2001：38.
② 联合国教科文组织国际教育发展委员会. 学会生存：教育世界的今天和明天 [M]. 北京：教育科学出版社，1996：86.
③ 同②107.

现的蚯蚓感到好奇。虽然这位科学教师在以前的科学课上没有将蚯蚓作
为教学对象，但这次她敏锐地抓住了这一教学时机。为了鼓励学生对这
种动物进行更加深入的了解，她打电话给当地的自然史博物馆了解这种
动物的生活习性以及饲养知识。掌握了这些知识以后，她就开始在教室
中饲养蚯蚓。在这个过程中，学生认真观察了蚯蚓的一系列生长过程以
及蚯蚓的一些生活习惯。最终很多学生都对蚯蚓的生长产生了很大的兴
趣，他们也经由自己的观察获得了一些关于蚯蚓的知识。这个案例中的
教师正是敏锐地注意到了学生对于周围事物的好奇心，并以此为起点进
行了恰切的引导，最终引起了学生对于所关注事物的兴趣，开启了他们
思维世界的另一扇大门。①

　　"欲望与兴趣结合在一起就是表现人类冲动的全部"。② 我们所要培
育的正是儿童对美善事物的永恒的爱。教学就是要在学生的心灵中种下
其对自己、周围的人以及这个世界的美好想象和真切理解的种子。卢梭
也认为，在教育儿童的过程中，"问题不在于教他各种学问，而在于培
养他有爱好学问的兴趣，而且在这种兴趣充分增长起来的时候，教他以
研究学问的方法。毫无疑问，这是所有一切良好的教育的一个基本原
则"③。儿童萌发出对周遭的人和事的兴趣也就意味着其发生了一种积极
的转向，这预示着个体的学习逐步转变为内在的生命欲求以及基于生命
的深度学习，也意味着儿童已经从自我的欲求世界中走出来，走向更为
广阔的社会生活，让自己置身于更为复杂的社会事务之中。因此，人在
不同的成长阶段，需要通过不断激活自己的思维，进行切己的思考，以
不断满足自己的好奇心，提升自己对世界的爱与关注。如果说兴趣的建

---

① 　转引自刘德华．基于人文立场的科学教育变革［M］．长沙：湖南师范大学出版
　　社，2016：247-248.
② 　赫尔巴特．普通教育学［M］．李其龙，译．北京：人民教育出版社，2015：47.
③ 　卢梭．爱弥儿：论教育：上卷［M］．李平沤，译．北京：商务印书馆，1978：
　　246.

立是儿童成长中的重要环节，那么在教学过程中教师对于儿童兴趣的关注和培养就成了关键。这也意味着，教师要保护和培养儿童天性中的好奇心，让儿童思维世界中的欲求不断表达出来，再加上适切的答疑解惑，使儿童心中的困惑得到解决，由此对周围的事物产生愉悦感，最终形成对于事物的爱与持续的关切。启发的顺利展开和不断实现，需要教师在个体不同的发展阶段，学会观察儿童的内心世界，留意儿童萌发的各种好奇心，与他们一同"看"问题，了解世界，在他们最需要帮助的时候给予恰当的关怀和指引，使教学真正成为一种使生命欲求得到充分释放的活动。

苏霍姆林斯基提出："孩子只有生活在游戏、童话、音乐、幻想、创作的世界中时，他的精神生活才有充分价值。"① 在成长的早期，儿童生活在一个感性的世界之中，保护儿童丰富的精神生活，让他们自由地想象和思考，充分地表达自己对于事物的意义的理解是教学所要遵循的重要原则。启发让儿童与世界紧密相连。在儿童成长的中期阶段，教学需要开启的是儿童对事物充分关注基础之上的兴趣的生发和持续的爱的意向，以使儿童之思维世界不断向着更广泛的事物扩展。

（三）个体成长中后期的启发：以理性知识引领思维世界的秩序

个体在成长的中后期所要面临的最为关键的问题是如何在社会生活之中，把自己对于事物的兴趣和关注转化为一种理智秩序，"也即让个体在教育情景中逐步学会以何种方式达成何种目标，让他们逐步获得过

---

① 苏霍姆林斯基. 把整个心灵献给孩子 [M]. 唐其慈，毕淑芝，赵玮，译. 天津：天津人民出版社，1981：78.

程与目标的一致性认知，从而逐步开启个体成长中的理智思考能力"①。好奇心乃至对事物持续的关注和爱，是个体思维被充分激活的前提，而这种思维的激活最终朝向哪里则是决定个体思维世界的发展水平的关键。

　　个体成长中后期的重要目标在于理智兴趣的养成和探究世界的能力的提升，其基本的条件就是个体理智思维能力的不断发展。思维的启发是个体在不同成长阶段不断走向教学世界的关键，或者说启发就是要不断开启个体朝向一个更为理性化的社会生活的可能性。当然，启发的实现不是一蹴而就的，也不是个体好奇心的萌生和兴趣的生发所能直接达到的，其要不断经由理性生命这一中介，而一定的知识（确切地说是理性知识的获得）则是个体的理智兴趣和理智能力不断发展的关键。从某种意义上讲，面向个体成长中后期的教学过程中的启发都要朝向一定的理性知识，以便增强个体思维世界的秩序性和稳定性，为个体过上更好的生活做准备。无知识引导的教学不能称为教学，同样，没有理性知识作为指引和中介的启发也是无目的的启发。即使在个体成长初期唤起了个体对某个事物的好奇心乃至于兴趣，也不能保证这种准备不会成为一种杂乱无章的活动，更难以保证其能实现启发真正的教学意义——开启个体的理智思维世界，以"知识"来通达生活世界。所以，在个体成长的后期，教学所要开启的就是一种由知识的获得所引领的让个体充分获得内在理性秩序的过程，以使个体走在一条不断建构和健全自身理性生命的道路上。且这种知识的学习和获得是基于个体前期对于事物所产生的好奇心和兴趣，这种知识是个体通过深入探索和理解而获得的关乎个体生命及生活的"知识"。教学过程中的启发就是要不断引入这种知识，使个体切实地走在不断理性化的成人之路上。从某种意义上讲，所谓的

---

① 刘铁芳. 追寻生命的整全：个体成人的教育哲学阐释 [M]. 北京：高等教育出版社，2017：49.

深度学习就是要基于个体的生命欲求，让个体经由教师的引导和恰切的"点拨"，实现自己独立探索、积极发现和深刻理解教学事物的内在理路等目标，从而让个体形成自身与教学事物之间基于意义的联结，以实现教学的生命意义和个体成人的内在意蕴。

在苏格拉底与对方的对话中我们可以看到，他所要启发和教育的对象是那些对知识和智慧有着强烈爱欲的年轻人（抑或说是一些有志青年）。这些年轻人对获得知识和智慧有着强烈的渴望，可以说他们已经具备了对事物进行探究的兴趣乃至于强烈的爱。值得注意的是，苏格拉底主要针对的仍然是那些有着一定知识储备和生活经验的年轻人，而不是毫无理智知识的儿童，准确地说，苏格拉底运用"产婆术"所要启发和开启的恰恰是那些有着一定心智基础的人，即那些处于成长中后期阶段的个体。通往更广阔的思维世界需要一定的知识作基础，这意味着启发的实现也需要个体在一定的感性生命舒展和兴趣生发的基础之上，做好知识和心智上的准备。

换言之，在个体成长的中后期，理智知识以及个体对其的深入把握开启了个体更为广阔的思考视域。随着个体思维世界的展开，个体在一定的理智知识的充分参与下实现了自身理智天赋的充分释放和发挥。理智知识的获得不仅是个体早期所孕育的感性思维被激活以后的发展成果，也是启发得以实现的必要准备和个体思维世界充分打开的基础。在个体成长的中后期，没有理智知识引领的启发只是一种无序和低级的准备活动，不能称为真正的启发。

"理智的生长乃是个体先行与其周遭世界的丰富联系的秩序化，以及由此而来的个体与世界主动交往关系的进一步建构。正是个体理智化生长之初看不见的人与世界的细微而复杂的生存性联系构成了个体逐渐生长的理智化自我的基础，'无中生有'，个体与世界混沌联系之'无'生长出个体以逐渐成熟的理智来面对世界的独立自我之'有'，一个人之'无'

越深厚、广阔、细密，则其'有'愈益邃密、厚重、成熟"。① 这也提示我们，在教学过程中对于儿童早期丰富感性能力的保护，乃至于对于儿童的欲求、疑问、好奇心都要抱着一种审慎的态度，而不可直接给予儿童一个标准化、客观化的世界，也就是要保持世界之于儿童"迷魅"的一面，充分涵养他们多样的生命底色。同时，在个体成长中期的启发活动中，个体的各种感知力已经得到充分的发展，教学中所要启发的方面则是个体在面对更为丰富的知识世界和社会现实时，如何做出基于自身批判性思考的选择，并在此基础上不断发展自身的理性思维。因此，在这个阶段的启发中，给予学生在不同方面和不同领域之中的学习以不同的指引，就成为深度启发的必由之路。这也意味着启发是对个体生命空间持续不断的敞开，同时也意味着个体经由教学活动所要达到的最终目的是个体生命的整体激活。个体能够因教师恰切的"启"而深入最深处的生命欲求之中，并因此充分实现自身理性思维空间的"发"，最终成为一个拥有健全理性的成熟之人。也就是说，在教学过程中，启发的最终目标就是使个体生命得到整全性的提升。所以，在恰切的时间给予处于不同阶段和不同情境之中的学生以适切的引导，不断开启他们的理智世界才是合适的启发。所以，无论个体最终要实现何种意义上的理性生命，都必须要充分涵养感性生命，也都必须经由合适的引导和激发开启意义更为深远的理智生命空间，以提升自身作为社会人的思维世界的意义深度和思维空间的广度。以上这些构成了启发的全部要义。

四、即时性启发的实现：思维拓展的基本路径

在教学中，学生被置于特定的时空之中，教学的目的也就在于使学生在这种特殊化的社会生活之中掌握更为广阔和深远的自我生活方式，

---

① 刘铁芳. 返回生活世界教育学：教育何以面对个体生命成长的复杂性 [J]. 教育研究，2012（1）：46-52，68.

让其能够向着更为复杂的世界前进并在其中找到展开行动的空间。在一定的教学过程中，促进学生朝向更为广阔的思维世界也是启发得以实现的过程。如果说起兴的教学就是要让学生在教学情境之中产生让自己的身心充分参与其中的积极性与在场感，那么启发无疑就是要在此基础上为理性生命的敞开提供更为适宜的空间，让学生的理智经由恰切的激发和引导从感性思维转变为更为充分的社会化的理性智慧。所以，即时性启发是从学生生命空间的敞开开始的，是在学生感性思维被充分激活的基础上对其理性的提升。即时性启发意味着，要找到能够让学生自由自觉地以自我感性生命的舒展为基础，不断向着理性生命发展的道路。

（一） 即时性启发始于教学过程中对个体"闲暇"的关注

有这样一则故事：

几个小学生正趴在树下兴致勃勃地观察着什么。一个教师看着他们满身是灰的样子，生气地走过去问："你们在干什么？"

"听蚂蚁唱歌呢。"学生头也不抬，随口而答。

"胡说，蚂蚁怎么会唱歌？"老师的声音提高了一个八度。

严厉的斥责让学生猛地从"槐安国"里清醒过来。于是，一个个小脑袋耷拉下来，等候老师发落。只有一个倔强的小家伙还不服气，小声嘟囔说："您又不蹲下来，怎么知道蚂蚁不会唱歌？"①

在儿童的生命世界中有很多未知的东西，他们可以听蚂蚁唱歌，可以听蝴蝶唱歌，也可以听花儿唱歌。周遭的世界对他们来说充满了吸引力，任何事物都可以成为他们关注的对象。儿童世界的丰富性说明了儿

---

① 转引自辛晓明，章业树．"蚂蚁唱歌"的启示 [J]．人民教育，2002（10）：30.

童的成长是建立在儿童丰富的感知力基础之上的。而作为成人的教师如果不理解儿童丰富的内心世界，用一种严厉的态度来嘲笑甚至呵斥儿童种种看似不合情理的行为，则是在压制儿童的想象空间。如果我们的学校有很多这样的教师，那么当学生进入学校教育环境之中，其想象力很有可能不仅没有得到扩展，还日益弱化，学生逐渐失去了生动活泼的想象力，个中缘由除了知识学习使得学生的关注点发生了转移以外，更重要的是在日常教学过程中，学生丰富的感知力日益被排挤出他们的心灵世界，其思维空间乃至生命空间日益狭窄。

因此，要想让学生自由地想象和思考周围的世界，就必须允许他们拥有一种闲暇的生活方式。如果说，儿童正是由于受世俗的浸染尚少，才有"时间"和"闲情逸致"去听蚂蚁唱歌，那么，每一个儿童也都需要这样的"时间"，让年少的生命充分而自由地绽放。俗话说，"闲暇出智慧"，这也意味着在通往最高智慧之路上需要有自由的时间、自主的想象等自我生命姿态。在某种意义上，闲暇也意味着一种自由的生命空间和自由自主的生活方式。如果说闲暇是指人能够自由地支配自己的时间，那么时间的充分拥有也就意味着自己生活空间的自由度得到了保证。当学生置身于现实的教学情境时，也就意味着他们的时间将被教学所占据，如果教学不能给予他们更为丰富的生命想象空间，那么他们整全的生命就会遭到压制和破坏，以至于生命形态被扭曲。繁重的课业负担使得学生无心关注他们周围的世界，蕴藏在他们身体之中的感知力以及思考的意愿被遮蔽，久而久之他们的生命空间便被各种知识占据。所以，闲暇不仅意味着时间的充分自由，还意味着一种能够自由自主思考的心态。只有建基于此的启发才能够使个体充分地彰显生命的活力，显现自身丰富的感性生命向着周遭世界的人性之魅力。

苏格拉底在教学活动中能通过引导成全年轻人充分地想象世界，也是建基于闲暇的生命形态之上的。他总是告诫人们不要心急，要审慎地思考灵魂上的事情，比如在《普罗塔戈拉》的开篇中，他教导希珀克拉底不能盲目崇拜名人，要有自己的理性思考，也就是要让自己的灵魂受自己思维控制，而不是盲目追随诸种社会偏见。这一方面体现了教学的审慎之道，另一方面也显示了给予自己自由想象空间的重要作用。我们正是在闲暇所赋予的时间以及具备相应心态的条件下，开启我们不断超越自己的成人之路的。就如亚里士多德在《尼各马可伦理学》中所谈到的那样，幸福"还似乎包含着闲暇"①。如果说哲学追寻的那种沉思需要闲暇来保障，那么我们所有的教学都要充分保证儿童生命的闲暇状态，以让他们逐渐接近最高的智慧。英语中的"school"是从希腊语和拉丁语中引申出来的，其原意就是闲暇。所以，若没有充分的闲暇状态的显现，所有的教学中的启发都将失去人最基本的生命基础和厚实的人性底色，而启发的教学就是要在闲暇的基础上不断打开学生的思维世界和想象空间。

在教学过程中，教师需要充分地关注学生的闲暇，使学生能够在一种自由轻松的环境和心理氛围之中开启对于事物的关注与思考。如果没有充分的闲暇做保障，学生的思维将会在很大程度上处于高度紧绷的状态，以至于无暇去关注教学的世界，思维的启发也就无从谈起。

（二）即时性启发的展开：亲熟感与陌生感的辩证法

启发的基本指向乃是要引导个体通过思考进入教学事物之中，前提是学生对教学事物具有亲熟感。教学须以亲熟感为基础，然后再让学生通过审慎的思考去观照教学事物，逐步深化学生对教学事物的认识，后一个过程意味着教学事物之于学生的相对陌生化。换言之，亲熟感是指学生对教学事物的亲近，即学生乐于走近教学事物；陌生感则是指学生

---

① 亚里士多德.尼各马可伦理学 [M].廖申白，译.北京：商务印书馆，2003：306.

对教学事物保持必要的距离，其使学生用理智审视教学事物成为可能。

亲熟感是使学生思维不断开启并朝向理智生命的基础。苏格拉底与年轻人交朋友，建立起紧密的关系，这也是他的启发式对话得以深入进行的关键和基础。虽然学生对某种事物产生了一定的兴趣，但若教学没有从他所亲近的事物出发，那么这种教学会湮没其兴趣，使自身成为远离学生的活动。同时，苏格拉底也在不断追问的过程中使更多未知的东西被引发出来，因为陌生问题的提出使年轻人的思维受到挑战，这会激发他们进一步思考与想象，从而走上获得更加深远的意义的路。同时，新事物的出现也会使学生不断"回头"反思他已知的各种熟悉的事物，带着一种批判的眼光去观察他所遇到的每一个让他感到"不适"和"新鲜"的问题。启发也就是在亲熟的事物与陌生的事物之间不断交融、碰撞和回返的过程中实现人的理智思维的提升和理性生命的获得。如果说亲熟感的唤起往往基于日常生活中的事物与交往情景的再现，那么陌生感的产生则意味着对日常生活中的事物与交往情景的认识的提升和超越。亲熟感是基础，陌生感能唤起惊奇；亲熟感激发爱欲，陌生感引发智慧。教学要在亲熟感中引发陌生感，激励学生的思维。亲熟感与陌生感相结合，便预示着爱与智慧的融合。

苏格拉底的对话教学，往往是从闲适而熟悉的情景出发，形成与谈话者之间的亲熟关系，然后再通过不断地提出新的具有陌生感的事物，以反诘的方式来质问对方，唤起对方对陌生事物的关注和思考，引发对方对原来认知方式的怀疑，由此逐渐让对方进入对更高事物的欲求之中。《游叙弗伦》的开头记录了苏格拉底与游叙弗伦在王宫前廊的相遇，两人简单地寒暄后，游叙弗伦便从自己要去告发他的父亲谈起，因为他的父亲杀了人。别人认为子讼父杀人是怠慢神的事情，而游叙弗论则不这样认为。苏格拉底则提出疑问：如果不知道关于尊敬神与怠慢神的知识，我们便无处谈起子讼父杀人的事情到底如何。即，必须探讨关于神的知识，或者说讨论何谓真正的虔敬。由此，他们便开始了对于虔敬之本质的探讨。① 这里，苏格拉底接着游叙弗伦的话从日常生活中切近的事情谈起，意在唤起游叙弗伦对于敬神之事的爱和关注，用后面谈到的神与神之间的战争和神与神之间行事具有冲突性来预示神本身的不确定性。即，神做的事情也有相互冲突的地方，完全听从某个神也不一定意味着真正的虔敬，这显然与游叙弗伦先前的信条——按照神意来做事便是敬神是有冲突的，于是游叙弗伦感到了一种从未听过此种言论的陌生感。在他们不断探讨的过程中，游叙弗伦对于虔敬的本质的思考也在不断深入。

教学建基于日常生活，其乃是一种立足于日常社会交往的活动。唯有如此，教学才具有生命的温度。但仅仅如此，则意味着教学中的交往跟日常闲谈式的交往无异，教学就不再是外在于生活，而是直接属于日常生活。显然，理想的教学还有另一面，即超越日常生活形式的一面。在这类教学中，教师从个体遭遇的日常生活中的事物出发，引入陌生事物与陌生情境，促成学生思维的飞跃与智慧的生成。

"研究、总结运用和无限完善制作煤油灯的先进经验，是根本不可能导致电灯的出现的。对此需要一种全新的思维和探索方向。科学的价值不仅是（甚至也不能是）研究正面经验，而且也要研究负面经验。"②启发必须要在一个能够提供陌生感的环境下让学生去探索新的事物，以促进学生思维的一种全新的转向，或者说在教学所涉及的社会事物范围之中渐渐激活学生的批判性思维，引发学生的反思性思维和不断探索的热情，促成学生的整体性的转变和提升。如果说引入熟悉的事物是使学生的感性生命得到充分释放的基础，那么，引入陌生的事物则是使学生朝向理性生命的必经之路。就早期阶段教学的特点、目标而言，"凸显低龄阶段教育的审美化，其根本性的立足点乃是在个体教育的初期，充

---

① 柏拉图. 游叙弗伦；苏格拉底的申辩；克力同 [M]. 严群，译. 北京：商务印书馆，1983：12-27.

② 克拉耶夫斯基. 教育学原理 [M]. 张男星，曲程，等译. 北京：教育科学出版社，2007：85.

分地唤起个体优雅的感性存在，也即唤起个体感性能力在教育情景中的充分彰显，让理智能力与理性的生长包孕在充分的感性存在之中，由此而孕育个体发展过程中以身心合一为特征的起始阶段的整全性，避免个体在教育情景中可能发生的身心分裂，孕育个体作为健全之人的原初型式"①。而经由教师的不断启发而使学生的理性生命得以生成的理智化教育"乃是相对于审美化的教育而言的，其基本含义就是教育目标的逐步明晰化，也即让个体在教育情景中逐步学会以何种方式达成何种目标，让他们逐步获得过程与目标的一致性认知，从而逐步开启个体成长中的理智思考能力"②。启发就是要在这个过程中在合适的时机提供能够引发陌生感的事物，以引发个体进一步的理智思考。正是在熟悉—陌生—熟悉不断往复的教学过程中，理性生命所需要的理智思维不断到场，个体生命中美好的思考和想象渐次产生。

（三）即时性启发的深入：个体思维空间的渐次敞开

亲熟感与陌生感的辩证法使启发得以深入进行，也使个体朝向理智生命成为可能，这反过来也为启发提供了更多的生命基础。也即在此之中个体的思维空间是不断被敞开的，从某种意义上讲，启发就是要在交替引入亲熟感与陌生感的过程中实现个体思维空间的不断打开。当然，启发的深入进行意味着，个体的思维世界在熟悉的事物所引起的经验性思维的拓展与陌生事物的引入所带来的反思性和理性化思维不断累积的基础之上，实现了提升。也即陌生事物给个体思维带去的挑战，为其不断批判和反思性地思考更新、更广泛的事物提供了可能。换言之，批判性思维的运用同样意味着个体思维空间的扩展。苏格拉底在对话教学中

---

① 刘铁芳. 追寻生命的整全：个体成人的教育哲学阐释 ［M］. 北京：高等教育出版社，2017：48.

② 同①49.

以朋友式的身份和行动关爱那些想要得到智慧的年轻人，他在与年轻人对话时首先从年轻人熟悉的大量"常识"入手，通过不断展开对话和引入事例，唤起年轻人对周遭事物的关注，让他们的思维穿行于实际生活和经验之中。正是这些日常生活中人们常常谈论的"话题"的引入，使个体产生关注更广泛的事物的兴趣，促使个体深入、持续地学习。

个体认识兴趣的扩展，主要是从同质性事物向着异质性事物扩展。所谓同质性事物，就是实际生活中有关联、属于同一类型、对个体的认知水平的要求大致相同的事物；所谓异质性事物，就是属于不同种类，甚至对个体的认知水平有不同层次的要求的事物，个体在认识它们时需要转换思维或运用跳跃性思维。同质性事物的大量引入与扩展，意味着教师在启发个体之前，个体逻辑上的准备和时机等条件已经得到满足，加之教学双方之间的亲熟感使得个体思维空间在熟悉的场景和自身内心之欲求所奠定的基础上不断开启。下面我们以在古希腊时期人们最关注的某个话题，如智慧、正义、勇敢等为例，来说明同质性事物与异质性事物。比如，如果"欠债还钱"是正义的事情，那么把欠别人的一件兵器还给他也是正义的事情。也就是说，同质性事物是可以进行类比的。我们还拿还兵器这件事来举例子，当你欠别人一件兵器，而这个人此时却疯了，你若把兵器还给他，他可能会因为神志不清而做出伤害自己以及他人的事情，那么此时把兵器还给他，还是不是一件正义的事情？对于前一种情形来说，后一种情形就属于异质性事件，或者说是一种陌生的认识领域中的事件。在认识异质性事物（或事件）时，通过简单的类比是无法得到准确的答案的。如果说，启发始于对同质性事物的认识，那么如何引导个体的思维跃升到更多和更深层次上的异质性事物，则是需要解决的关键性问题。

启发建基于个体已有的经验和思维之上，是一种有"针对性"的激活和提升个体思维的活动。当个体身心整体性地转向某个事物，即对某个事物产生兴趣，开启个体的思维便有了基础。由此，以启发来激活和扩展个体的思维空间，需要在教学过程中让个体"回忆"那些他自己感兴趣的事物，通过让个体"复习"大量同质性事物来使其思维在横向的视域内不断累积，也即打开个体熟悉同类型事物的思维空间；同时，当对同质性事物的引入到了一定阶段以后，引入一些异质性事物，可以让个体的思维活跃于那些陌生的事物之间，不断扩大个体思维空间的"容量"；当然，除了同质性事物的大量累积和异质性事物的引入以外，教师还必须让个体明白这些事物与其他事物之间的关系，让个体认识不同层级的事物，使其思维空间得到进一步拓展。

下面以初中物理"杠杆原理"这一节的教学为例。首先，教师在教学中需要从生活中常见的"杠杆"（跷跷板、天平等）入手，通过引入这些常见的物体，使学生思考这些常见物体的共同点，比如它们在工作时需要哪些要素，为什么它们都需要依靠某种支撑物，让学生思考这些常见物体共同的工作原理。然后，在此基础上，引入阿基米德的"给我一个支点，我将撬动整个地球"的名言，将学生的思考对象从生活中大量同质性事物引向一个更为抽象和不易理解的世界，把它作为学生向着物理世界思考的起点。最终，通过一系列的归纳和总结使学生理解杠杆的基本要素及其工作的基本原理。从某种意义上讲，引入陌生事物是开启个体批判性思维的教学基础，个体的生命因不断有新事物加入而向着更加广阔的思维世界走去，在不断思考和"再思考"的过程中，个体独立自主地探究和认识事物的理性思维能力不断得到强化。或者说，批判性思维进一步巩固和提升了个体的理性能力，而个体理性能力的增强也进一步指引个体批判性思维走向成熟，并使之指向更加广泛的生活世界。启发在此过程中所要实现的便是在交替引入陌生与熟悉的事物的过程中，使个体的思维世界被不断打开并得到深入的扩展。

如果说同质性事物的增多与异质性事物的引入使得个体的思维世界不断扩展（空间之维），那么在此过程中让个体进一步明晰事物的来源，或者说让个体的思维进一步走向事物的发展历程，就意味着不断延伸个体思维世界的时间之维。更深入地讲，我们在不断丰富个体思维世界的空间和时间之维的过程中，也要开启个体对事物本身进行认识的历程，即要让个体获得关于事物本质的"知识"，或者说打开个体对事物的本质的认识的逻辑之维。由此，思维拓展的空间之维是最先被打开的，它主要通过同质性事物的拓展和异质性事物的引入而批判性地拓展和丰富个体的思维空间；思维拓展的时间之维是在此基础上的深入拓展，它主要是通过进一步聚焦事物的发展历程来实现的；而思维拓展的逻辑之维则指向对事物本质的认识，它主要是通过个体深入关注事物本身实现的。

（四）即时性启发的动力：师生之间富于爱心的交流

教学是师生双方围绕共同的话题，以对话为主要交流形式而展开的一种特殊的社会生活，教学的顺利进行，离不开双方共同的努力。所以，打开学生的生命空间，给予学生充分的想象空间和自由参与的机会，引发学生对于所教事物的兴趣等一系列的活动，其实都是建立在师生双方的共同参与和共同朝向教学所设定的美善事物的基础上的。启发离不开教师对学生的理解，对学生感性生命的尊重，对他们丰富的想象力的认同和引导。

苏格拉底以爱护年轻人和保护年轻人的灵魂为己任，乐于与年轻人交流，他的使命是激发年轻人对智慧的爱，对智慧的探求成为连接苏格拉底和年轻人的共同基础。在苏格拉底那里，启发是一个双向互动的过程，为了实现启发，师生之间需要建立一种和谐紧密的教学关系。就如柏拉图所言："教育实际上就是把儿童引导到由法律宣布为正确的规矩上来，其正确性为最优秀的人和最年长的人的共同一致的经验所证明。儿童的灵魂学习感受快乐与痛苦不可以用成年人的方式，……而要与成年人为伴，在与成年人所经历的相同事物中习得快乐与痛苦。"① 教学就是在一定的理性指引下，师生双方围绕同一个事物展开的灵魂上的交流活动，学生需要用自己的思维方式参与教学活动，但这并不意味着他们不可以与教师思考同样的问题。

启发所要建立的和谐的师生关系也是从师生共同面对教学事物开始的。对于学生而言，真正的教学乃是"与人格平等的求知识获智慧的人进行富于爱心的交流"②，这是教学得以有效展开的重要条件；教师"要努力以自己的整个人格来使教学有兴趣"③，说明教师对教学的爱十分重要，它是教学能够持续具有吸引力的重要条件。所以，师生在共同参与教学的过程中，要体现双方在地位上的平等，这样才能充分保证学生的主体性地位得到保护。同时，教师的心也要向着学生，也即在理解学生与爱学生中朝向启发学生。在现实中，教师往往不能够理解学生，盲目的爱也会扭曲学生的主体性，结果导致学生的反抗，这也严重制约了启发教学的顺利进行。正如卢梭所言："学生把老师只看作他在儿童时候遇到的灾难，而老师则把学生看作一个沉重的负担，巴不得把它卸掉；他们都同样盼望彼此摆脱的时刻早日到来；由于他们之间从来没有真心诚意的依依不舍的情谊，所以，一个是心不在焉，一个是不服管教。"④好的教育建基于师生之间的信任与关爱，如果师生之间没有建立起亲密的情感，那么所有的启发都是站不住脚的，只能是无源之水、无本之木，会沦为一种失去了人性底色的教学技术。师生对于知识的爱也是启

① 柏拉图.柏拉图全集：第3卷［M］.王晓朝，译.北京：人民出版社，2003：407.
② 雅斯贝尔斯.什么是教育［M］.邹进，译.北京：生活·读书·新知三联书店，1991：2.
③ 第斯多惠.德国教师教育指南［M］//张焕庭.西方资产阶级教育论著选.2版.北京：人民教育出版社，1979：387.
④ 卢梭.爱弥儿：论教育：上卷［M］.李平沤，译.北京：商务印书馆，1978：33.

发能够向着更高的意义敞开的关键，即师生对于理性灵魂的爱与关切能使双方的交流具有更加深远的意义。杜威认为，教师"对于知识的爱力不知不觉地传染到儿童身上；儿童受了这种影响也就可以发生知识的爱力"①。只有这样的启发才是以双方共同参与为基础的，也只有这样的启发才能促进双方不断提升。值得指出的是，"虽然爱与知识两者必要，但在一种意义里爱是更为基本的，理由是它会引导睿智之人去寻求知识，以发现如何有利于他们所爱的人"②。在启发过程中爱是基础，其是使师生理解彼此，共同朝向美好事物的源泉和动力，而获得理智知识则是在此基础之上双方所要共同达到的目标。

（五）即时性启发的针对性：因材而启与因时而启

如果说，师生之间富于爱心的交流是使启发得以展开和实现的必要准备，那么面对众多差异化的个体，如何恰切地开启每个学生的思维空间则是必须予以关注的问题。启发的实现必须是基于个体的差异性和在恰当的时机给予个体恰切的指引，这也恰恰是启发开启个体思维空间的基本要义——"开启"与"引发"个体思维世界，使其充分敞开。这就意味着启发绝不是一种死板和固定的教学过程或者模式，而是一种灵活的、适合的和恰当的教学指引活动。准确地说，启发面对不同的个体和教学环境，必须要有一定的针对性——因材（不同的个体）而启和因时（不同的教学时机）而启。

从孔子对弟子的教诲之中我们可以发现因材而启这个层面。一般来讲，孔子对弟子的教诲总是蕴含在他一些具有引导性和启发性的话语

① 杜威. 教育者的工作 [M]//单中惠，王凤玉. 杜威在华教育讲演. 北京：教育科学出版社，2007：450.
② 罗素. 我信仰什么 [M]//罗素. 罗素文选. 北京：国际文化出版公司，1987：64.

中，他通过不同的回答给予每个学生不一样同时又是适合他自己思维和本性的教导。从某种程度上讲，启发的实现也要建立在因材施教的基础之上——恰切地开启每一个人的思维世界。在《论语·为政》中，我们可以看到孔子在不同弟子"问孝"时给出的不同回答。孟懿子问孝。子曰："无违。"樊迟御，子告之曰："孟孙问孝于我，我对曰，无违。"樊迟曰："何谓也?"子曰："生，事之以礼；死，葬之以礼，祭之以礼。"这里，我们可以看到，孟懿子作为一个统治阶层的士大夫，孔子在他"问孝"时仅回答了"无违"二字。这简短的两个字却透露出孔子不一般的启发学生的思路。孟懿子作为统治者，肩负着统治百姓的重任，孔子认为对于孟懿子而言，孝顺就是不违背父辈们的殷殷教诲。孟懿子的父亲孟僖子是"贤而好礼"之人，孔子的言下之意就是，对于孟懿子来说，所谓的"孝"就是不违背其父所殷殷持守的"礼"。至于后面孔子为什么要主动对樊迟提起孟懿子问孝这件事情，并对"无违"进行了丰富的解释，笔者认为孔子这样做是出于两个方面的考虑。一方面，对于樊迟这个"普通人"来讲，要在最平常的事情里，诸如"生""死"和"祭"中以合适的"礼"来体现孝，因此孔子直接点出了"孝"的内涵和"行孝"的具体做法；另一方面，孔子也是想通过对樊迟的教诲来启发孟懿子对于"无违"便是孝的理解。因为，孟懿子是统治者，当他"问孝"时，孔子显然采取了一种隐晦的说法回答他，即不直接点透和提出批评性的意见，以尊重其统治者的身份和地位，同时又通过对其他人的教诲来试图启发孟懿子去理解"孝"。此外，孟懿子之所以应该用"无违"这种方式来"学孝"和"理解孝"，还因为当时孟懿子已经违背孝的"礼"。从以上事例中可以看出孔子启发弟子的具体做法：对不同品性和不同身份的弟子，给予不同的引导和教诲；在不同的场合和时机，给予不同的弟子以适合的指引。也即孔子的启发是一种因材而启，因个体的差异而启，因个体的实际情况而启，同时也是一种因时而启，即他在不同的时机和场合给予弟子不同的教诲，以使弟子充分地围绕所谈论的"事物"展开思考并进行自我反思。

　　同样，在苏格拉底的对话教学中我们也可以发现他运用了有针对性的启发。在《普罗塔戈拉》中，年轻人希珀克拉底在天刚刚亮的时候就急匆匆地找到还没起床的苏格拉底，个中缘由是普罗塔戈拉这位大智者造访希腊，希珀克拉底急迫地想让苏格拉底在普罗塔戈拉面前引荐他，以便他能聆听到普罗塔戈拉的教诲和智慧，而为此花再多的钱也是值得的。苏格拉底则没有那么慌忙，他把希珀克拉底拉到院子里面与他"谈心"。他告诉希珀克拉底，把自己的灵魂交给别人去教育是一件很危险的事情，那个人是什么人是需要在听从他的教诲之前就要审慎考虑的问题，而他的那句"你让自己在希腊人面前是个智术师，难道你不感到羞耻？"则是直接点出他对智者的态度。在这个教学情境之中，苏格拉底在面对急切想要得到智慧的年轻人时，以平和的口吻和严肃的内容来直接叩问年轻人的内心，以使年轻人对真正的"智慧"以及把自己的灵魂托付给谁教育这个严肃的问题进行思考。后来，为了引导希珀克拉底认清智者的教诲的真实面目，并进一步引导希珀克拉底理解真正的智慧，他还是领着希珀克拉底去见了普罗塔戈拉，并和后者进行了一番辩论。①现在，我们仍应关注希珀克拉底在人群中"观看"普罗塔戈拉与苏格拉底辩论时的心境和内心所发生的积极转向。在苏格拉底与普罗塔戈拉的辩论中，苏氏采用了大量的反讽和隐晦式的教诲，以让在场的其他像希珀克拉底一样稚嫩的年轻人得到指引，以让他们免受智者的蒙骗。这里，我们可以看出，苏格拉底在启发年轻人的时候，他所采用的隐晦的寓言和反讽的方式，正是为了启发不同天性的年轻人去思考智慧本身。在与普罗塔戈拉这样的世故的人进行辩论的时候，苏格拉底一方面要辩驳普罗塔戈拉的观点，另一方面要保护年轻人的灵魂，所以他在谈论严肃的话题时有时就显得像是在开玩笑。为何会这样？我们至少可以认

---

① 柏拉图.普罗塔戈拉［M］//刘小枫.柏拉图四书.北京：生活·读书·新知三联书店，2015：39-163.

为，在苏格拉底看来，人与人的天性有很大差异，为了不让年轻人稚嫩的灵魂受到危害，他必须保护和救助他们。① 所以，我们可以看到，在他开始与希珀克拉底单独谈话的时候，他直接点出了年轻人对于智慧的真正理解并让他们开始思考，而在与众人，特别是在与精明世故的普罗塔戈拉谈话的时候，他则选择了另一种言说方式以开启年轻人积极的思考。也即苏格拉底在启发年轻人认识智慧的时候，也是根据不同的人的天性以及不同的时机和场合而选择不同的言说与教诲方式，以便真正开启个体对事物的思考，让个体从自身实际情况出发来思考问题和叩问自己的内心。

从伟大教师的教诲之中，我们真正体会了启发与个体之间的契合及其对个体的引领作用，"材"的差异与"时"的不同正好体现和展示了启发的真正要义，启发的展开和实现也体现了启发者因对"材"和"时"的关注而采取了基于不同情境的教学智慧。因此，因材而启与因时而启，乃是要提示教师应切实地从个体出发，从个体此时此刻此地的存在境域出发，让个体思维深度地融入当下，让个体生命充分在场，由此让思维的启发成为个体生命整体的、生动敞亮的活动。

五、启发的指向：思维的愉悦、对方法的领会与理智兴趣的生成

如果说，教学中的启发是要让学生在具体的教学情境中，自觉开启自己的思维，实现由内在感性生命的自由充分释放到最终理智思维的生发和自身理性生命的形成，以此带出学生作为社会人的存在，以及在学生不同的成长阶段给予他们不同的教学指引，以开启他们围绕不同重心活动的思维世界的话，那么，总的来看，无论是即时性启发还是历时性

---

① 刘小枫.王有所成：习读柏拉图札记［M］.上海：上海人民出版社，2015：
137.

启发，整个启发过程不仅涉及学生认识和思考世界的方式，也包含了学生的思维在自身欲求得到满足的过程中生发出的愉悦感、对方法的领会，以及由此带来的理智兴趣的生成。

（一）作为过程的启发：思维的愉悦与对方法的领会

学生在面对丰富的生活世界时会产生内心体验，这和他在教学活动中所要学习的各种规则和原理之间是存在一些矛盾的。也就是说，学生从先前的经历中所获得的经验与教学所想传达的理智知识之间是有冲突的。一般来说，学生在生活经历中所获得的经验大都是以感性的方式存在的，其虽然容易变化但与学生自身比较贴近。而教学所规定的理智知识则往往是抽象化了的各种客观知识，其与学生切身的生活经历相距较远，而且有时可能与之有冲突。在这两种知识或者说经验之中找到共通的地方也就成为启发学生思维世界的关键。从某种意义上讲，批判性思维是学生的已有经验和教学所关涉的理智知识之间很好的"粘合剂"。如果教学所规定的知识是一种客观的规则和原理，那么这种知识必定包含着固定的结构或者说具有固定的取向，而如何获得这些就需要一些方法上的指引。因此，对于学生思维方法的训练也成为开启其思维空间前必须完成的事情。所以，从学生的感性知识出发引导他们掌握一种理解、感受和接受理性知识的方法也就成为第一步。如果说启发所要实现的目标是获得理智知识，那么引发学生领悟方法就是让学生不断走出封闭的自我经验，批判性地看待周遭的事物与已有经验，打开其理性生命的基础。对方法的领悟在某种程度上也意味着思维品质的跃升。所以，有时教师不是直接让学生去记忆某种知识，而是在自己亲身示范的情境中，让学生观察和体悟其中的方法，实现学生内心的转向和对教师的不断模仿。

如果说启发所要达成的是使学生的感性知识向着理性知识不断转

化，那么学生的思维在此过程中也必定经历着一个不断转变和提升的过程。同时，虽然说学生丰富的感性经验可以为其理智知识的获得提供一定的基础，但必须承认两者之间存在差距，特别是理智知识的规则性使得学生的思维在此过程中面临着极大的挑战。因此，如何使感性的思维向着规范的理性思维迈进也是教师在教学过程中要面临的问题。如果不能让学生的思维顺利地实现这种转变，那么学生置身于教学之中必然会觉得紧张和压抑，甚至会厌学、逃学等。顾颉刚警醒过世人，他说："人心本是充满着爱的，但给附生物遮住了，以致成了隔膜的社会。人心本是充满着生趣和愉快的，但给附生物纠缠住了，以致成了枯燥的社会。然而隔膜和枯燥，……只能逼迫成年人和服务于社会的人就它的范围，却不能损害到小孩子和乡僻的人。这一点仅存的'爱、生趣、愉快'，是世界的精魂，是世界所以能够维系着的缘故。"[①] 我们的教学中也存在各种所谓的客观知识遮蔽了学生的心灵的现象，使得学生心中本有的爱与愉悦的情感不能释放出来。如果说学生丰富的感性思维是相较于教学中理性知识的"乡村僻壤"，那么保护乃至引发这种精魂也就是在保护乃至引发学生向着理智生命迈进时的人性基础。而启发所指向的就是在这种思维转变过程中，学生面对思维挑战所感受到的舒适与愉悦。启发直接指向的是学生对方法的体悟，而在此基础之上使学生体验到因思维转化而产生的愉悦感也是教学所要达致的基本目标。

（二）启发的结果：从感性思维的激活到理智生命的敞开

当个体成长到一定阶段之后，伴随着个体感性思维的激活和疑问的解决而来的必然是个体理智思维的生发。在思维不断活动的过程中，随着教学事物的不断引领，个体面对新事物时必然面临着新旧思维的碰

---

① 顾颉刚.《火灾》序［M］//刘增人，冯光廉.叶圣陶研究资料.北京：北京十月文艺出版社，1988：361.

撞，在这个过程中，个体要批判性地对待"旧事物"和"旧思维"，不断思考新事物和新思维的意义与价值，实现学习与自身生命的整体性联结。个体在面对更加复杂的世界时，对思维的秩序化的需求开始出现。教学不仅要使学生的感性生命得到充分发展，也要使学生的生命向着理性化的道路迈进，实现学生思维的不断提升。杜威认为教学要不断"扩展和充实学生的经验视界，使他们对理智的发展保持灵敏而有效的兴趣"①。人对于理智思维的兴趣无疑是对感性思维兴趣的一次提升，也是人不断成熟的重要标志。赫尔巴特指出，"兴趣这个词标志着智力活动的特性"②，"兴趣就是主动性"③，其代表"智力追求的能量"，或者说"能量通过兴趣这个词表达出来"。④ 这意味着我们的教学也要不断向着人的智性生命敞开。人不能仅仅停留于感性世界，启发也要让个体在感性世界中的好奇得到充分满足后，走向理智生命被激活的道路。哈贝马斯也提出过一种"纯粹的兴趣"（或者叫"理性的兴趣"）的说法，这也就是人们"对受理性原则所规定的行为所抱有的乐趣"⑤。可以说，人类的理性的兴趣乃是一种高级的自我期待和积极意向之所在。要实现学生从好奇心的满足到理智生命和兴趣的建立，教师需要不断开启学生自由自觉的思维敞开之路，需要不断培养学生进行批判性思考的意识和能力，需要积极引领和帮助学生有条不紊地解决问题。

在苏格拉底的对话教学实践中，他也正是从对方最切己的身体感知和实际认识入手，不断引领和启发他们，让其不断反思对话所涉及的社会生活和事物，实现思维的不断跃升、迁移和扩展，最终实现其灵魂

---

① 杜威.民主与教育［M］//杜威.杜威全集·中期著作（1899—1924）：第9卷（1916）.上海：华东师范大学出版社，2012：192.

② 赫尔巴特.普通教育学·教育学讲授纲要［M］.李其龙，译.北京：人民教育出版社，1989：217.

③ 同②222.

④ 同②218.

⑤ 欧力同.哈贝马斯的"批判理论"［M］.重庆：重庆出版社，1997：84.

的转向和智慧的获得。在《斐德若》① 中，我们可以看到苏格拉底在与斐德若对话时，正是通过不断启发和引导斐德若的方式来实现他理智生命的敞开的。斐德若在城中学习了一天后感到身心疲惫，于是苏格拉底便领着他到城外一个风景优美的地方坐下来交流，这就是给斐德若的身心一个充分休息的空间，之后苏格拉底不断地追问和启发他，实现了他对于智慧之爱的真正理解。从苏格拉底的教学实践中，我们可以看到个体的身体所代表的感性生命不断趋向理念世界中的美善事物，个体的灵魂因此而不断上升。

如果说个体成人是一个人不断超越身体中的感性，使感性上升为理性的过程，那么启发所要实现的目标也就是在教学中实现个体由感性生命中好奇心的满足、欲求的充分表达以及疑问的解决到自身理性兴趣的生成。苏格拉底对另一方的启发无疑为我们的教学提供了一个恰切的原型。也就是说，我们的教学必须让师生朝着更高的事物敞开，而不能仅仅停留于感性世界。所以，在柏拉图所设计的教育蓝图中，人身体中的各种欲求是要不断向着理性灵魂超越的，这样人才能克服自己因欲望泛滥和意见丛生而导致的生活中的迷失感，获得灵魂的安宁。他谈道："年少的时候，他们应当接受适合青少年的教育和文化。当身体正在发育成人的时候，他们应当注意身体，以便有充足的体力为以后从事理智活动提供基础和保证。随着年龄的增长，灵魂进入成熟阶段，这时候他们应当强化心灵的锻炼。而当他们的体力转衰，……如果想让他们在这个世界上生活得幸福，……让他们从事哲学研究。"② 在柏拉图看来，就个体的不同成长阶段而言，先是要把对身体方面的教学和"训练"作为起步，打开个体的生命空间，之后逐步进入理智化的算术、几何、天文

---

① 柏拉图．斐德若［M］//刘小枫．柏拉图四书．北京：生活·读书·新知三联书店，2015：278-403.

② 柏拉图．柏拉图全集：第2卷［M］．王晓朝，译．北京：人民出版社，2003：491-492.

等具体的理智知识的教学阶段。他认为经过不断的启发和引导实现个体理智生命的不断成长才是教学的全部要义所在。

个体理智生命的生成依托于现实的世界，其也是个体精神世界不断转向的结果。启发是现实的世界与个体内在世界不断协调和相互打开的过程。如果说苏格拉底的教学是一种引导性的活动，反映了苏格拉底对年轻人的灵魂生活的期待，那么这种活动的核心在某种意义上就是引出和提升存在于每个人灵魂中的某种知识。也就是说，教学不是仅仅止步于某种知识性东西的获得，也绝不仅仅只是为了实现某种既定教学目标。这也意味着一种深度的教学是教师必须要实施的东西。所谓深度教学是指深入学生的内在世界，激发学生生命中最切己和内在的"求知欲"，使"心求通"成为可能的教学。与此同时，对于学生来讲，深度学习也是必须要实现的目标。启发所要实现的学生思维空间的扩展，要不断指向学生生命的内在需要。从某种程度上说，要想开启学生的思维，就要在教学之中不断指向事物的内核和理路。而与深度学习相关联的问题意识则指涉心灵的深度以及基于问题的视角①，为扩展学生的思维世界，使之朝向更为宽广的理性思维空间提供了可能。

所有的教学活动都与让学生成为整全的人和获致这种整全性有必然联系，而现实中我们则往往忽视了教学的根本甚至是本末倒置。在现实的教学中，启发就是让学生当下的生命显现出来并对其进行引领，它虽然存在着使学生思维朝理性灵魂的世界发生变化的可能性，但这种趋向并不是必然的。启发是对学生理性灵魂的指引，它的目的是让理念世界中的美善不断涌入学生当下的生命之中。同时，若想不断打通理念世界和现实世界之间的通道，就需要不断引入一种更高意义上的事物，比如苏格拉底所说的太阳，比如中国传统文化中的"道"。换言之，启发的过程也是不断引入更高事物的过程，启发者以此照亮学生的理智生命。

———————

① 李松林，贺慧，张燕. 深度学习究竟是什么样的学习 ［J］. 教育科学研究，
　2018（10）：54-58.

（三）启发的指向：个体整全性的实现

启发是让学生在充满人性关怀的教学情境中不断超越感性生命而形成理智生命的活动，它最终指向的是学生自我的提升，也是学生作为社会人之整全性的实现。启发与灌输最大的区别就在于，灌输直接指向客观知识，关注知识获取的数量以及速度，而启发是在教学过程中不断开启学生的思维世界，引导他们关注自我以及生活的现实层面，直接指向的是学生生命的充盈。也就是说，灌输割裂了学生自我发展着的生命与知识获取之间的关系，而启发则是围绕学生思维的激活，让学生的生命意义得到生发和提升的过程。作为教学的一个重要环节，启发就是要让学生在特定的教学情境之中获得思维上的启迪，让其感性生命在教学所形成的特定时空之中充分绽放，并让学生经由教师的指引开启自身对于更高意义上的"知识"的追求，最终形成理智生命。换言之，启发是从对学生身体中丰富的感知力的保护和孕育开始的，它最终指向的是在此基础之上的儿童理智思维的不断提升。

达尔文在他的自传中说他自己生来就是一位博物学家①，他从儿时起就对自然世界感到好奇并有对事物进行细致观察的兴趣，但是，他也有过一段糟糕的学校教育经历。他的父亲曾让他学习医学，但他一点都不感兴趣。他向往着大自然，喜欢打猎，喜欢徒步旅行，喜欢观察周围的各种动植物，而这些都与他所接受到的教学毫不相干。他对自然世界强烈的好奇心以及对其进行探索的欲望，最终转化为他的学习和探究活动，这可以归功为他在剑桥大学读书时遇到的那些教师对他的引领。他提到对他成长影响很大的一位老师汉斯岁。汉斯岁是一个知识渊博的博物学家，他经常带着学生和同事们一起徒步旅行。《达尔文传》中有这

---

① 涅克拉索夫. 达尔文传 [M]. 梦迪，译. 北京：新世界出版社，2012：1.

样一段描述：

> 如果是去比较远的地方他们就乘车或者坐船。这样的旅行是令人神往的。汉斯岁像孩子一样常同他们逗乐，他对怎样也扑捉不住金凤蝶的人，或对那些陷进沼泽地的泥泞里的人由衷地感到好笑。有时候他会停下来，就一些比较罕见的植物或动物连讲好几节课。看来他对任何一种植物、动物或化石都能做到这一点。①

这些无疑引起了达尔文内心潜在的欲望和兴趣，他通过福克司接到了汉斯岁的邀请，开始跟随他学习。后来，他就经常同汉斯岁一起散步。汉斯岁不仅乐意告诉达尔文一些植物学、昆虫学、地质学、矿物学和化学等方面的知识，而且他特别亲切，性格温和，为人善良，这些美好的品质潜移默化地影响了达尔文的学术人生。达尔文曾描写过这样一段场景："有一次我在观察潮湿的地面上的花粉粒。我看到其中有一些伸出了花粉管，于是拼命跑去向他报告我的发现。我相信，任何一位植物学教授看到我的这种表现后都会忍不住要哈哈大笑的。但是，他却完全赞同我的发现，他说，这种现象是极其有趣的，并向我解释了这种现象的意义，而且很亲切地让我知道，这是一个众所周知的现象。我离开他时一点也不感到难堪，反而为自己发现了这样一个非同寻常的事情而沾沾自喜，不过我当然要告诫自己以后再有什么发现就不要那样急急忙忙地去报告了。"② 从这段引文中可以看到，汉斯岁并没有因为达尔文所观察到的现象是众所周知的事情而嘲笑他，他首先肯定了达尔文的发现，让达尔文感受到自我发现给人带来的成就感，然后他及时向达尔文讲授了一些与此相关的知识，使达尔文能够及时把握这种现象。最后，他才用一种亲切的口吻告诉达尔文这是一种常见的现象，使达尔文心中

---

① 涅克拉索夫. 达尔文传 [M]. 梦迪，译. 北京：新世界出版社，2012：29-30.
② 同①31.

既充满了喜悦又不觉得难堪。通过这次经历，达尔文不仅意识到了自己通过观察得到知识的重要性（这是对学习和研究方法的领悟），也体会到了有所发现带来的喜悦。另外，达尔文也通过这件事获得了关于这种现象的意义和知识，也为他以后进行更加深入的研究提供了基础。后来达尔文之所以能跟随贝尔格莱号进行远洋考察，就是因为他在跟随汉斯岁学习时养成了探究的兴趣，而且他在跟随汉斯岁学习期间所获得的观察动植物的方法以及各种知识都为他日后的成功奠定了基础。

教师在教学过程中应当尊重学生的意愿，理解学生的兴趣，并以一种亲历亲为的方式与学生一起学习和进步，在生活中与学生平等相处，展现自己温和的一面，并在恰当的时候向学生提供理性知识的引领，从而影响和激发学生向学的意向和学习的兴趣。也就是说，教师要将学生对于周遭世界天生的好奇转化为对问题进行持续、深入的探究，并辅之以合适的知识的引领，最终让学生形成理智方面的兴趣。所以，教学中的启发就是要在学生已有的欲求和兴趣的基础上，在恰切的时机、用正确的方法来实现学生自身整体性的转向——从感性思维被激活到不断朝向理智生命。

杜威说："给学生留下最持久的印象的教师，能够唤起学生新的理智兴趣，把自己对知识或艺术的热情传导给学生，使学生有探究的渴望，找到本身的动力。……教师本身必须有真正的理智活动兴趣，必须热爱知识，这样，于无意中就会使其教学充满生机。"① 这就是说，在启发的过程中教师要时刻保持对理智活动的兴趣，以引领和感染自己的学生。他甚至提出："为了从实际生活中解放出来，使生活丰实而进步，就必须有为知识而知识，为自由思维而思维的兴趣。"② 这提示我们，教学也要不断地培养学生对思维无条件的兴趣与爱，简言之，就是理智兴

---

① 杜威.我们怎样思维：再论反省思维与教学的关系［M］//杜威.我们怎样思维·经验与教育.2版.北京：人民教育出版社，2005：215.
② 同①184.

趣。"理智兴趣从其个体发生结构而言，蕴含着两个基本层面：一是个体的理智活动能力，中心是个体思维能力；二是个体理智活动的指向，也即个体理智活动所指向的事物。理智兴趣的发展意味着个体理智思维能力的提升，同时也意味着个体理智思维活动积极指向某种关联性事物，这种有所指向的活动反过来构成个体理智世界的充实，成为个体进行更高理智活动的起点。"① 这段话表明，启发不仅要实现个体思维的激活和能动性的显现，也要不断使个体的思维与更广泛的生活世界建立起联系，实现个体理智生命的整全。

启发是从与学生关系最为密切的问题开始的，指向学生对解决问题的方法的领悟和经由问题的解决而产生的思维转向后的愉悦感，使个体形成对教学所涉及的理智知识的爱的意向乃至持续的兴趣是它的最终指向。也就是说，不同阶段的启发的中心是不同的，但它们又是一种延续着的整体性的提升过程。思维的愉悦则指向内心情感的生发，是感性生命向着理性生命转向过程中所出现的积极的生命触动，是连接感性思维与理智思维的中间环节；对方法的领悟对应于最初对周遭切身问题的理解和解决这一欲求；理智兴趣的生成则是整个启发过程所要实现的终极目的。任何教学活动都应不断让学生从感性生活中走出来，走向更为理性的生活，获得理性思维，而理智兴趣恰恰是实现这种目的的持续性的动力。从某种意义上讲，我们所有的教学活动都直接指向了这种从身体出发的不断向着理性超越的历程，而启发则是要让学生在一种自由自觉的、愉悦的生命体验中实现生命的整体性转向和提升。

无论是即时性启发还是历时性启发，都应从与学生有紧密关联的实际境况出发，充分唤起学生的感性生命并使之充分绽放，然后教师在这个基础上在恰切的时机和环境中不断激活学生的思维，引导学生批判性地看待事物以及自己已有的经验，不断扩展思维空间的广度和深度。启

---

① 刘铁芳．健全人的核心素养及其课程设计［J］．全球教育展望，2016（9）：11-20.

发在某种程度上也意味着在开启学生更加丰富、深入和健全的生命。同时，在学生学习教学事物的过程中开启学生对方法的领悟、思维的跃升，也意味着学生生命整体性的健全和丰富，使学生在不同阶段和不同领域中获得一种生活"知识"，由此使学生的理智生命获得整体提升，促成学生积极的生命姿态。在此过程中，学生的身心全方位、整体性地参与到教学活动之中，这不仅激活了学生的感性生命，触动和引发了学生思维的积极参与，也培养了学生的理智兴趣，并使之获得了一种进行理性探索的方法，从而实现学生生命的整全性存在。从某种意义上讲，启发最大的教学意义就在于在充分唤起学生生命中的感性质素，并使这些感性质素不断提升为理智化的知识建构，让教学合乎"时"和"机"地融入学生生命空间的不断开启之中，实现教师的教学智慧与学生理智兴趣的激发、理智思维空间的开启以及不断成人的有机融合。

第四章

精神世界的敞亮与生命境界的提升：

对话的教学意蕴及其实现

对话，就其日常意义而言，就是指两人或多人之间的谈话。人活在世界之中，没有人可以孤立地成人，人总是在人与人之间成长为人。每个人都依托于他人而成为人，每个人都需要走向他人。对话意味着个体从自我走向他人，并通过彼此之间的交流而敞开各自的人性，对话也因此成为个体显现为人的基本实践。这意味着对话首先是个体成人的手段，即我们每个人都通过走向他人而敞开自我人性的可能性；同时，对话又是个体成人的目的，也即我们每个人的自我成人乃是要把自我与他人联结起来，充分显现出自我与他人的共同存在。人性从来就不是一个人孤立静态的生命属性，其恰恰是个体凭借与他人之间相互影响和彼此激励而彰显出的生动的生命实践姿态。对话既是目的又是手段，它强调对话参与者的投入以及由此而来的改变，没有使对话参与者产生变化的交谈不能称为对话。对话就是要促成对话双方彼此之间生命的磨砺与浸染，使个体超越孤立的存在，在更高层面达到生命的融通与共在。教学作为旨在促进个体完整成人的活动，始自个体身体的激活，在个体理智的敞开中展开，在个体生命精神被整体唤起后完成。如果说起兴的意义乃是激活个体的身体，启发的意义乃是扩展个体的理智世界，那么对话

171

的意义就是要促成对话双方生命的磨砺与浸染，使个体超越孤立的存在，在更高层面达到生命的融通。当然，这三者之间并非截然隔离，而是你中有我、我中有你，三者均以个体完整成人为取向，但又各有侧重，共同构成完整的教学过程。

近年来，对话的意蕴及其在教育教学中的应用问题不断被提及，我们寄予对话多种教育意义。刘庆昌提出："人类正步入对话的时代，对话正逐渐成为人们的生存状态。对话教学是对话的时代精神在教育领域的回应。对话教学的对话，不限于纯粹的言语形式，而是师生双方精神敞开的互动交流。对话教学是民主的、平等的教学，沟通的、合作的教学，互动的、交往的教学，创造的、生成的教学，以人为目的的教学。在教学目的、教学方式、教学伦理、教学思维等方面，对话教学均有革命性的建树。虽然对话教学成为普遍的教育现实为时尚早，但作为现代教学改革的方向和新的教学精神应是无可争议的。"① 刘庆昌赋予对话教学民主、平等的特性，沟通、合作、互动、交往的形式，以及创造、生成的结果，并把对话教学提升到现代教学改革方向的高度，这无疑彰显了他对对话教学问题的重视。但关键的问题在于，对话教学何以能把三者统一起来？对话教学是否一定就是现代的？或者说，它在何种意义上是现代的？对话教学与古典的对话理念有何联系？我们是否可以超越古典，追求纯粹现代意义上的对话教学？要澄清这些问题，我们显然需要追溯本源，以廓清对话的内涵，进而探寻我们今天究竟需要何种对话，对话教学何以能成为教育性对话之教学等问题。

一、对话的古典意蕴：引导个体心灵转向美好事物

据第欧根尼记载，苏格拉底在一段狭长小道上遇到了色诺芬，并伸

---

① 刘庆昌. 对话教学初论 [J]. 教育研究，2001（11）：65-69.

出手杖挡住他的去路，问他在哪里可以买到各种食物。在得到回答后，苏格拉底又提出一个问题，问人在哪里可以变得美好和善良。色诺芬听完问题后完全被弄糊涂了。于是，苏格拉底说："那么，就跟随我学习吧。"正是从那时起，色诺芬成了苏格拉底的一名学生。① 自此以后，色诺芬就成了苏格拉底的追随者。这个故事虽然短小，却富有苏格拉底说话的味道。从中可以发现，苏格拉底与学生对话的旨趣并不是指向诸如哪里可以买到食物这种具体的生活事务，而是人们何以变得美好和善良。显然，苏格拉底对话教学所要解决的并不是一般意义上的知识问题（或者说技术性的知识问题），而是事关人生重要问题的知识（也即关乎美善的知识）。

苏格拉底与学生的对话究竟是如何展开的？我们来看色诺芬写下的苏格拉底就个人教育实践与安提丰的一段对话。安提丰说苏格拉底在教授学生的过程中不接受酬金，可能是一个正义的人，但绝不是一个明智的人，对此苏格拉底回答道：

安提丰，正如别人所欢喜的是一匹好马，一条狗或一只鸟一样，在更大的程度上我所欢喜的乃是有价值的朋友；而且，如果我知道什么好的事情，我就传授给他们，并把他们介绍给我所认为会使他们在德行方面有所增长的任何其他教师。贤明的古人在他们所著的书中遗留下来的宝贵的遗产，我也和他们共同研讨探索，如果我们从古人的书中发现什么好的东西，我们就把它摘录出来，我们把能够这样彼此帮助看为是极大的收获。②

色诺芬与苏格拉底是同时代的人，相对务实，其写下的东西具有较

① 拉尔修. 名哲言行录［M］. 徐开来，溥林，译. 桂林：广西师范大学出版社，2010：90.
② 色诺芬. 回忆苏格拉底［M］. 吴永泉，译. 北京：商务印书馆，1984：37.

强的可信度。这段话表明苏格拉底教育的中心——凭借朋友式的交往，以传授、介绍、共同研讨、摘录好的东西以及彼此帮助等方式，一起来分享"好的东西""好的事情"。如果说对话的基本形式乃是一起交流、共同研讨，那么对话的基本指向则是对好的东西的发现以及由此而来的个体德行的增进。换言之，苏格拉底对话教学的中心正是引导个体转向美善的事物。

　　苏格拉底受精灵驱使，进入城邦，与那些标榜自己有智慧的人展开对话。在对话过程中，苏格拉底不断地以反问的方式引导对方否定既有经验，使对方转向对事物普遍性的诉求。由于苏格拉底自称无知，同时他也从不给对方廉价的知识，因此，对话的结果乃是让对方陷入更深的迷茫。显然，在苏格拉底对话教学中，对话的过程并不是苏格拉底简单地说服对方的过程，而是让对方在否定自己既有的经验、意识到自己无知的过程中，心灵转向美善的事物，促成其灵魂在自我否定的过程中的自我跃升。反诘式的对话之所以是必要的，乃是因为苏格拉底终其一生所要反对的是以智者为代表的教育者。这类人往往自以为有知识，但实际上是把个人的、经验性的知识当作普遍性知识，同时他们并不足以引导年轻人提升德性，却自称可以教导年轻人。在亚里士多德看来，"智者的技艺貌似智慧其实不是智慧，所谓智者就是靠似是而非的智慧赚钱的人"[①]。苏格拉底要做的就是激励人们切实地转向真正的智慧，而非眷顾一己之私利。苏格拉底相信："即使最顽固的政客或智者在公共场合不会听哲学家的，但是他们仍然是人，在私人场合可以被鼓动。他腐败的硬壳能够被刺透，生存的焦虑能够被触摸。对话是大众化的文学作品，每个想阅读它的人都容易受影响。"[②] 换言之，苏格拉底就是要以反

---

① 转引自克尔凯郭尔. 哲学片段［M］. 翁绍军，译. 纪念版. 北京：商务印书馆，2017：3.

② 沃格林. 秩序与历史：卷三：柏拉图与亚里士多德［M］. 刘曙辉，译. 南京：译林出版社，2014：62.

诘的方式与雅典公民对话，以刺透他们被习俗与权威围裹的"腐败的硬壳"。

苏格拉底对话教学何以是反诘式的？或者说他与雅典公民的对话为什么主要是反诘式的对话？这就涉及了苏格拉底对话教学的中心问题，那就是对话最终的目的究竟是什么？一般来说，苏格拉底与对方的对话到最后都没有得出什么结论，对话的另一方往往陷于更深的迷惑，其效果犹如被电鳗击中而导致的眩晕一样。实际上，这里的关键问题在于，苏格拉底与其他人对话，其目的并不在于得出不同的观点或某种确定的结论，其根本目的乃在于引发对方的自我探问，也即通过反诘而让对方在对自我既有观念进行质疑、甚至否定的基础上，实现既成自我的敞开，进而让对方认识到自己在事关人究竟应该如何生活的相关知识上其实是无知的。为什么一直强调"认识你自己"？就是因为一个人要认识到自己在一个人究竟应该如何生活这个问题上是无知的，由此而把自己置于不断地求索事关人生的知识与智慧的状态之中，从而把自己的人生建立在不断进行理性探寻的基础上，过一种自我省察式的生活，这种对自己的人生不断进行理性探寻的过程本身就构成了个体的德性。正因为如此，真正的美德乃是一种知识，凭借知识，人可以使自己的人生尽可能超越习俗与感觉的偶然性，而建立在理性之审慎的基础上。这提示我们，苏格拉底对话教学的真正目的乃是唤起个体灵魂之内在对话，激励个体爱智慧，促进个体的精神不断生长。

苏格拉底的教育对象一是城邦的精英，二是有潜质的年轻人。苏格拉底所展开的有哲学意味的对话教学意在唤起个体灵魂的转向，使之超越日常生活，寻求事物的普遍性。就第一种教育对象而言，苏格拉底的教育难题是城邦中的精英或是陷在自己的生活惯习之中，难以去实践灵魂的转向，或是将自己封闭在自己所拥有的专业知识之中，不愿意承受灵魂转向的艰难。第二种教育对象——年轻人虽有潜质，但他们对自己的发展目标与方向缺乏恰切的认识，心智不足以被恰切地激励，对自我的发展难免盲目。对于前者，苏格拉底主要用反诘的方式，以刺激他们对其习惯性的认识以及对这种认识所形塑的生存惯习的超越。对于后者，苏格拉底重点引导他们不断地回到自己发展的原点，以澄清其发展方向与目标，也即澄清个体的心志，从而激励年轻人自主思考自己的发展。苏格拉底的反讽式对话主要是面向城邦的精英，也即成年人，这种对话乃是直接针对对话者本人的日常生活经验，苏格拉底经由反讽，唤起其对日常生活经验的反思（确切地说是否定性思考），由此在个体自身开展的自我否定中达成自我超越。

显然，以反讽为基本特征的否定性对话，其针对的对象乃是有充足的日常生活经验的成年人，这种对话是要让他们超越日常生活的确定性，去寻求事物的普遍性。反讽之所以有必要，乃是因为成年人拥有丰富的日常生活经验，同时又很容易囿于日常生活经验，并在日常生活中怡然自得，也即自足于柏拉图在《理想国》中所说的"猪的城邦"①的生活。《理想国》洞穴比喻中提到走出洞穴需要走上一条"陡峭崎岖的坡道"②，这提示我们个体心灵转向的艰难。一个人并不会主动地转向更高事物，其需要具有某种深度的刺激。缺少足够的刺激，是不足以唤醒沉迷于日常生活中的普通个体的，这正是苏格拉底式反讽之所以必要的缘由，当然，这也是苏格拉底遭到起诉而最终被处以极刑的重要原因。年轻人与成年人不一样，年轻人本身缺乏充足的日常生活经验，更多地处于未经日常生活习惯熏染的自然阶段，心智活跃而又未完全成型，所以针对年轻人，苏格拉底更多地是采用肯定性对话。换言之，苏格拉底与他人所展开的对话并非如我们通常所言就等同于反诘式对话，其与另一方的对话实际上有两种形式，即肯定性对话与否定性对话。在苏格拉底那里，否定性对话更多地从现实经验和习俗中的立场出发，以归谬的方式否定日常的经验性认识与习俗性的立场，激励个体提出更高追求；

---

① 柏拉图. 理想国 [M]. 郭斌和，张竹明，译. 北京：商务印书馆，1986：63.
② 同①274.

肯定性对话则主要是追根溯源，逐步展开，最终达到整体显现，由此敞开年轻人的理智空间。

我们以《理想国》为例。苏格拉底主要是与两类人展开对话，一类是以克法洛斯、色拉叙马霍斯为代表的充分习俗化的成年人，一类是以格劳孔、阿德曼托斯为代表的尚未完全社会化的有潜质的年轻人。前者的习俗化程度比较高，所谓"久入芝兰之室而不闻其香，久入鲍鱼之肆而不闻其臭"，因时间较久，习俗与传统逐渐成为一种习惯，并与个体生命纠缠在一起。个体要完成对此习惯的超越显然十分困难，面对他们，苏格拉底采用的对话方式往往是以反讽乃至强反讽为主。苏格拉底对于有潜质的年轻人则不一样，因为他们的习俗化程度并不高且富有激情，苏格拉底往往注重让他们进行创造性思考，一步步引导他们的思想走向深入。学界统称苏格拉底式对话为反诘式对话，其实苏格拉底式对话的反讽有程度之分。如果说在《理想国》第一卷中苏格拉底与克法洛斯以及色拉叙马霍斯的对话主要是否定性的，那么从第二卷开始，一直到终篇，苏格拉底与格劳孔、阿德曼托斯的对话，则主要是肯定性的。即使说后者也有反讽的成分，那也是比较微弱的反讽。

正如斐多所言："他接纳年轻人的说法时，快乐、宽厚，带着赞赏；然后，他敏锐地感觉到这些话让我们感受到什么；然后，他很好地救治我们，重新唤起已经溃逃和被打趴的我们，激励我们跟随，一同思考这番说法。"[①] 上面的引文展示了苏格拉底跟年轻人的对话的三个层次：首先是带着赞赏的姿态接纳年轻人，然后是引导年轻人自己发现其中的问题，最后是根据年轻人的问题来救治年轻人，并重新激励年轻人。如果说《理想国》第一卷乃是从苏格拉底与克法洛斯、色拉叙马霍斯关于德性与幸福之习俗性认识的对话开始，那么，从第二卷起，苏格拉底侧重于引导年轻人自己发问，他自己则在梳理问题、提出新问题以及引导年

---

① 柏拉图.斐多［M］//刘小枫.柏拉图四书.北京：生活・读书・新知三联书店，2015：481.

轻人的过程中，不断地梳理事情本身，从城邦何以可能开始，一点点从现实城邦的建构转向理想城邦的中心，即灵魂的德性与教化，由此显明个人幸福与城邦福祉的内在统一性。"当对话在苏格拉底、柏拉图和朋友圈子里成功开展的时候，情形完全不同。随后苏格拉底灵魂的积极力量，即它的爱欲，开始起作用。通过照着自己的形象发展其他人真正的人性，从而创造出生存共同体——这是苏格拉底爱欲的工作。"①《理想国》中的对话正是苏格拉底在跟成年人对话的过程中提出问题，逐步让世故的长者远离对话，进而苏格拉底直接面对年轻人展开对话的核心主旨，其通过与年轻人对话来逐步展现理想城邦与灵魂上升的可能性。努力去教化年轻人，激励年轻人，发展他们的人性，创造出新的生存共同体，或许这才是苏格拉底真正的用意所在。

《理想国》开篇貌似跟全书主题并无多大关联，但实际上其意义十分重要，它表明了苏格拉底在对话中的基本处境，即他要面对智者、城邦中的权威人物等，从他们手中争夺年轻人，以履行教育之责。《普罗塔戈拉》与《斐德若》同样是这方面的典型。《普罗塔戈拉》中苏格拉底最后带走了希珀克拉底，换言之，苏格拉底乃是要从普罗塔戈拉所代表的智者手中争夺对希珀克拉底所代表的年轻人的教育权。《斐德若》中则是苏格拉底要从智者吕西阿斯手中争夺迷信于吕西阿斯的年轻人斐德若："亲爱的爱若斯神，……要是斐德若和我在早前的讲辞中对您说了什么粗鲁无礼的话，就责备吕西阿斯吧——他才是那篇讲辞之父。[求您] 让他再别玩这样一类言辞，让他转向热爱智慧吧——像他哥哥珀勒马科斯已经转向那样。那样的话，他这儿的这位爱欲者就不会再像现在这样脚踏两只船，而是为了爱欲一心一意用热爱智慧的言辞打造生

---

① 沃格林.秩序与历史：卷三：柏拉图与亚里士多德 [M].刘曙辉，译.北京：译林出版社，2014：63.

活。"① 苏格拉底之所以要用反诘的方式不停地质问智者、权威人物，正是要避免年轻人误入歧途。沃格林说："那些有精神欲望的人通过在年轻人灵魂中的生产来使自己返老还童，即通过爱、照料和发展他们中最好的人来使自己返老还童，这是推动柏拉图对话世界的力量。老人苏格拉底对年轻人讲，通过他灵魂的力量，他唤醒年轻人心中对善类似的欲望。在对话交流中唤起的善的理念充盈于参与唤起行为的人的灵魂。因此，它变成他们之间的神圣纽带，创造出新社会的核心。"② 这些话显现出了苏格拉底的教育（或哲学教育）的真正用心，那就是教化年轻人的灵魂。苏格拉底之被起诉，并被雅典法庭最终处以极刑，主要原因正是苏格拉底成功地争取到了年轻人，让他们从智者与权威人物的阴影中逃脱，转向苏格拉底，这让苏格拉底被安上了教唆年轻人的罪名。

苏格拉底的对话教学始于双方的平等，终于个体向着未知世界充分开放，其目的是让个体形成深深地意识到自己无知的开放的心智结构，保持个体向着只有神才配拥有的智慧世界的开放性，由此而使个体转向对智慧的欲求，这样一来成为爱智慧之人便有了可能性。值得一提的是，在苏格拉底的对话教学中，对话双方从来就没有舒适的平等，平等充其量只是开端，一旦进入对话过程之中，苏格拉底总是毫不留情地让对方处于因无知而产生的眩晕感之中，使个体的灵魂转向更高的事物。苏格拉底对话教学的另一个前提性假设就是，真正的知识，事关个人人生重要问题的本体性知识，乃是启发性的，而非现代意义上的灌输性的。柏拉图在《斐德若》中记载的"教育即回忆"正是对苏格拉底对话术的悉心领会，换言之，在苏格拉底、柏拉图看来，真正的教育乃是唤起个体灵魂的内在经验。柏拉图自身的对话书写"并不是为了'告知'

---

① 柏拉图. 斐德若 [M]//刘小枫. 柏拉图四书. 北京：生活·读书·新知三联书店，2015：346.
② 沃格林. 秩序与历史：卷三：柏拉图与亚里士多德 [M]. 刘曙辉，译. 北京：译林出版社，2014：64.

（informer），而是为了'塑造'（former）他们"，柏拉图的对话写作乃是要"通过让读者效仿对话，例如想象自己的在场，对理性的要求以及善的规范，由此形成经验而改变每个个人"。① 真正的知识不可能简单地成为个体直接经验的对象，它只能在个体生动求知的过程之中显现。"对话并不传递现成的知识或信息，毋宁说，对话者通过自己本身的努力而拥有他的知识。他通过自己而发现知识，而且为了自己而思考知识。"②与其说是知识塑造人，毋宁说是求知的过程，也即为对话情景所激活的人倾心于美善事物的过程塑造人。正因为如此，在苏格拉底、柏拉图那里，旨在唤醒个体灵魂的对话构成了真正的教育，或者说真正的教育离不开对话，对话与教育有着根本性的联系。

苏格拉底终其一生，就是凭借其对话实践，刺激人们对什么是人生最重要的问题进行思考，以激励人们不断探寻究竟怎样的生活是值得一过的。苏格拉底对话教学之所以是必要的，乃是因为个体并无真正的智慧是人类的根本境遇。个体要承认自己在知识上的匮乏，也即认识到自己的无知。这种对自己是无知之人的意识的形成与保持，意味着个体向着更高知识开放的求知意向的开启与保持，个体开放的心智结构也在这个过程中形成了，从而避免自己在事关人生重要问题上自满或满足于习俗、习惯与日常经验。苏格拉底在对话过程中始终坚持自己是无知的，实际上是引导对话的另一方不要企求从他那里得到现成的知识，而是要保持自我灵魂向着更高事物开放。"叫作有智慧的吧，斐德若，我觉得太大啦，只有神当得起——要不称为热爱智慧的或诸如此类的什么，兴许更切合他自身，［与其天性］更合拍"③，这句话是在说，真正的智慧

---

① 阿多 . 古代哲学的智慧 ［M］. 张宪，译 . 上海：上海译文出版社，2012：72-73.

② 同①71.

③ 柏拉图 . 斐德若 ［M］//刘小枫 . 柏拉图四书 . 北京：生活·读书·新知三联书店，2015：401.

只有神才配拥有，人只能爱智慧，不断地追求智慧。亦如赫拉克利特在
《残篇》中所言："人类的本性没有智慧，只有神的本性才有"，"人和神
相比只能说是幼稚的，正如孩子和成人相比一样"。① 激励个体向着更高
知识开放，保持个体心智无条件欲求知识与智慧的意向性结构，正是苏
格拉底对话教学的灵魂。简言之，苏格拉底对话教学的中心就是促成个
体心灵的自我转向，激励个体欲求更高的美善事物，进而促成个体的自
我认识，并让其承担起自我人生的使命，践行美善的生活。

　　柏拉图不断地讲述苏格拉底，甚至是以多重转述的方式来叙述他，
实际上就是让肉身已逝的苏格拉底生动地活在柏拉图的讲述中，活在后
人对他的记忆之中，也即活在他的哲学之中，其根本意义正是指出苏格
拉底的哲学精神不死。在柏拉图看来，苏格拉底哲学精神的不断创生正
是在对话之中实现的。无疑，柏拉图就是要以苏格拉底所发起的开放式
对话来让人们进入苏格拉底所塑造的对话语境中，以苏格拉底对话教学
来激励人们敞开心智世界，不断欲求美善事物。

　　以苏格拉底、柏拉图为代表的古典视域中的对话，其中心乃是唤起
个体转向更高事物，意在增强个体对人性的自觉，引导个体在转向更高
事物的过程中提升自己精神的高度。古典意味的对话，其前提是允诺存
在更高事物，对话的过程乃是对话双方通过朋友式的交往而彼此敞开，
去接近、分有更高事物的过程。换言之，以苏格拉底的对话教学为代表
的对话教学关注的是对话中个体的灵魂状态，也即个体德性的生长。站
在个体发展阶段的角度而言，典型的苏格拉底式对话教学，也即那种以
反诘为基本形式的对话，实际上属于个体成长中较为高级的阶段的对
话。它是引导有一定经验的个体在自我否定的过程中，超越既有的经
验，以理性的逐步发展来面对纯粹事物而发生的对话。

---

① 转引自汪子嵩，范明生，陈村富，等 . 希腊哲学史：第一卷 ［M］. 北京：人民
出版社，1997：476.

181

二、对话的古今之变：从对心灵的引领到对现实的承认

欧洲中世纪基督教神学、教父哲学的重要代表人物奥古斯丁也关注对话。奥古斯丁在其晚年的《修正》（*Retractationes*）一书中这样写道："在那时，我写了一本题为《论教师》的书，在这本书中，经过辩论和探究确立了如下观点：除了上帝以外，没有任何教师能够教给人以知识，正如福音所言：'只有一位是你们的老师，就是基督'……"①在奥古斯丁看来，人生就是转向上帝的过程，师生对话乃是师生凭借对话而共同超越既有经验转向上帝的过程。这意味着奥古斯丁认为，真正的对话乃是人与上帝的对话，而个体与现实生活中的教师的对话不过是人通往与上帝的更高对话的桥梁。

奥古斯丁提示我们，真正的对话与其说是知识性的，不如说是精神性的，因为在对话中个体人格向着神圣他者中的自我打开。李猛认为，"在奥古斯丁这里，人自身而非城邦，才是对话真正发生的场所；对话不是在对城邦意见的考察中哲学在光与昏暗之间穿梭，而是构成一个人的不同声音之间的冲突；不是政治的悲剧，而是信仰的戏剧。对话的焦点是人的意志与软弱，理性与暗昧，自由与受缚。并最终，是作为陌生人的自我，其身上固有的'自然'和'去自然'的力量之间深刻的挣扎与对抗。在某种意义上，奥古斯丁的对话最后必然进入到人心在孤独中的'内在思考与言说'"。②奥古斯丁把对话的场域从城邦引向人自身，

---

① 转引自李猛. 指向事情本身的教育：奥古斯丁的《论教师》[M]//《思想与社会》编委会. 教育与现代社会（《思想与社会》第七辑）. 上海：上海三联书店，2009：2.

② 李猛. 指向事情本身的教育：奥古斯丁的《论教师》[M]//《思想与社会》编委会. 教育与现代社会（《思想与社会》第七辑）. 上海：上海三联书店，2009：32.

任何对话都可归结为人自身的内在对话。奥古斯丁的对话理论，一个重要的启迪是把发生在人与人之间的对话引向个体内心。取法柏拉图的奥古斯丁的主张实际上是苏格拉底对话法的神学转向，其强调的是对话中的自我超越。苏格拉底式对话和奥古斯丁式对话的意蕴无疑均具有浓郁的古典气质，意在通过对话，激励人进行自我省察，以唤起个体灵魂中的神圣属性。奥古斯丁在承接苏格拉底、柏拉图对话理念的基础上，进一步凸显了对话的精神性与内在性。

文艺复兴的代表人物之一但丁这样论及儿童发展："一个小孩只有尽其本性之所能，亦步亦趋地模仿他完美的父亲，他才能成为一个可爱的完美的孩子。……人类也只有尽其本性之所能，亦步亦趋地模仿上帝才能处于最佳状态。"① 但丁提出，为了理解和阐释一部作品，需要掌握作品的四种意义：第一种意义是字面的意义，它不超越词语的字面上的意思；第二种意义叫譬喻的意义，这种意义在诗人写的寓言下隐藏着，是美妙的虚构里隐藏着的真实；第三种意义叫道德的意义，它是读者应该在作品里细心探求的意义，以使自己获得教益；第四种意义叫奥妙的意义，也就是超意义，或者说从精神上加以阐明的意义。一部作品不只在字面上具有真实的意义，而且可以通过作品描写的事物，来表示崇高的、永远光荣的事物。② 但丁的话提示我们人与作品对话的多重性，进一步说，但丁的话提示我们人如何在对作品进行悉心阐释的过程中，也即在与作者的文字对话的过程中，转向更高的事物。我们当然首先需要立足字面的意义，清楚地理解文字的表面含义，同时又保持我们对文字的开放性，开启我们进入深层意义的可能性，洞察事物的内核。保持自身与文本之间对话，就是保持我们对作品理解的开放性，由此而保持我们向着作品的开放性姿态，实现自己在立足文字的表面意义的基础上转向事物的内在意义。奥古斯丁和但丁都把上帝作为完美的他者，在他们

① 但丁．帝制论 [M]//但丁．但丁精选集．北京：北京燕山出版社，2010：613.
② 同①583-584.

看来，个体成长的过程乃是现实中的个体亦步亦趋朝向上帝的过程，其间隐含的旨趣正是个体成人需要一个超越现实个体的精神范型。

德国哲学家布伯（Martin Buber）以"我-你"与"我-它"阐明世界的二重性与人生的二重性。"人执持双重态度，故而世界于他呈现为双重世界"，"他知觉周围之存在——事物及作为事物之在者；他知觉周围之发生——事件及作为事件之活动"。① 这里阐释的乃是"我-它"这一基本关系，人依托于他者而生存，人无他者则不可生存。"为了自我生存及需要，人必得把他周围的在者——其他人，生灵万物——都当作与'我'相分离的对象，与我相对立的客体，通过对他们的经验而获致关于他们的知识，再假手知识以使其为我所用。"② 这样一来，"与我产生关联的一切在者都沦为了我经验、利用的对象，是我满足我之利益、需要、欲求的工具"③，换言之，在"我-它"关系结构中，人与周遭的在者乃是分离的，他者只是满足了"我"的需要，却没有在人格意义上成就"我"，正因为如此，人还需要转向"我-你"关系。"当我与'你'相遇时，我不再是一经验物、利用物的主体，我不是为了满足我的任何需要，哪怕是最高尚的需要（如所谓'爱的需要'）而与其建立关系。"④ 此时，我是以我的全部生命、我的本性来接近"你"，走向"你"，从而与"你"融为一体，我的人格也就和"你"一道走向无限与完整。在"我-你"关系中，"在其间他与在者的'你'相遇，或者说，与作为'你'的在者相遇。此时，在者于我不复为与我相分离的对象"⑤。

布伯关于世界与人生的二重性的认识提醒我们，对话的根本旨趣乃在于促进个体人格的发展，也即促成个体精神成人。"人呵，伫立在真

---

① 布伯. 我与你［M］. 陈维纲，译. 北京：商务印书馆，2015：31-32.
② 同①中译者序 4-5.
③ 同①中译者序 5.
④ 同③.
⑤ 同③.

理之一切庄严中且聆听这样的昭示：人无'它'不可生存，但仅靠'它'则生存者不复为人。"① 个体成人绝不单纯是人自己的事件，而是基于关系的实践，个体成人在人与人、人与事物的关系之中呈现。个体乃是在以整体自我走向他者的过程中显现为人，对话正是个体走向他者的基本形式。人在对话中向他者敞开自己，与他者相遇，人对他者的整全期待反过来召唤、激励出自己存在的整全性，理想的对话过程因而正是带出对话者双方完整存在的过程。布伯乃是试图以人与他者之间的"我–你"关系来超越"我–它"关系，也即让个体超越从自我出发支配、控制周遭的人与物以及由此而来的个体之于他者的分隔的状态，使个体切实地活在人与人、人与物的关系之中，使他者以完整的姿态呈现在个体面前，进而带出个体自身存在的完整性，使个体超越实体性存在而走向精神性存在。布伯的相关论述提醒我们，真正的对话需要我们摆脱认识、支配与控制他者的姿态，走向对他者的理解、欣赏与接纳，让自己走向他者，也让他者走向自己，形成自己与他者的相遇。布伯的"我–你"概念，不仅具有神学的意味，还有浓郁的古典意味，因为它也是在说个体在转向神圣之物的过程中带出个体生命的整全性存在。古典对话正是因为更高事物的不断涌入而使得对话之于个体心灵也呈现出开放性。

显然，在苏格拉底、奥古斯丁以及布伯的理解中，对话的过程始终是一个使双方向着更高事物开放的过程。其间有着某种共通的旨趣，也即对话的根本指向乃是一个人在精神层面成人，也即个体灵魂转向更高的美善事物。对话的过程并不仅仅在于话语本身，而更多地在于话语背后的世界。从苏格拉底、奥古斯丁再到布伯，都强调个体成人的对话性特征，也即经由个体与他者的对话而唤起个体灵魂跃升的生命姿态。教学作为对话的过程正是要激励个体灵魂开放，以刺激个体心灵转向更高事物。

---

① 布伯. 我与你 [M]. 陈维纲，译. 北京：商务印书馆，2015：34.

如果说古典的对话理念关注的是个体灵魂的转向，意在促成个体精神的完善，那么现代性的对话理念则更关注个体在现实中的被承认，意在凸显个体的独立与自由。哈贝马斯针对西方在理性化进程中技术理性的发展及其对生活各个领域的全面渗透并不足以解决生活世界的价值观问题这一现象，提出了沟通理性这个概念，试图通过沟通行为的理性化解决晚期资本主义社会面临的诸多危机。他曾就理想的沟通情景提出三个"有效性要求"（validity claim）：一是"真理性要求"（truth validity claim），即说话者是否表达了"客观世界"（objective world）的事实真相；二是"正当性要求"（rightness claim），即说话者是否遵守了"社会世界"（social world）所提供的人与人沟通的社会规范；三是"真诚性要求"（sincerity claim），即说话者是否表达了个人"主观世界"（subjective world）的真实想法和感觉。① 有效的对话基于双方话语的真实性、正当性、真诚性，而双方话语的真实、正当、真诚，要基于双方平等的关系、规则意识和自由自主的交流情景。哈贝马斯的对话理念，相对于古典语境中的对话而言，实际上暗含了一个重要的转向，即对话中的个体都是置身于现代视域中的独立个体，对话双方享有共同的权利，对话的过程乃是现代独立个体之间彼此沟通、相互理解的过程，对话乃是人与人互动交往的过程。

哈贝马斯提出的理想的沟通情境，无疑富有现代旨趣。我们今天的对话当然要建立在无条件地承认、尊重每个人的独立性与自由之上，引导个体积极参与对话，敢于对话，乐于对话。"他始终是以一个独立的社会成员的身份说话的，是以一个社会公民的身份说话的。他说的是自己要说的话，而不是任何别人命令他说的话；他说话的方式是他自己觉

---

① 此处的译文参考了阮新邦的翻译，但对其译文做了改动。阮新邦的译文见：阮新邦．批判诠释与知识重建：哈伯玛斯视野下的社会研究［M］．北京：社会科学文献出版社，1999：41-42.

得满意的方式，而不是仅仅让别人满意的方式。"①但如果仅此而已，则意味着对话的过程乃是显明或证明个体自我存在的过程，不足以引导个体自我超越与自我生成，相反，却可能导致自我封闭。哈贝马斯的对话理论无疑凸显了个体在世的主体性（其表面上是主体间性，实质还是主体性）。关注现代社会中的交往行动方式的哈贝马斯，意在凸显原子式的现代个体之间联合的可能性，即在尊重社会规则的基础上寻求人与人之间的沟通方式，凸显对话的社会属性。

弗莱雷的对话理念重在以对话反对灌输，意在促成个体的解放，其旨趣跟哈贝马斯一致，只是关注的对象跟哈贝马斯不同——弗莱雷关注的是尚处于被压迫状态的特殊群体。弗莱雷的对话理论有强烈的政治意味，目的是希望通过教育让人们认识自己与社会，通过主动对话而非被动灌输的方式凸显个体是独立平等的社会性存在。他所进行的成人扫盲教育就是要让"沉默文化圈"里的"边缘人"勇于表达自己的心声，从文化上解放自己；他提出"解放教育"（或"提问式教育"），目的就是要将教师和学生从"驯化教育"或"银行储蓄式教育"的教学模式中解放出来。弗莱雷的对话理论意在通过教育唤起被压迫者的觉醒，使他们认识到自己在历史创造与发展过程中的主体性，并最终解放自己和他人。

苏联著名文艺理论家巴赫金（M. M. Bakhtin）的对话理论同样是建立在承认每个人无条件的独特性与独立性之上的。他说："我以唯一而不可重复的方式参与存在，我在唯一的存在中占据着唯一的、不可重复的、不可替代的、他人无法进入的位置。"②巴赫金主张多种声音，反对一种声音；主张众声喧哗，反对一人独白。正因为如此，巴赫金的对话

---

① 王富仁．学界三魂［EB/OL］．［2017-11-28］．http：//www.doc88.com/p-018415625781.html.

② 巴赫金．论行为哲学［M］//巴赫金．巴赫金全集：第一卷．石家庄：河北教育出版社，1998：40.

理论强调人与人之间的平等，承认人与人之间的差异，他认为"每个人都带着自己的'真理'，自己的生活立场"①。但与此同时，巴赫金特别强调对话的持续性与每个人在成人过程中的开放性。他说："只要人活着，他生活的意义就在于他还没有完成，还没有说出自己最终的见解。……人不是据之进行精确计算的有限数、固定数；人是自由的，因之能够打破任何强加于他的规律。"② 他认为没有人可以一劳永逸地占有真理，"思想……并不是一种主观的个人心理的产物，而'固定居住'在人脑中；不是这样，思想是超个人超主观的，它的生存领域不是个人的意识，而是不同意识之间的对话交际。思想是在两个或几个意识相遇的对话点上演出的生动的事件。……思想就其本质来说是对话性的"③。对话之所以是必要的，是因为实际上每个人都会囿于自己的偏见，没有人可以宣称自己拥有了真理，盲人摸象乃是人类在真理面前恒久的状态。对话的根本意义就在于，真理永远是在对话的过程中显现的，对话的过程因此也成为人朝向真理的过程。人之所以需要对话，就是因为没有人可以一次性地占有知识与真理，学习知识与真理的过程也就成为人和人之间不断对话，逐步靠近知识与真理的过程。

个体参与对话乃是为了敞开自我、与他人沟通、相互理解、相互提升。在对话中并且通过对话，对话者得以重新发现和认识自我，使自身的某些方面得到改变，某种片面性得到克服，从而使自己的生存状态和思想观念不断丰富、拓展、有所改善，这必然要求对话者承认自身生命的未完成性。"一个把自己的生存看成是最完美无缺的生存、把自己的思想看成是终极真理的个人和群体，必定会拒绝对话、拒绝对自己的生

---

① 巴赫金．诗学与访谈［M］．白春仁，顾亚铃，等译．石家庄：河北教育出版社，1998：99.

② 同①77.

③ 同①114-115.

存和思想作出任何微小的改变。"① 只有承认未完成性，个体才能满怀不断提升自我、完善自我的愿望，才有希冀和未来，才能满怀激情和兴趣地去生活、体验、创造，其德性的生成过程才能成为一场不会停止的活泼对话。正因为如此，理想的对话所成就的乃是个体的"独立性、内在的自由和未完成性"。每个人都应向他人开放，没有人可以独立存在，每个人都"不是'他'，也不是'我'，而是不折不扣的'你'，也就是他人另一个货真价实的'我'（'自在之你'）"②。在巴赫金那里，理想的对话就是把个体的独立性、内在的自由和未完成性置于他人之中，置于人与人的生动对话之中，避免人的自我封闭。他是这样看待存在与对话之间的关系的："存在就意味着进行对话的交际。对话结束之时也就是一切终结之日。因此，对话实际上不可能、也不应该结束"，"一切都是手段，对话才是目的。单一的声音什么也结束不了，什么也解决不了。两个声音才是生命的最低条件，生存的最低条件"③。这意味着要实现个体成人就必须让个体不断把自己置于对话之中，置于自我与他人的关联之中。

巴赫金的对话理论所做出一个重要的贡献，就是在承认每个人的独立性的基础上，提出思想的对话性。他认为任何思想都是多种声音的参与造就的，对话成就思想，思想在对话之中呈现。这意味着我们需要承认、接纳不同声音进入我们的思想之中。即使是个人孤独的沉思，也不是孤立地发生的，而是有诸多不在场的他者的声音进入个人的思维之中。孤立的个体是无法思考的，因此要保持自己心灵无条件的开放性，最终促成自身存在的开放性。人之为人就是因为人活在与他人的关联之中，活在不同声音之中，活在彼此开放与对话的根本性状态之中。个人

---

① 张开焱. 开放人格：巴赫金 [M]. 武汉：长江文艺出版社，2000：120.
② 巴赫金. 诗学与访谈 [M]. 白春仁，顾亚铃，等译. 石家庄：河北教育出版社，1998：83.
③ 同②340.

的思想有一种生动的张力，思想总是意味着去思想，而不是接受某种单一的、现成的答案。在这里，巴赫金把苏格拉底与另一方的对话进一步前置，将其置于个体思想情境之中，置于个体心灵之中。这意味着个体成长的过程就是接纳不同声音、让不同声音在自我思想世界中保持生动张力，进而生成新的思想的过程。从这个意义上说，学习的本质就是对话，教育的过程就是引导个体进入对话之中，或者往更深处说，引导个体进入对话性生存状态之中。个人思想的单一化既意味着其思想的终止，也意味着个体学习与发展的终结。对话显明个体向着真理的姿态，也即恒久地爱智慧，对话由此而成为活生生的爱智慧的哲学实践。在这个意义上，巴赫金的对话理念接续了苏格拉底对话教学的思想精髓。另一方面，巴赫金关注人的现实生存，强调对话作为思想的存在方式，避免独白式的自我中心与由此而来的自我封闭，具有明显的现代意味。值得一提的是，巴赫金的对话理论接续了苏格拉底对话教学的基本旨趣，即对话关涉个体心灵，是个体精神生活的中心，与此同时，巴赫金实际上也扩展了苏格拉底对话教学的内涵，也即他看到了对话乃是人的存在的本质，人之为人的生存就是一种对话性的生存，由此把对话普遍化。

伽达默尔有言："每次真正的谈话都表现为一个人向另一个人敞开自己，真正认为后者的观点值得考虑并且深入另一个人的内心"，"一次涉及根本问题的谈话永远也不是我们想要进行的谈话。说我们进入谈话，甚至说我们卷进谈话之中，一般倒更为正确。……一次谈话具有其本身的精神，而且谈话所用的语言在谈话中就带有其本身的真实性，也就是说它显示某种今后存在的东西"。①真正的对话乃是对话双方超越自己固有的意识而进入对话情境之中展开对话，形成"说–听"的对话结构，且对话双方在彼此转向对方的过程中，一起转向了对话过程中的共同事物。从这个角度说，对话的中心是进入谈话之中。所谓进入谈话之

---

① 伽达默尔．语言作为解释学经验的媒介［J］．慎之，译．哲学译丛，1986（3）：58–61.

中，意味着对话双方摆脱孤立的自我，超越个人的主观意愿、性情与欲望，进入彼此敞亮的对话空间之中，对话因此成为一种双方超越孤立的自我而进入关系中的存在方式。伽达默尔指出："虽然我们说我们'进行'一场谈话，但实际上越是一场真正的谈话，它就越不是按谈话者的任何一方的意愿而进行。因此，真正的谈话绝不可能是那种我们意想进行的谈话。一般说来，也许这样说更正确些，即我们陷入了一场谈话，甚至可以说，我们被卷入了一场谈话。"① 进入对话，即进入自己与他人的关系结构之中，也即对话者凭借对话而超越孤立的自我，真实地活在与他人的关系结构之中，通过他人的存在来敞开自我、发现自我，并因此而重构自我的过程。

对话乃是对话双方共同转向事物的过程，对话双方在其中为对话事物中的内在理性所引导，也即为对话本身所引导。正因为如此，对话的过程乃是对话双方彼此超越自己先行预设的身份，共同转向某事物的过程，也即进入谈话之中的过程。话语实际上涉及人的生存方式，选择一种话语实际上就是选择一种跟他人相处的方式。作为生存方式的对话意味着对话双方进入对话之中，向着对方敞开自己，彼此接纳，共同分享，一起转向更高的事物，由此对话双方在对话中共同存在。对话因此成为个体走向他人、寻求与他人共在的基本言谈方式。伽达默尔在对话理论的发展史中有两大贡献：一是把对话还原为人的基本生存方式，二是揭示了对话何以可能的内在理路。站在教育者的立场言之，对话的展开首先是同情的理解，从同情的理解开始实现对另一方的理解的同情，由此形成对话双方的共在，进而双方共同转向对话事物。伽达默尔的对话理论强调对话即进入谈话之中，意在凸显对话是人的存在方式。师从海德格尔的伽达默尔乃是要凸显对话的生活性，意在让对话回到生活世界，显现对话的存在属性。伽达默尔跟巴赫金都是把对话看作个体的生

---

① 伽达默尔. 诠释学 I：真理与方法：哲学诠释学的基本特征 [M]. 洪汉鼎，译. 修订译本. 北京：商务印书馆，2010：539.

存方式，认为对话真实地建构着人的主体性，同时又是人的主体性显现的方式。

不难发现，现代视域中的对话，乃是寻求个体在现实关系中的独立自主，提升个体现实存在价值的基本方式。优良的对话乃是建立在无条件尊重对话中的另一方，承认个体的独立性与唯一性之上的。对话的过程乃是双方作为独立、平等的个体相互承认、相互沟通、相互理解的过程。基于现代视域的对话理念，意在引导个体习得公共规则与公共理性，养成进入现代生活的姿态。显然，基于现代视域的对话越来越多地转向对形式的关注，关注对话过程的平等，而不是关注对话本身以及对话所培育的个体德性。我们每个人都是不同的个体，都有自己的独特性，承认并尊重每个人的独特性与完整性，无疑是现代性的基本成就，也是今日对话实践的基本要义。我们今天的教育实践需要对学生个体保持足够的尊重，让他们从小习得公共交往的基本规则，养成民主的素养，学会过有尊严的生活，这无疑是今天的教育实践的基本精神。与此同时，我们又需要启迪他们保持足够的开放性，避免自我封闭，以形成个体开阔的精神空间。

从苏格拉底、柏拉图到奥古斯丁，再到布伯，具有古典意味的对话形式关注的是对话中个体心灵的开放性以及由此而来的德性的生长，从巴赫金、哈贝马斯、弗莱雷到伽达默尔，更具现代意味的对话理念的一个共通的特点乃是从对话出发，关注个体的现实存在，凸显个体置身于现实中的独特性与独立性。这无疑是十分重要的，甚至可以说是现代性的最大成就，即充分地凸显个人的独立与尊严。对话的古今之变，其核心就在于着眼点的转变：古典视域中的对话理念的着眼点乃是个体的心灵，关注个体的心灵如何转向美善事物，以达成自我心灵的教化；现代视域中的对话，其基本着眼点乃是人的现实生存，关注的重心乃是个体置身于社会时的独立、平等。

无疑，古典对话更注重内容，因而也更注重情境本身，而现代视域中的对话更强调形式化的规则意识。凸显权利意识无疑是今日教学的基本主题。显而易见，尊重个人置身于教学情境中的基本权利，这是十分重要的。教学必须面向每个人，关注每个人的精神成长。但与此同时，我们又必须充分考虑教学的教育性，教学不仅仅要满足个体的表达欲望，尽管这也是重要的，但更重要的是引领个体精神的成长，促成个体的发展，探索个体存在的可能性，带出个体的完整成人。个体如何在现代性的场域之中，在关注自我现实存在的同时，保持自我心灵的开放性，实际上乃是我们重新思考今日对话的核心问题。这意味着我们不仅需要关注对话的现代性，同时也需要在重温古典对话理念的过程中，重申对话的教育意蕴。

三、基于民主的开放：重申对话的教育意蕴

如果说从苏格拉底、奥古斯丁到布伯所显明的教育路径乃是精神性的，那么，近代以来，教育还有另一种路径，即经验性的路径。近代伊始，培根提出"知识就是力量"，这其中隐含着的乃是教育旨趣的根本性转变。培根在《新工具》中开宗明义："人作为自然界的臣相和解释者，他所能做、所能懂的只是如他在事实中或思想中对自然进程所已观察到的那样多，也仅仅那样多；在此以外，他是既无所知，亦不能有所作为。"① 培根主张抛开扰乱人心的四种假象，即种族假象（指人类容易犯下的错误）、洞穴假象（指由于个人特点所产生的错误）、市场假象（指不恰当地运用通用概念、术语而产生的错误）和剧场假象（指盲目信仰传统哲学体系的权威），主张一切认识都源于人对事物的感觉，产生知识的全部路径应当从感官开始。"全部解释自然的工作是从感官开端，是从感官的认知经由一条径直的、有规则的和防护好的途径以达于

① 培根. 新工具 [M]. 许宝骙，译. 北京：商务印书馆，2005：7.

理解力的认知，也即达到真确的概念和原理。"① 培根不仅为感官经验正名，而且强调通过科学实验来获致真正的知识。"人类理解力的最大障碍和扰乱却还是来自感官的迟钝性、不称职以及欺骗性；这表现在那打动感官的事物竟能压倒那不直接打动感官的事物，纵然后者是更为重要。……一种比较真正的对自然的解释只有靠恰当而适用的事例和实验才能做到，因为在那里，感官的裁断只触及实验，而实验则是触及自然中的要点和事物本身的。"② 培根所奠定的建基于感官经验之上的理性归纳的方法曾直接成为新的知识生产原则，个体凭借可证实的感官经验而获得知识的过程成了个体教育的主要内容，个体成人不再是精神的跃升，而是知识的获取以及由此而来的个人主体意识的增强。培根的经验原则无疑对近现代教育影响至深，其间蕴含着的对经验本身的确信，以及由此而来的对个人感性经验与理智能力的确信，越来越成为教育的根本性基础。

我们来看另一位现代教育的重要奠基人卢梭。"卢梭的教育路径是尽可能地保持个体的自然本色，让个体的身体和感官充分发展，以身体和感官的充分发展来保持生命的激情与活力，避免人的懦弱；同时在保持个体自然状态的过程中，克制人的欲望，避免妄念的产生，使个体不至于养成依赖他人的习惯。这样，卢梭就把理性的发展建立在健全的身体和生动的感官，而不是虚妄的欲念和错误的谬见之上，由此而引导个体从'心灵的最初的活动'中产生'良心的真正呼声'，从'爱和恨的情感'中产生'善和恶的观念'，避免从自然状态中的自爱中产生自私以及因自私而产生的种种感情，听从理性而非欲念的声音，由此追随德性，达到个人的真正自由，促成新人的诞生。"③ 正是因为在整个教育历

① 培根. 新工具 [M]. 许宝骙，译. 北京：商务印书馆，2005：236.
② 同①27.
③ 刘铁芳. 古典传统的回归与教养性教育的重建 [M]. 北京：北京师范大学出版社，2010：184.

程中遵循着包含自身目的的内在自然的踪迹，卢梭借萨瓦省牧师的自白，找到了良心，"我想做什么，我只问我自己：……良心是最善于替我们决疑解惑的；……良心是灵魂的声音，欲念是肉体的声音。……按良心去做，就等于是服从自然"①。正是良心，"使人的天性善良和行为合乎道德"②，由此而使个体成为自由的人。"我所服从的是我的意志；我之所以成为奴隶，是由于我的罪恶，我之所以自由，是由于我的良心的忏悔；只有在我自甘堕落，最后阻碍了灵魂的声音战胜肉体的本能倾向的时候，我心中才会消失这种自由的感觉"③。纵观卢梭笔下的爱弥儿的成长历程，不难发现，爱弥儿的成长同样是延续了培根的经验教育原则，只不过卢梭成功地把这种经验原则纳入自然之中，从而让爱弥儿的成长完全遵循自然的轨迹，一点点达成感性能力、理智能力的发展，最终因为服从自然而找到"灵魂的声音"（也即自己的良心），再一步步走向社会，成为真正的公民。在这里，爱弥儿的成长几乎完全是从自己的自然感官出发，基于内在自我的逐步展开。爱弥儿的精神发展过程显然不具备古典对话的意味，不是自我向着更高的美善事物的敞开，毋宁说他的发展更是一种自然的、自我的孤独自省，是一种遵循自然成长的自我发现之旅。

杜威的教育即生活同样沿袭了卢梭的教育理路，把卢梭对儿童的发现落实为现实的以儿童为中心的教学实践。杜威认为，裴斯泰洛齐、福禄培尔等教育改革家都持卢梭的教育立场。有研究者认为，杜威自己的"教育即生长"等观念与卢梭的"教育即自然发展"是一致的。④ 杜威在《学校与社会》中写下了自己对旧教育主要特点的洞察："概括地说，

---

① 卢梭. 爱弥儿：论教育：下卷［M］. 李平沤，译. 北京：商务印书馆，1978：410-411.

② 同①417.

③ 同①400.

④ 刘晓东. 自然教育学史论［J］. 南京师范大学学报（社会科学版），2016（6）：113-120.

[旧教育的] 重心是在儿童以外。重心在教师，在教科书以及在你所喜欢的任何地方和一切地方，唯独不在儿童自己的直接的本能和活动。"①而一种与此不同的教育在杜威那个时代进行着："现在，我们教育中正在发生的一种变革是重心的转移。这是一种变革，一场革命，一场和哥白尼把天体的中心从地球转到太阳那样的革命。在这种情况下，儿童变成了太阳，教育的各种措施围绕着这个中心旋转，儿童是中心，教育的各种措施围绕着他们而组织起来。"② 杜威意识到新旧教育的根本区别在于成人中心和儿童中心（或重心），因而杜威指出，当时正在发生的教育变革或革命其实是一场"哥白尼式革命"。杜威提出教育是生活的过程，而不是将来生活的预备，由此显明儿童生活之于成人世界的独立价值。在杜威那里，"生活就是通过对环境的行动的自我更新过程"③，生活就是人与环境相互作用并且不断更新的过程，它是个人与种族的全部经验，包括"习惯、制度、信仰、胜利和失败、休闲和工作"④。"努力使自己继续不断地生存，这是生活的本性。因为生活的延续只能通过经久的更新才能达到，所以生活便是一个自我更新的过程。"⑤ 如果说卢梭乃是在自然中发现了儿童，那么杜威乃是把自然转化成了社会生活，两者的核心旨趣乃是一致的，也即都遵循经验原则，从儿童自身的经验出发。杜威提出，"教育的过程，在它自身以外没有目的；它就是它自己的目的"⑥。此外，"因为生长是生活的特征，所以教育就是不断生

---

① 杜威. 学校与社会 ［M］//杜威. 学校与社会·明日之学校. 北京：人民教育出版社，1994：43–44.

② 同①.

③ 杜威. 民主主义与教育 ［M］. 王承绪，译. 2 版. 北京：人民教育出版社，2001：6.

④ 同③7.

⑤ 同③14.

⑥ 同③58.

长"①。在杜威那里，个体教育正是基于个体自身的生活与生长。从卢梭到杜威，儿童在教育中的地位无疑得到了极大的提升，教育活动越来越多地以儿童及其经验方式为中心，这在很大程度上弱化了教育过程的对话性。

杜威提出教育即生活，强调个体以经验的获得、重组以及改造来实现生命的内在生长，充分体现了对儿童的独立性及其生活的独特性的尊重。他由此主张以民主的方式养成个体民主的个性，进而达成人与人的联合，促进社会的改进。杜威的教育即生活成为自夸美纽斯以来的现代化教育理念的集中表达。依照杜威的观点，教育性对话当然是个体习得民主生活方式的过程。通过相互尊重、彼此沟通，达成人与人之间的联合，这确实是当下教育性对话的基本含义。这意味着教育性对话必须立足于师生、生生之间此时此地的积极交流，或者说首先立足于师生、生生此时此地所展开的积极交流的基本形式。换言之，撇开对话的内容，我们必须承认，对话本身作为教育的实践形式就是有意义的。

显然，如果说杜威的教育思想的旨趣乃是促成人与人之间的联合，也即民主主义的生活方式，那么，杜威的"教育即经验"中的经验就绝不是指向孤立的个人的经验方式，而是指向人与人彼此联结的方式。换言之，杜威的教育即经验总是意味着与他人一起去经验，也即经验乃是个人通往他人的基本通道。以苏格拉底、柏拉图为代表的古典教育的旨趣，乃是激活内在于个体的先天性经验，即激活个体内在的美的种子，也即激活先行于个体的、以记忆的形式留存在个体灵魂之中的基本人类经验。随着现代教育的推进，个体自身祛魅，教育的可能性不再依托于先于个体存在的初始性的人类经验，转而依托于个体现实的经验，也即个体当下的生活变成了个体教育得以可能的基本条件。置身于个体化的

---

① 杜威. 民主主义与教育 ［M］. 王承绪，译 . 2 版 . 北京：人民教育出版社，2001：61.

生活空间之中，单纯的个体经验何以促成个体成人，也即教育何以可能？显然，唯有当置身于个体化的生活空间中的个人，重新开启朝向他人的可能性，在人与人的对话性交往中重建自身朝向人类精神世界的通道，真正的教育才会发生。

对话不仅仅是人与人之间沟通的方式，也是人追求知识与真理、探问更高事物的基本方式。因此，教学中理想的对话不仅仅意味着师生、生生彼此开放，也意味着对话双方共同转向更高事物，通过对话保持开放的心智，促成个体的精神自觉，或许后者才是对话的根本目的。教育性对话显然不能止步于对话双方达成理解的同情，还需要对话双方在共同关注对话事物的过程中，让对话走向深入，共同转向对话中所涉及的事物的内在理性。作为生活方式的对话包含着"提问、聆听、应答、赞同"① 等，对话中的个体不仅要发问、表达，还要聆听对方的声音。唯有如此，对话双方才能将自我置于与他者的关联之中，转向他者。前面提到的转向对话所涉及的事物的内在理性，意味着对话中的任何一方都不是先行占有真理，而是共同置身于对话情境中，接近对话事物的内在理性，并最终使事物内在的理路显现出来。

个体的成长就是进入文化之中，转向更高事物，保持对自我现实存在不断超越的身心姿态。个体如何意识到更高事物的召唤？人在年少气盛时，总是难以听到更高事物的召唤。唯有当个体站到世界之中，站到人与事物的关联之中，他才能听到世界及其事物的召唤，而不是把自己局限于一己欲求的扩展与个人意志的显现。尽管基本的话语权的维护乃是对话开展的必要条件，但对话的本质并不是彰显个人的话语权利。对话的中心乃是彼此敞开内心，同时向着更高事物开放，使自我真实地活在他人之中，并且通过他人的参与、激励，共同保持向着更高事物跃升的状态，也即保持个体自我成人的生命姿态。进入对话情境之中，并不

---

① 巴赫金. 诗学与访谈 [M]. 白春仁，顾亚铃，等译. 石家庄：河北教育出版社，1998：387.

是为了显示自我之于他人的优越性，而是与他人一起思考，共同追求更高事物。对话的教育性正在于此。一旦对话的过程成为一方向另一方显示自己、证明自己的过程，则对话旋即成为某一方的独白，对话双方不再向更高的知识与真理开放。佐藤学有一次在中国演讲时提到，中国的学生喜欢（竞争式）发言，看上去很爱学习，但根本原因是中国学生不想输给旁边那个人。民主不是让嘴巴做好准备，而是让耳朵做好准备。佐藤学所提到的中国学生的（一种）发言姿态，并不是一种向真理开放的对话姿态，而是一种证明自己的独白状态。

这里特别值得一提的是，伴随着教育的民主化，在今日的学校教育中，学生的权利意识日益彰显，学生在教学过程中的自我表达、交流意识日益得到重视，但倾听意识并没有得到强化，这导致的结果固然是学生的自我意识加强，但这种意识却可能导致学生自我封闭，或者说它是一种趋于自我封闭的自我意识，这样的教育是有悖于民主个性的养成的。真正的对话意味着将自我置于他人之中。一个人正是通过学会聆听他人，保持自我开放的心智，进而逐步学会自我表达，在交流情景中形成提问、聆听、应答、赞同的对话性生活方式，由此而在开放的自我中达成自我的不断成长，进而养成独立而又善于合作、倾听、交流的民主个性。

一种教育实践形式，归根究底乃是一种师生生活方式。对话作为教育实践的基本形式，乃是要凸显在教育情境之中师生的共同存在，也就是说，对话首先是师生在教学中的生活方式。从这个意义上讲，任何教育都应具有对话性。教育实践作为传递人类精神的代际活动，需要教师朝向学生，也需要学生朝向教师。当师生彼此朝向对方，师生便构成了传承人类精神的共同体。如果教师没有朝向学生，那就是独白，或者叫独语，教师就是在自话自说；如果学生没有朝向教师，或没有朝向教师所敞开的更高事物，同样意味着此时此刻学生是在自我封闭着的。这里的关键当然还是教师，教师不应该把对方看作他帮助的对象，"而应该同对方建立一种真正的、创造性的紧密关系"①。

对话总是关于某种事物的对话，理想的对话意味着事物本身向个体显现，或者说对话乃是事物向个体显现自己的方式。真理从来就不是现成的，对话乃是让真理显现的方式。基于此，对话的第二层意义便被勾勒出来了，即启迪思维，开启智慧，引导个体朝向真理。就具体的对话过程而言，对话乃是对话双方交流的过程，双方彼此尊重，以情动人，以理服人。理想的对话让人获得交谈的艺术，培养个体的修辞能力，同时也培养个体的公共交往能力。不仅如此，对话更通达人的内心。"单纯的书本知识并不能培养人的心灵，富有成效的对话才能成就这一目的。"②更重要的是，对话乃是人与人联结的基本方式，对话直接引导个体活在与他人的联结之中。理想的对话把孤立的个体引向对话中的他人，个体在走向他人的过程中带出其存在的属人性，因此，对话就是人与人共同生活的基本形式，也是人获得人性的基本形式。对话之所以是必要的，正是因为人通过与他人对话而达成与他人的深度联结，并在此过程中扩展彼此的人性。教学中的对话意味着师生凭借对话让彼此的生命相连。

对话之所以是必要的，还有一个重要的原因。如果说个体成人乃是个体进入历史与文化之中的过程，也即个体被人文化的过程，那么置身于当代的个体进入文化世界的通道就是那些承载文化资源的文本，对话的意义就是激活文本，通过文本而敞开个体通往文化世界的精神通道。柏拉图在《斐德若》和《第七封信》中指出，在逻各斯的追求、哲学的探究与书写之间存在着一种根深蒂固的冲突。"文字扼杀精神。书写文本在面对即时回应的挑战时只是个哑巴。它不容许任何来自精神内部的生长和矫正。文本颠覆了记忆（即 *Erinnerung*，这是海德格尔的重要术

---

① 弗洛姆．爱的艺术［M］．李健鸣，译．上海：上海译文出版社，2008：24.
② 哈里森．花园：谈人之为人［M］．苏薇星，译．北京：生活·读书·新知三联书店，2011：99.

语）特有的那种活力。"① 柏拉图用对话的形式写作，就是提示我们，真正的思想不仅仅是依托于文字的，它还会在对话的背景以及不同对话者之间的张力所构成的对话情景之中生成。教学的意义正是通过彼此之间的对话来重新激活文本，让文本的意义得以在当下生成。

斯特劳斯这样界定旨在完善个体心灵的自由教育："自由教育是在文化之中或朝向文化的教育，它的成品是一个有文化的人（a cultured human being）。'文化'（cultura）首先意味着农作：对土壤及其作物的培育，对土壤的照料，按其本性对土壤品质的提升。在派生性上，'文化'现今主要意味着按心灵的本性培育心灵，照料并提升心灵的天然禀赋。"②在斯特劳斯看来，教育作为使个体朝向文化的行动，其关键要素有两个：心灵质地与文化引导。农业中的一项劳作乃是照料土壤，和农民按土壤的本性提升土壤的品质一样，教育就是对人心灵的培育，教师要按照学生心灵的本性照料学生，提升其能力。换言之，教育作为一种朝向文化的行动，就是一种按照学生心灵的本性来照料、提升其心灵能力的行动。"心灵需要老师"，引导心灵的最终是那些伟大的心灵。真正的教育，或者说最好的教育，能够引导个体与伟大心灵相遇。斯特劳斯认为："这些人实乃凤毛麟角。我们不可能在课堂里遇到他们任何一位。"③ 我们只能研读那些"伟大的书"，研读那些"最伟大的心灵所留下的伟大的书"④。也许，我们不能成为哲学家，但我们可以热爱哲学，可以在日常生活中努力进行哲学化思考。"这种哲学化思考首先且主要地在于倾听伟大哲人之间的交谈，或者更普遍和更审慎地说，在于倾听

---

① 斯坦纳．海德格尔［M］．李河，刘继，译．修订版．杭州：浙江大学出版社，2012：11.
② 斯特劳斯．什么是自由教育？［M］//刘小枫，陈少明．古典传统与自由教育．北京：华夏出版社，2005：2.
③ 同②.
④ 同②2-3.

最伟大的心灵之间的交谈，因而也在于研读那些伟大的书。"①问题在于，要走向伟大的心灵并不容易，需要一个过程。换言之，个体要想有所发展需要一重又一重的努力，如通过与那些并不是最伟大的心灵的接触，并在这种接触中保持向更高心灵开放，最终接近那些最伟大的心灵。这意味着教育需要教师，而教师的努力就是要引导个体朝向伟大的心灵。

不仅如此，"最伟大的心灵在最重要的主题上并不全都告诉我们相同的东西；分歧乃至各式各样的分歧撕裂了伟大心灵们的共同体"②。这意味着真正的教育绝非简单地灌输知识，哪怕是伟大的心灵也并不会给予我们确定的知识，而是把我们引入积极的思考之中。伟大的心灵以各自的方式思索人类最重要的事物，其并不提供确切的知识，而是提供自由思考的可能性，让个体自由地面对那些属于每个人的重要事物，让知识在个体心灵中生成。换言之，个体在走向伟大心灵的过程中并不是被动的容器，而是能够进行思考与阐释的鲜活个体。不断地阐释，让书籍内隐的意义显现出来，让伟大的心灵之间的"能指"变成自己心中的"所指"，是个体与伟大心灵交往的目的。阐释的过程就是让文本进入当下，融入个体当下的生存背景之中，生成新的意义。经典的意义正在于给不同背景的人提供重新阐释意义的可能性。当然，我们对经典的阐释总是基于当下，是开放的，但也绝不是任意的，否则，一旦我们的阐释与经典的主旨背道而驰，我们就不可能接近那些伟大的心灵。我们对经典的阐释既有所变化，又有所不变，变化的是对当下处境的回应，不变的乃是对伟大心灵的追溯。

"自由教育呼唤着大众民主中那些有耳能听的成员，向他们呼唤人

---

① 斯特劳斯. 什么是自由教育？［M］//刘小枫，陈少明. 古典传统与自由教育. 北京：华夏出版社，2005：6.

② 同①3.

的卓越。"①在一个亟待张扬人的独立性与个性的社会，在一个传媒日渐发达、个人表达日益凸显的时代，既要让人大胆说，又要让人乐于倾听，是一个难题。对于我们而言，面对人类历史上那些伟大的心灵，始终保持内心的谦卑和倾听的状态，是我们成为有教养的人的精神起点。真正的教育乃是对伟大心灵的不断回溯，我们需要保持自己心灵之于伟大心灵的开放性。但伟大心灵并不会给我们现成答案，也不需要我们紧紧跟随他们，他们期待的恰恰是我们成为自己，成为更好的自己，或如德尔菲神庙上的名言——"认识你自己"。他们是我们"过河"时不可或缺的"桥"，却不是目标本身；他们是我们世界的光，而非主人。正如巴赫金论陀思妥耶夫斯基笔下的主人公时所说的那样："他创造出来的不是无声的奴隶（如宙斯的创造），而是自由的人；这自由的人能够同自己的创造者并肩而立，能够不同意创造者的意见，甚至能够反抗他的意见。"② 我们需要把与伟大心灵的相遇当成一场持续的对话。"最伟大的心灵在独白。我们必须把他们的独白转换为对话，使他们'肩并肩'地进入这一'聚会'。"③优良的教育正是一场向着伟大心灵的、始自谦卑与倾听的、持久的对话。这意味着个体在成长过程中，在葆有尊严的前提下，还需要对权威心怀适度的尊重，必要的权威是理性不足的个体思考问题的依据，其能引领个体进入对话的深处，转向更高事物，保持个体心灵的开放性。对话的关键乃是激励个体成人的开放性，引导个体走向他者，走向更高事物，激活个体心灵，用鲁迅的说法就是"撄人心"，搅动人的灵魂。正如柏拉图在《理想国》中提醒的那样："年轻人一开始尝试辩论，由于觉得好玩，便喜欢到处跟人辩论，并且模仿别

---

① 斯特劳斯. 什么是自由教育？［M］//刘小枫，陈少明. 古典传统与自由教育. 北京：华夏出版社，2005：5.

② 巴赫金. 诗学与访谈［M］. 白春仁，顾亚铃，等译. 石家庄：河北教育出版社，1998：4.

③ 同①7.

人的互驳，自己也来反驳别人。他们就像小狗喜欢拖咬所有走近的人一样，喜欢用言辞咬人。"[1] 年轻人血气方刚，尚没有养成审慎的品格，这意味着教育性对话不仅需要激励、鼓舞个体，还需要引导和培育个体。

我们试图凸显对话的教育意义，关键在于，我们将对话建立在何种基础之上，是个体的精神自由还是个体与他者之间在现实层面的平等，抑或两者并举？问题在于这两者之间常常是不统一的。过于关注现实，必然弱化个体精神层面的开放性，甚至可能会使个体走向自我封闭，拒绝向更高事物开放；过于强调个体精神，又难免有将自己标榜为精神贵族的倾向，极端状况可能是个体在倾心于自我完善的过程中封闭自我，拒绝向平民大众开放。置身于现代，对话首先要基于权利展开，但一旦对话不过是在实现自己的话语权利，缺少向着更高事物开放的姿态，便意味着表面的对话不过是自话自说，除了习得一种基于话语的权利实践方式外，个体在对话实践中成长的可能性大大降低。尽管真正的教育并无古今之别，但今天对话的基础与背景却发生了根本性的变化，这种变化的中心就是启蒙运动以来的个体意识的不断增强与个体作为权利拥有者的主体意识的发展。古今教育都要引导个体成人，但成为何种人则有着古今之别。如果说古今教育都要发展人的主体性，那么两者之别就在于，古典教育发展的乃是基于群性的主体性，也即个体的主体性乃是对群性的充分认识，而现代教育则是发展基于个性的主体性，也即对个体独特性的充分认识。无疑，今日的教育需要充分尊重学生的独立性与独特性，关注学生主体意识的发展，但如何以此为基础而又能切实地引导学生保持精神世界的开放，确实成为当下教学实践的难题。

如果说真正的对话乃是激励个体的完整性生成，那么这个生成中的个体显然不只是个体现成发展水平的自我，而是那个包容着个体发展可能性的自我。这意味着真正的对话正是要激励个体发展的可能性，确切

---

① 柏拉图．理想国［M］．郭斌和，张竹明，译．北京：商务印书馆，1986：308.

地说，是要唤起个体现成自我与理想自我的对话，这一对话的发端正是个体心灵转向更高的事物。这意味着真正的对话不仅关注现成自我的实际状态，更关注理想自我的可能性，即关注个体如何向着更高事物开放，怎样通过对话让自己变得更好，而不仅仅是通过对话来证明自己的存在（尽管后者也是必要的）。如果说现代性的对话理念乃是教育性对话的基础，那么古典的对话理念则是教育性对话得以可能的关键；如果说民主是现代教育的基础，那么相互承认、彼此开放、真诚聆听就是民主的实践形式，而且彼此开放、真诚聆听，也为个体心灵转向更高事物提供了基础。在这个意义上，现代教育的民主诉求并不是与古典教育的开放理念相抵牾的，相反，充分的民主意识恰恰能促成个体充分地敞开自我，接纳异质性事物，使自己转向更高事物成为可能。这正是古典对话得以可能的基础。

四、作为教学方式的对话：教育性对话何以可能

教学与对话紧密联系。在日常教学中进行着各种各样的对话，可以说教学原本就是形形色色的对话，不同的教学显现出不同程度的对话特征。"发生在教学过程和教学情境中的对话，我们称之为'教学对话'，在广义上，它存在于自古及今的教学过程中。"① 对话教学常常被提及，但究竟对话教学如何展开，其内在机理如何，却鲜有人谈及。对话，就其通常意义而言，就是指两人或多人之间的谈话。纪伯伦曾说："真理需要我们两个人来发现：一个说，一个理解。"② 这里讲的就是真理的对话性。个体的成长过程不应被简化为学习知识与发展能力的过程，教育者应该主动营造人与人彼此交流、共同存在的情境，激发个体对知识与

---

① 刘庆昌. 对话教学初论 [J]. 教育研究，2001（11）：65-69.
② 纪伯伦. 沙与沫 [M]//纪伯伦. 先知·沙与沫. 北京：北京十月文艺出版社，2005：90.

真理的欲求，即通过人与人之间富有爱心的交流来带出个体持续地追求知识的生命姿态。一旦把知识与真理降格为现成的知识，个体便不再追求知识，转而成了知识的容器；一旦把学习还原成孤立的个体的理智活动，教学实际上最终指向的是一种精致的利己主义取向的人格。这意味着旨在使个体成人的教学，就其根本而言就是或者说应该是对话性的。

人生活在世界之中，总是意味着人活在他人、历史、自然（也包括神）之中，人在他人、历史、自然的背景中建构自我，没有人可以孤立地成人。个体的发展过程究其实质而言，正是其与他人、历史、自然对话的过程，并且个体在与他人、历史、自然的深度对话的过程中，最终与自己展开深度对话。现实中的师生对话正是要引导个体与更广泛的他人、历史、自然进行深度对话，换言之，以个体成人为取向的教育性对话都是或者说应该是双重甚至多重对话。理想的对话情境有三个层面：一是现实层面，即师生以及类似于师生交往的对话者之间通过对话的展开而进入对话情境之中；二是想象层面，即师生以及类似于师生交往的对话者之间通过对话，其中一方或双方与想象中的他者、人类历史与文化、自然与神圣之物展开对话；三是自我层面，即个体通过和无数他者、人类历史与文化、自然与神圣之物对话，实现内在自我的充分敞开，促成现实自我与理想自我的对话，认识到自我与他人、历史、自然的关系，并在认同这类关系的基础上建构更加合理的自我，最终回应苏格拉底的问题——"认识你自己"。

真实地发生着的对话，意味着对话双方此时此刻朝向对方，"我"和"你"在一起，"我们"一起思考、寻求、守望、探索某种高于你我的事物。对话总是关于某种知识与真理的对话，在对话中意味着个体向知识与真理开放，由此而促进个体置身于不断追求知识与真理的过程中。对话意味着"人们自由地交流思想，并彼此怀有敬意地展开辩论"①，把自我真

---

① 刘易斯. 失去灵魂的卓越：哈佛是如何忘记教育宗旨的 [M]. 侯定凯，译. 上海：华东师范大学出版社，2007：致谢 5.

诚地融入对话过程之中。对话总是在师生之间发生，在对话中意味着师生彼此敞开，人与人相互联结，对话本身成为师生彼此相连、走向共在的基本方式。人与人在完整的对话中彼此敞开，共同转向所谈论的事物，正因为如此，对话乃是个体从孤立和狭隘的自我中超越出来，进入人与人的联结与共同存在之中的过程。之所以说个体能从孤立和狭隘的自我中超越出来，实际上有两个原因：一是个体和他人一起交流，个体意识到自己与他人共同存在，由此而切实地超越自我的孤立存在，活在你我他之中，走向个体与他人的共在；二是对话双方彼此朝向对方说话，每个人都不固执于一己之见，而使自己的思想保持向着更高事物开放的状态，由此而切实地超越自己的封闭性存在。

理想的对话在引导个体走向他人、走向生命共同体的同时，也引导个体走向更高的美善事物，由此形成精神共同体。对话作为教学的基本形式，正是个体在教学中走向与他人联结的基本方式，也是个体走向精神教化的基本实践形式。好的对话不仅仅激活个体的理智思维，更重要的是通过思维的敞开来激活个体生命，保持个体精神的开放性，也即保持个体向着更高事物的开放性，由此把个体带入自身与他人和世界的共同存在，提升个体的生命境界。正因为如此，以教育性为取向的对话蕴含着三重意义：首先是作为交流方式，师生之间的对话能直接活化文本，激活思维，沟通情感；其次是作为思想方式，师生之间的对话能锻造思维，深化交流，促成对话双方对事物的深度理解；再次是作为生活方式，师生间的对话让个体站在人与人之间，相互接纳，彼此开放，共同追寻美好事物，活出更高的人性姿态来。

教学中的对话究竟何以可能？我们来看苏格拉底与色诺芬的一段对话。

据第欧根尼的记载，苏格拉底在一条狭长小道上遇到了色诺芬，并伸出手杖挡住他的去路，问他在哪里可以买到各种食物。在得到回答后，苏格拉底又提了一个问题，即人们在哪里可以变得美好和善良。色诺芬完全被弄糊涂了，于是，苏格拉底说："那么，就跟我来学习吧。"正是从那时起，色诺芬就成了苏格拉底的一名学生。① 自此以后，色诺芬就成了苏格拉底的追随者。

苏格拉底在窄路上用手杖拦住色诺芬，这道出了苏格拉底与色诺芬的对话发生的基本境遇，也即日常的生活空间。苏格拉底问色诺芬："哪里可以买到各种食物？"这是典型的从日常生活出发，即直接从个人熟悉的日常生活中的事物出发；苏格拉底接着问："人们在哪里可以变得美好和善良？"这显然是从日常生活场景迅速转向另一类场景，可以说是对个人熟悉的日常生活空间的打破，由此而在个体心智世界中制造陌生感与紧张感，个体因无法从既有的日常生活的知识中找到答案，因而必须转而探寻更高的事物。而当色诺芬表现出茫然无知之时，苏格拉底并不是简单地授予其知识，而是把其引向对知识的不断探求之中。苏格拉底在与对方展开对话时，正是通过让陌生事物进入熟悉的日常生活情境，来唤起对方的惊奇感，由此激励其追求智慧，也即激发其爱智慧，这是对话的结果。

从日常生活中的事物出发，转向日常生活之上的更高事物，由此而引导个体灵魂转向，并在此过程中让个体意识到自己的无知，以长久地保持个体对更高知识的欲求，这正是苏格拉底对话教学的基本过程。其中的关键乃是立足于日常生活中的交往而发生的对日常生活的超越，即让个体的灵魂从日常生活状态中超越出来，也就是从日常生活的惯习之中超越出来。

教学中的对话，关键问题究竟在哪里？对话乃是一个逐渐展开的过程，对话意味着对话双方共同转向对话所涉及的事物，形成一种听-说的对话结构。如果说对话的中心乃是进入谈话之中，那么要让对话双方进入对话情景之中，首先意味着双方要承认彼此，愿意倾听彼此的心

---

① 拉尔修．名哲言行录［M］．徐开来，溥林，译．桂林：广西师范大学出版社，2010：90.

声，由此而形成进入对话的潜在心灵结构，这可谓基于现代性的对话形式上的准备。与此同时，要让对话双方共同进入对话情景之中，另一个重要的条件是对话所涉及的事物对双方均具有吸引力，站在教育者的视角而言，这意味着选择自己感兴趣并且学生可能感兴趣的主题，并且以学生感兴趣的方式引导对话发生，这可谓对话的内容上的准备。对话的关键在于转向客观事物，转向对话涉及的事物，并通过转向客观事物来寻求事物之中的理性。这意味着教师自身思维的敞开与其对学生思维的激励。如果对话的发生乃是基于爱，那么对话的深入就需要智慧，因此，师生要深入地探寻事情本身，学生要理智地面对事物的内在理性，寻求与事物内在理性的契合。这样一来对话展开的过程就成为师生彼此共同转变、开放自我的过程。

苏格拉底对话教学往往是苏格拉底从与有亲熟感的人相遇开始，然后一步步把个体引向陌生事物，以引发个体的好奇心与紧张感，由此而激励个体认识到自己的无知，促成个体无条件地追求更高智慧的生命状态。这里值得一提的是，苏格拉底对话教学往往是发生在熟人之间，谈话的过程也使谈话双方更加亲昵，双方共同为对话情景所吸引。巴赫金认为苏格拉底之所以能够发现思想和真理的对话本质，"前提条件就是对话的人们之间产生了狂欢式的亲昵关系，人们之间的任何的距离全消失不见"①。正是因为在对话之初、之中，对话双方进入一种类似狂欢的情景之中，彼此之间的距离消失，人与人深度联结，双方共同探究才成为可能。这也是苏格拉底对话教学具有一种魔力的原因。

真正的对话，或者说原发性的对话，乃是发生在真实的言说者与聆听者之间，而不是言说者面对作为群体的大众进行单向输出。现代班级授课制往往是教师面对多名学生，教师与学生个人之间的对话往往也是发生在课堂这一公共场域里。以班级授课制为基础而展开的现代学校教

---

① 巴赫金. 陀思妥耶夫斯基诗学问题：复调小说理论［M］. 白春仁，顾亚铃，等译. 北京：生活·读书·新知三联书店，1988：187.

育，自夸美纽斯的时代发端，就开始强调教育的公共性，强调让更多的人尽快受到教育，即强调效率，这不可避免地会弱化一个灵魂与另一个灵魂之间的深度接触。如此一来，对话成为解决教学过程中某个具体的知识问题的技术，而非为了在彼此不断敞开的过程中激励个体灵魂上升。换言之，现代学校教育的体制化将对话带入敞亮的场景之中，使其失去了必要的秘密性，从而不可避免地使对话成为一种表演，导致对对话的投入度与对话的深度的降低，这提示教育性对话在现代转向过程中遭遇了关键性问题。

苏格拉底对话教学大都发生在日常生活场域中，而且大都是苏格拉底遇见某一位或一群熟人时所进行的对话，具有一定的私人性。下面我以柏拉图早期著作中的四篇对话为例。《申辩》讲述了苏格拉底在法庭上面对雅典陪审公民时为自己的生活方式和无罪做辩护；《游叙弗伦》讲述了苏格拉底在法庭门口碰到游叙弗伦，当时二人都因宗教事由而来到法庭，而游叙弗伦的行为似乎表明其对神和敬虔的德性有深刻的认识，苏格拉底就和他一起探讨何谓虔敬的问题；《克里同》讲述了苏格拉底的死刑因朝圣大船在外而延迟执行，临刑前夕，密友克里同前来劝说苏格拉底潜逃，而且一切准备工作都已做好，而苏格拉底却和克里同探讨究竟是否应该逃跑以及何为正义的问题；《斐多》则讲述了苏格拉底受死当日在监狱与其门徒就生死、灵魂、智慧、快乐等问题进行讨论。柏拉图的中期代表作《理想国》的开篇讲述的场景，乃是苏格拉底跟阿里斯同的儿子格劳孔一块来到比雷埃夫斯港，参加向女神献祭的活动，两人观看赛会后被当地富绅克法洛斯的儿子玻勒马霍斯挽留，之后两人到玻勒马霍斯家里展开关于何为幸福与正义的对话。显然，以苏格拉底为代表的古典对话具有浓郁的个人性，发生在具体的人与人之间。这里的关键就是这种对话总是从与对话参与者契合的某种话题或情景出发，引导对话一步步展开，凸显个体灵魂在对话深入过程中的自我转向。哲学家阿多认为："在口头的论辩中，有某个活生生存在者的具体在场；那种真正的对话，把两个灵魂联结起来，正如柏拉图所说，这是一种交换，论辩由此能够回答向它提出的问题，并且对它自己加以辩护。对话因此也是私人化的：它针对某一特定的个人，符合他的各种可能性和需要。正如在农业方面，一颗种子需要时间发芽和生长，人们也同样需要多次交谈，以便让知识在灵魂中发育。"① 真正的对话只能针对个人，或者说真正的对话发生在个体与个体之间。只有当个体能思考，个体是思考的主体、对话的真实承担者时，真正的对话才能发生。

这意味着重建教育性对话前需要重建师生之间的友谊，因为友谊或友爱是激励个体智慧之爱的基本条件，其让知识在个体灵魂中生成成为可能。"情感共同体是交流的基础。将人区分开来的麻木不仁且得到理智支持的态度背后隐藏着将人们联系在一起的变迁。不管理智观点会多么错误和荒唐，核心处的情感具有当下体验的真实性。如果一个人能够深入这个核心，并且在他心中重新唤醒人的条件（conditio humana）的意识，生存意义上的交流就成为可能。"② 尽管组成共同体的个人所持的观点各异，但友爱使他们彼此相连。优良的对话总是建基于友爱，正是友爱使得现代性教育情景中的对话恢复了对话的本质。今日教育要切实提高质量，需要着力推进小班教学，就是说要在形式上加强师生对话的私人性，避免对话成为去个人化的公共应答，无法触及真实个体的灵魂。真正的对话发生在"我-你"之间，是一个人与另一个人之间的倾诉、理解、应答、激励，而非单纯指向某个实际问题的公共解决之道。一旦教学中充斥的是彼此言不由衷的陈词滥调，那么对话就尚没有真正开始。

古典对话总是具有一定的私人性，这是指对话双方论辩的方式，与之相反，古典对话所涉及的主题则恰恰是公共的，是伦理与政治的，是

---

① 阿多. 古代哲学的智慧 [M]. 张宪，译. 上海：上海译文出版社，2012：71.
② 沃格林. 秩序与历史：卷三：柏拉图与亚里士多德 [M]. 刘曙辉，译. 北京：译林出版社，2014：79-80.

事关生活方式的。我们再来看柏拉图著作中的几篇对话。《申辩》中苏格拉底为哲学生活辩护，促成雅典人反思究竟什么样的生活值得一过；《游叙弗伦》是讨论何谓对神的虔敬问题；《克里同》谈论的是如何面对国家法律以及何为正义的问题；《斐多》则是谈论生死、灵魂不朽、智慧、快乐等问题；而《理想国》则更是涉及个人正义与城邦正义这一人类生活的根本问题。今日教育情景中的对话可能恰好相反，因为今日教育不过是把知识作为个人所能拥有的某种确定性事物，也即个人化的知识与技能，而不是经由对话激励个体对更高知识的欲求与对美好生活的向往，使对话结果私人化，最终不过是解决一个人或更多学生个人化的求知问题，而不是激励他们探索更高生活的可能性，激励他们爱智慧。换言之，以公共的方式得到私人化的结果，是今日教育中的对话的痼疾之所在。也正因为如此，我们的教育过程并不足以真正成为开启个体公共生活的过程，甚至可以说，其不足以成为个体在公共生活敞开自我的过程中不断获得现实人性的过程。如此一来，精致的利己主义症候也就在所难免。

真正的对话发生在师生之间，发生在这一个人与那一个人之间，而不是发生在去个性化的个人与个人之间，更不是发生在去个性化的个人与去个性化的群体之间。佐藤学指出："在教室里并不存在'大家'，存在的只是有自己名字和容貌的一个一个的学生。即使在以教室中的全体学生为对象讲话时，也必须从心底里意识到，存在的是与每个学生个体的关系。教师和学生在同一视线上相互交换目光的关系是教育的基本。"[1] 不仅如此，处于对话关系中的教师，同样需要让学生意识到自己不是教学的机器，而是拥有着完整身体与独特个性的存在。这意味着我们今天的对话需要恢复适度的私人性，也即恢复必要的个人性，从而让对话成为基于整体自我的个体置身其中、相互濡染、彼此激励的生命过

---

① 转引自佐藤学. 静悄悄的革命：课堂改变，学校就会改变 [M]. 李季湄，译. 北京：教育科学出版社，2014：译者序4.

程。与此同时，师生对话不仅仅指向享用性的知识与技能，还要开启公
共空间，激发个体对公共价值的追求，引导个体思考公共事务。

对话双方共同转向对话所涉及的事物和对话双方共同转向对话所涉
及的事物之内在理性，可谓对话的双重结构。真正的对话乃是凭借对话
双方的听－说关系的建构而使双方共同转向更高事物，对话的过程也因
此成为生动地激活个体人性的过程，即经由对话将个体的人性置于向着
更高事物的状态之中。人性必须被理解为一种持续的开放状态，一个人
并没有固定不变的人性，固定意味着终止，意味着个体的非人化。个体
成人实际上意味着恒久地保持个体成人的开放状态，对话的意义就是不
断打开这种状态。

《论语》中有一段孔子称赞颜回的话："吾与回言终日，不违，如
愚。退而省其私，亦足以发，回也不愚。"（《论语·为政》）颜回的表
现提示我们面对圣贤时应该秉持的基本姿态：首先是"不违，如愚"，
也即当着老师的面，不挑战老师，而是"默而识之"；其次是"亦足以
发"中的发，也即事后能自我发挥。"不违，如愚"的颜回乃是将自我
呈现出一种向着孔子所言之道敞开并让自己浸润其中的生命状态，即其
让自我身心向着圣贤之道开放，或者说以圣贤之道涵养自我的状态，这
是一种以默默听而从之为基本形式的学习路径。这里实际上涉及我们面
对经典的基本态度。我们当然需要独立思考，但我们能独立思考事物的
前提是我们对事物本身有足够的了解，否则，我们的思考与批判就难免
盲目。这意味着听（从）乃是我们面对圣贤与经典的基本学习态度，或
者说它就是真正的"学"的态度。唯有当我们处在"学（道）"的过
程中，我们才有可能在心中之"道"的关照下去独立思考、质疑问难，
否则我们的独立思考、质疑问难不过是对个人意气的表达，或流于尖
刻。正如孔子所言："恭而无礼则劳，慎而无礼则葸，勇而无礼则乱，
直而无礼则绞。"（《论语·泰伯》）事实上，离开了听的思考，或者说
离开了听的说，不过是个体在表达自己的主观意志，是自话自说，实际

上其跟对象本身并无根本性的联系，即个体并没有显现出对圣贤与经典的开放性，其并没有接纳圣贤和经典中的道。对话作为建立听－说关系结构的途径，意味着个体置身于向着更高事物的生动的开放状态之中，倾听和言说的过程正是和他人一道置身于向着对话所涉及的事物开放的过程之中。

我们来看《论语》中另一段典型的对话。子夏问曰："'巧笑倩兮，美目盼兮，素以为绚兮'。何谓也?"子曰："绘事后素。"曰："礼后乎?"子曰："起予者商也! 始可与言诗已矣。"（《论语·八佾》）当孔子以"绘事后素"回应子夏的"巧笑倩兮，美目盼兮，素以为绚兮"时，可以说是孔子在对子夏的观点进行补充，而子夏迅速从"绘事后素"中领悟到孔子思想的精髓，即先仁后礼的道理，而孔子本人并没有把"绘事后素"与"先仁后礼"结合起来，故有"起予者商也"之说。可见，在这里，孔子和子夏对话的过程乃是一个彼此激励、相互敞开的过程。正因为双方都不先行占有真理，因此对话的过程乃是改变双方的过程。最后的结果并不是一方对另一方的说服，而是双方共同进入对话事物之中，达成对事物的内在理性的理解，在更高层面实现双方生命的融通。对话的前提与基础是允诺对话双方的完整性，对话的过程乃是在此过程中带出对话双方彼此更高水平的完整性存在。如果说对话之初的完整性乃是一种允诺，那么对话的过程就是让这种允诺逐渐现实化。

每个人都是一个世界，每个人成长中的问题终究只能靠自己解决，任何人都不能代替他，这意味着真正的教育最终只能是自我教育，这可谓教育的第一原理。当然，这绝不意味着我们就不需要有任何作为，这里的关键点有两个：其一，任何作为都需要与个体自身发展方向相契合；其二，任何作为都需要转化成个体的自觉自主之举。一切对话，最终都可归结为自我对话，即对话者转向自己。"一切通过语言运用去弄懂世界的方式，最终都是弄懂自己的方式，所有的理解，都是一种自我理解，都是赋予自己以形式，从而把自己构造为自我的方式。"① 这意味着作为教学方式的对话，其根本旨趣正是激励个体与自己对话，促成个体精神的转变与自我教化。正因为如此，对话不仅仅是教学的手段与方法，其也是教学目的。

五、教育性对话的旨趣：激活个体心灵的开放性

置身于现代性背景中的教育性对话，通常是在三个层面展开的。第一个层面是个体层面，这是基础。任何对话都是基于个体的生活和个体存在的完整性。正是个人生动的生活世界给对话的展开提供了生生不息的源泉，离开了个体自我的融入与个人生活世界，对话就失去了生活世界的源泉，内容会趋于枯竭。第二个层面是社会层面，这是中介。如今的任何对话都是现代社会中的对话，置身于教育性对话中的人理当尊重并引导社会的基本价值，恪守对话的基本程序与准则，彼此平等，相互尊重，求同存异，以保证对话合理展开。对话的合理性与合规则性，无疑是对话深入的关键。第三个层面是精神层面，这涉及对话的指向。教育性对话跟闲谈有相同之处也有不同之处，相同之处在于两者都以生活世界为基础，不同之处则在于前者向着更高的精神世界开放，而闲谈则往往囿于家长里短之中。朝向精神世界的教育性对话，其根本特征正是对话双方向着更高事物开放。"高贵事物是生活的引导。没有对高贵事物的言说，也就没有理解世界和自我的更高的基础。高贵的、真实的事物也许是隐身的，是不可见的，只有言说它们才能显现它们，真理只有通过言辞才能说出。现代的教育让人们仅仅经验可感觉、可见的事物，仅仅培养人们占有可见事物的能力，而不培养人们灵魂的视力和言说真理的能力。"② 重申对话的教育性，其根本意义就是开启个体朝向高贵事

① 滕守尧. 文化的边缘 [M]. 北京：作家出版社，1997：64.
② 金生鈜. 教育研究的逻辑 [M]. 北京：教育科学出版社，2015：279.

物的可能性，避免个体在单纯的权利与一己之欲望的满足中占有可见事物，而封闭了自我心灵通往更高事物的通道。

真正的人性，正是存在于人与人之间，存在于阿伦特所说的个人"向他人敞开"的意向性结构之中。阿伦特认为，这种"敞开性乃是'人性'的前提，无论是在'人性'这个词的任何哪种意义上"①。人生活在世界中，生活在自我与他人的关系中，人与人共同存在的空间使个体人性的发展成为可能。拥有成熟的个性的人，总是在内心深处意识到他人的存在。真正的人性就是在自我实存之中意识到他人，意识到他人与自己共在，意识到他人与自己不可分割。这种意识的开启正是发生在人与人之间，人与人之间的对话正是将封闭的个体引向他人，引出对话双方的健全人性的基本形式。对话的根本意义，正是让个体意识到对话性是自我存在的根本属性，或者说是人的根本属性。换言之，人性的基本存在方式正是对话。雅斯贝尔斯指出："真正的高贵不是在一种孤立的存在中找到的。它存在于独立的人的相互连接之中。这样的人意识到他们有责任彼此发现。他们无论在何处相遇都能彼此相助以致进步。他们随时准备交流，始终留心着这样的机会，但并不强求。他们虽未达成任何正式的协议，却以一种比任何正式协议都更强有力的忠诚保持着团结。这种团结甚至延及敌人，如果个体自我之间进入了真正的对立的话。这样，便实现了一种最优秀者的团结，它可以——比方说——存在于不同的政治派别之间而超越一切分歧。"②

如果说人与人的对话乃是个体成人的基础性场域，那么人与自然、人与神圣事物的对话则是个体成人的开放性场域。人不能仅靠自己成为人，个体之人性的生长生成始终离不开他人，一切他人正是个体成人的

---

① 阿伦特.黑暗时代的人们 [M].王凌云，译.南京：江苏教育出版社，2006：13.

② 雅斯贝斯.时代的精神状况 [M].王德峰，译.上海：上海译文出版社，1997：182.

根本依据；同样，人也不能仅靠人的经验成为人，个体还需要保持向着人之上的更高的美善事物的开放性，保持向着自然与神的开放性。人与自然、人与神、人与无限世界的对话，积累了自我生命中神圣事物的经验，在扩展个体生存经验的同时，让个体的自我生命与世界契合，进而达成个体置身于天地人神之中的完整的生命存在。人与人的对话就是要唤起人与自然、人与神圣事物的对话，不断激励个体转向更高事物，激励个体内心对美好事物持续不断的欲求。如果说人与人的对话让人获得现实的人性，那么人与自然、人与神圣事物的对话，则让人获得人性之中的超越性。人通过与他人相处，走向自我与自然、自我与神圣事物的对话，然后返回自己的心灵，与自己内心对话，促成自我的完整生成。正是人与他人、人与自然、人与神圣事物的多重对话，带出人真实而鲜活的人性。人就是生动地活在与他人、自然、神圣事物的对话之中。成为人，就是进入对话之中。真正的教育就是这种对话的引导与展开。教育性对话的灵魂就是要保持个体精神的自由与开放，保持个体成长在与他人的关联之中、成长在富有张力的对话过程之中的生命姿态。

真正的对话绝不仅仅涉及作为形式的对话活动的展开，其首先关涉的是对话者自身存在的对话性。苏格拉底不停地询问他人，想方设法证明他人的既有观念是错误的，其出发点乃是为了证明神谕是对的。苏格拉底与他人在对话过程中始终信奉有一个更高的神，由此把自己内在地置于无知的状态之中，其没有简单地以知识拥有者的身份故意挑逗他人。对话之所以是可能的，首先在于对话引导者自身的开放性。赫拉克利特提醒我们，要听从逻各斯，而不是听他本人。"如果你不听从我本人而听从我的'逻各斯'，承认一切是一，那就是智慧的。"① 苏格拉底拒绝把自己当作知识的拥有者去传递知识，他基本上是无条件地刺激个体去欲求事物的普遍性的定义，以求得更高的知识。对话的灵魂正是激

---

① 北京大学哲学系外国哲学史教研室．古希腊罗马哲学［M］．北京大学哲学系外国哲学史教研室，译．北京：生活·读书·新知三联书店，1961：23.

励对话中的个体向着更高事物开放，使人保持对"崇高事物的意识以及对伟大事物的敏感"①。一旦缺少这种敏感性，对话就不过是一场并无对话意义的个人独白的组合，对话双方依然彼此孤立，难以带来个体智识空间的深度开启与个体精神的超越。

显然，我们将恒久地面临着教育何以可能的问题，也即人何以成人的问题。人何以成人的问题归结起来就是人之为人的基本依据究竟为何。我们可以超越古典教育，但我们注定无法超越古典教育之为教育这个问题本身，也即个体何以成人的问题，或者个体成人的基本依据问题。如果说个体完全可以在自我经验的世界中成为人，则人与动物有何差异？如果说凸显个体经验乃是现代教育之为现代教育的基本特征，那么在个体经验中重新开启个体朝向他人、朝向人类的可能性，则是现代教育之为教育的关键所在。正因为如此，古典教育与现代教育之间的差别终究是表面的、形式的，因为我们恒久地面临着个体成人的问题。

教育的根本问题是个体成人的问题，个体成人意味着个体转向引导其成人的更高事物。这意味着教育实践中的根本关系并不是师生关系，而是个体与引领着其成人的更高事物之间的联系，师生关系的意义正在于其承载了这种联系。因此，好的教育，正是促成个体充分地转向更高事物的教育。"教育是极其严肃的伟大事业，通过培养不断地将新的一代带入人类优秀文化精神之中，让他们在完整的精神中生活、工作和交往。""教育，不能没有虔敬之心，否则最多只是一种劝学的态度，对终极价值和绝对真理的虔敬是一切教育的本质，缺少对'绝对'的热情，人就不能生存，或者人就活得不像一个人，一切就变得没有意义。"②

对话的意义正是在于对话双方在彼此信任与期待之中，在相互激励

---

① 赫尼斯．托克维尔的视角［M］//刘小枫，陈少明．回想托克维尔：纪念托克维尔诞辰两百周年．北京：华夏出版社，2006：141.
② 雅斯贝尔斯．什么是教育［M］．邹进，译．北京：生活·读书·新知三联书店，1991：44.

与真实关联之中，在对知识与真理的必要的虔敬之中，开启自己的内心，朝向更高事物，即对话让对话双方成为共同欲求更高事物的存在。雅斯贝尔斯这样解释绝对的事物："绝对的东西可以分为两种：一种是大众共有的，比如一个人所属的阶层，或者国家、或者对无限的追问中所体现出来的宗教意识，另一种是个人性质的，比如真实、独立自主、责任和自由，一个人也可以同时具有这两种性质的绝对事物。"① 真正的教育要培养独立的个体（但不是孤立的个体），要让个体保持向着更高事物的虔敬之心，让个体心有所属，由此使个体保持开放的精神生活成为可能。这意味着真正的对话的旨趣，或者说今日教育性对话的旨趣，不仅仅是要回到个体，还要保持个体心灵世界的开放性，避免个体的自我封闭。没有人可以孤立地成为人，每一代人都必然依托人类来使自身获得发展，教育不可能从零开始，这意味着教育总是内含着人类精神和生命理想在代与代之间的不断传递与创生。真正的对话正是从个体开放的心灵出发，开启个体进入人类生命理想的路径。真正的教育乃是"人与人精神相契合，文化得以传递的活动。而人与人的交往是双方（我与你）的对话和敞亮，这种我与你的关系是人类历史文化的核心。可以说，任何中断这种我和你的对话关系，均使人类萎缩。如果存在的交往成为现实的话，人就能通过教育既理解他人和历史，也理解自己和现实，就不会成为别人意志的工具"② 。真正的教育乃是要促使人经由积极的交往来理解他人和历史，并反过来理解自己和现实，由此成为独立自由的个体，拥有健全的人格。教育的基本过程正是师生双方的对话性交往以及由此而来的彼此心灵的敞亮，也即个体心灵的开放性。凭借对话，师生一道变得更好。教育性对话的根本旨趣就是教师陪着学生一起走向知识与真理的世界，感受知识与真理的光辉，生发出对知识与真理

---

① 雅斯贝尔斯. 什么是教育 [M]. 邹进，译. 北京：生活·读书·新知三联书店，1991：44-45.
② 同①2-3.

的无限热爱。

每个人都需要教师来引导自己超越封闭的自我而通往更高事物，真正的教师并不限制学生的发展，而是努力把学生带往更高处。这意味着真正的教师乃是桥，优良的教育乃是"过河拆桥"的过程，而非在桥上逗留。柏拉图在《理想国》中提到了光的隐喻，每个人心灵的敞亮都需要光，但教师并不是光。教师是桥，高明的教师把学生引向光亮之路。教育若没有唤起个体对更高事物的欲求，则意味着教育活动始终局限在师生之间，教育不过是作为实体的师生之间围绕知识展开的互动而已。在知识的掌握上先于学生的教师轻易地居于主导位置，而学生则更多地居于屈从者的位置。我们对学生的希望恰恰是他们能"过河拆桥"，即学生把教师的引领转化成自己主动前行的智慧与力量，而非始终依托于教师给予的支撑，这正是好的教育的应有之义。好的教育并不是让学生屈从于教师，即让学生的发展始终被放置于教师的威权性影响之中，而是能让学生一点点找到自我，敞开自我生命的内在意向，走向自我生命成长的坦途。

纪伯伦在《先知》中谈论了孩子与母亲的关系，受他启发，我认为，教育性对话就如同弓箭，教师张开弓，就是为了让学生从弓上出发，快速地飞向自己的目标。以下内容是《先知》中的一部分：

一位妇人怀抱婴儿，她说，给我们谈谈孩子。
他说道：
你的孩子并非你的孩子。
他们是生命渴求自身的儿女。
他们由你而生，却并非从你而生，
纵然他们跟着你，却不属于你。

你能给他们爱，却不能给他们思想，

因为他们有自己的思想。

你能庇护他们的躯体，却庇护不了他们的灵魂，

因为他们的灵魂居于明日之屋，那去处你不能拜访，即便是在梦乡。

你可尽力去效仿他们，却不可让他们像你。

因为生命不会逆转，也不会与昨日滞留。

你是弓，你孩子犹如飞箭从弓上发出。

那射者瞄准无限路上的目标，他用力将你弯曲，好让他的箭射得又远又快。

让你在射者手中的弯曲成为一件乐事吧。

因为他既爱飞穿的箭，也爱稳当的弓。①

---

① 纪伯伦．先知［M］//纪伯伦．先知·沙与沫．北京：北京十月文艺出版社，2005：14-15.

第五章

起兴、启发与对话：

指向生命整全的教学技艺

　　所谓技艺，就是让事物充分显现的艺术，教学的技艺便是让学生的生命在教学过程中充分显现的艺术。优良的教学唤起个体的生命，让其身心整体卷入教育，由此激活个体的身心潜能，让个体内在的诸种能力得到充分合理的显现，孕育个体生命发展的内在秩序，进而形成个体发展的内在方向与动力，使得个体能基于自我生命的内在力量合理充分地显现自我的自主发展与自我教育成为可能。这意味着真正的教育技艺乃是能有效地把教学目标与内容融入合适的个体之自我显现的情境之中的教育艺术，或者从另一个角度说，是能让个体以整体的方式进入教育情境之中的教育艺术。关键在于，个体如何能作为整体让自身在教育情境之中敞开？从教师的角度来说，教师引导学生整全地进入教育情境的教学技艺究竟是怎样的？

　　人之为人有三个基本层面，即身体层面、心理层面和精神层面。与之相应，个体成人在三个层面逐渐展开。在身体层面，个体的身体逐渐舒展，即个体自然生命的成全。在心理层面，个体的理智能力得到发展，社会认知能力、社会适应能力得到提升。相对于身体层面的成长，心理层面的成长大致接近于个体社会生命的发展。如果说心理层面的发展重点是理智能力的发展，那么精神层面则涉及个体生命存在的意义问题。自然层面的个体成人，乃是解决个体在世的基础性身体（生命）姿态问题；社会层面的个体成人，乃是解决个体的现实生存问题；精神层面的个体成人，乃是解决一个人究竟为什么而活的问题，这涉及文化濡染的问题。这意味着指向个体完整成人的教学活动，需要在三个层面逐步引导个体生命展开。首先是身体-自然的存在层面，身体的充分舒展是个体成人的基础性状态，这意味着教学技艺首先要带出个体身体的优雅存在。其次是心理-社会的存在层面，即让个体向着社会敞开自己的心智，这意味着好的教学乃是要引导个体在向着社会敞开自我的过程中开启自己的理智空间，促进个体理智生命的发展。再次是文化-精神的存在层面，这个层面的中心乃是意义感。个体在世界之中生存，最根本的需要乃是对意义的需要，这意味着教学的根本技艺乃是在当时当地的教学实践中孕育个体生命的意义感。教学作为引导个体整全成人的艺术，其根本价值就在于整体性地敞开个体生命，实现个体同时作为身体-自然的、心理-社会的、文化-精神的存在，由此而使教学不只是传授知识的活动，而是带出个体整全成人的活动。

一、起兴：个体身体的激活与自然生命的舒展

"人活在世界中，首先是作为身体的存在，身体在世之存在方式乃是个体存在的基础性存在方式。换言之，个体的一切活动都是基于身体在世之在，并且最终回返到身体之存在。……任何教育形式都以身体为基础，并且从身体出发，最终又体现为个体身体在世状态的转变与自我提升。"[1] 身体是个体在世的物质前提，一个人的学习与成长是从身体开始的，身体的激活正是优良的学习状态得以形成的基础。这意味着好的教学乃是从

---

① 刘铁芳. 追寻生命的整全：个体成人的教育哲学阐释 [M]. 北京：高等教育出版社，2017：87-88.

身体的唤起开始的。所谓起兴，其基本意蕴正是身体的激活与打开，教师通过起兴让个体自然生命在教学情境中充分地舒展开来。

孔子有云："兴于诗，立于礼，成于乐。"（《论语·泰伯》）所谓"兴于诗"，就是通过让个体学习诗歌来感发其心志。《毛诗序》这样谈诗："诗者，志之所之也。在心为志，发言为诗。情动于中，而形于言；言之不足，故嗟叹之；嗟叹之不足，故咏歌之；咏歌之不足，不知手之舞之足之蹈之也。"诗之起兴是指在诗歌所敞开的情景之中，个体的身心被充分打开——"不知手之舞之足之蹈之"，接着以个体活跃的身心状态为基础，培育个体积极的心志，即个体向着他人与世界的美好心向。起兴乃是身体性的，是教学情境直接作用于人的感性存在，在个体与当下的人和事物的感性联系中激活个体的感官，进而激活个体生动的感性存在，把个体首先作为完整的身体存在带入当下。孔子所说的"诗，可以兴，可以观，可以群，可以怨。迩之事父，远之事君；多识于鸟兽草木之名"（《论语·阳货》），说的就是以诗来起兴，充分激活个体的感官，让个体融入天地人事，使其充分地感知天地人事成为可能。起兴作为教育的基础性技艺，正是致力于整体性地激活个体，让个体得以以完整的姿态进入教育情境之中，以活跃的身心与在活跃的身心基础之上的对教学事物的爱、热情、敏感性和积极的思维状态进入教学情境中。如此一来，教学便不再是单纯地对个体的理智能力进行训练，而是提升学生完整的身心的生命实践活动，使学生不再是被动参与教学，而是整个身心主动进入教学情景之中。

起兴意在让学生保持活跃的身体姿态与基于活跃的身体之上的积极的心灵生活，合而言之，起兴就是激活并让个体保持活跃的身心姿态，唤起个体完整优雅的身心状态与孕育其中的求知意向，也就是激励个体非定型化的情感和思维状态，唤起个体生命中涌动着的无名状态，为其定型化的学习奠定基础。如果说定型化的学习只是理智性的，那么非定型化的起兴一定是个人生命整体性的。起兴意味着让个体在身心整体被激活的状态中学习。起兴其实就是把处于生活状态中的人转化成拥有积极学习状态的人，也就是始终提示个体作为拥有积极的生活状态的人在学习过程中的基础性。起兴的过程就是激活个体追求美好事物的状态的过程。对美好事物的欲求能改变个体在学习中具体的体验形态，让个体的学习过程在身心追求美好事物的背景中展开，从而为其进一步的深度学习提供基于身心整体优雅展开的优良准备。

教学中的起兴强调教育实践的基础是人与人的交往，是彼此具有亲熟感的师生共同转向包容着美好事物的情景。教育首先是一种交往，教什么的前提是"我"和"你"在一起，"我们"在一起真实地构成了一个积极的交流空间。让学生了解教师，让教师进入学生的世界之中，由此让学生在当下真实地对教师产生亲近之感，是教学中的起兴的基本路径。教学情境所舒展的不仅仅是作为学习者的学生的生命，还有作为生活中的人的完整生命。前者是功能性的，后者是生活性的；前者总是具有某种压迫感，后者的自由自主性更强。如果说学生在教学情景中作为学习者的功能化存在具有某种必然性，那么起兴无疑就是学生在教育中向着本真的自我回归的一种方式，其能增进学生在教育情景中的自主性。

就个体而言，起兴关注的是个体在做事之前、之中的存在状态，试图唤起个体初始性的优雅身心，希望将此作为个体活着的基础性状态；就个体与他人、他物的关系而言，起兴就是个体与他人、他物优雅共在的方式。教育是从身体开始的，"一切优良的教育总是建基于个人身体与教育事物的生动连接，或者说好的教育其实就是建立个体与教育事物之间的生动联系，而个体与教育事物之间的生动联系乃是从身体开始的"①。激励个体向着他者的爱欲，让爱与美成为个体的成长背景，由此让个体在爱与美之中成长。教育意义在背景中生成，个体教育意义的生

---

① 刘铁芳．追寻生命的整全：个体成人的教育哲学阐释［M］．北京：高等教育出版社，2017：92.

成依托于个体自身的背景。起兴就是激活个体生命自身的优雅背景，由此让教学基于个体之身体与生命的生动生长，使学习成为个体有意义的生命实践。如果说人之为人的根本就在于人追求有意义的生活，那么起兴作为教学实践的技艺，直抵教育的中心——引导个体活出意义来，从当下抵达未来。起兴的根本意义，就是激活个体置身于他人与世界之中的优雅生存，由此而建立起个体与他人和世界的亲近感，形成个体与他人和世界的积极联系，培育个体生活的意义。

中国有个成语叫"兴高采烈"，意思是："兴味高超，文采强烈"，这是古人用来形容嵇康"兴高采烈"的原话。① 起兴就是唤起个体的兴味，给个体文思的涌现提供基础。教学中的起兴乃是凸显个人的身体对教育过程的体验，保持个人身体对教育过程的开放性，促成教育过程的审美化与理智化之间的和谐，使教育成为身体与心灵相融合的整体性活动，促成个人在教育过程中的完满发展和其在教育情景中的愉快体验，使其既享受教育的结果也享受教育的过程成为可能。不仅如此，起兴在凸显个人身体对教育过程的体验，以及由此而来的凸显教育过程之审美品格的同时，也凸显了个人身体体验生活与世界的能力，由此凸显个人存在的审美品格，即促进个人在世的审美化存在。正因为如此，个人身体的充分起兴，带来的乃是个人生命对审美与自由的体验，这就为个人保持自我精神的开放性、充分打开自我思维空间与接纳更高的事物做好了基础性的准备。

二、启发：个体思维空间的打开与理智生命的拓展

"启"的基本含义是"打开""开导"，"发"的基本含义是"扩

---

① 木心. 木心谈木心：《文学回忆录》补遗 [M]. 桂林：广西师范大学出版社，2015：175.

大""发展""揭露""打开""引起""开启"，两者的含义基本接近。所谓启发，是指"用事例使人产生联想而有所领悟"①。启发的基本含义是开导、指点或阐明事例，引起对方联想并使其有所领悟。每个人都有思维潜能，这种潜能会因为缺少必要的引导而处于混沌状态，或因为缺少方向而处于迷茫状态，启发乃是通过引导个体的思维方向，使其思维空间通达与敞亮。启发的生命意义就是敞开个体的思维空间，培育个体理智兴趣，把个体引向自主思考、自我发展的人生道路。如果说起兴是身体性的、审美性的，那么启发就是指向思维的、理智性的。换言之，教育中的起兴要"兴"的是个体的身体情态，其是要激活、唤起个体优雅积极的身体情态；教育中的启发要"启"的乃是个体的理智思维，其是对个体理智思维空间的拓展与理智思考能力的提升。正是通过拓展个体的思维空间，敞开个体通往生活世界的生命通道，进而让个体理解诸种自然与社会事物，逐步扩展自己的社会存在。

个体理智空间的打开主要表现为渐次发展的三种基本形式：首先是相近事物的扩展，或者叫同质性事物的扩展。身处一定情景中，个体更容易对相近事物产生联想，同质性事物的扩展成为个体开启理智空间的初始形态。其次是相反或相对事物的扩展，也即异质性事物的扩展。跟同质性事物的扩展相比，异质性事物的扩展难度更大，思维跳跃的程度更高。一个人能在何种程度上发现异质性事物，在一定程度上决定了其理智空间有多大。再次是不同阶段或不同层次的事物的螺旋扩展。同质性事物与异质性事物的扩展，都是在同一个层面的事物之间展开的，所谓的"举一反三"，反映的大抵是人的思维在同一层面的同质性与异质性事物之间的扩展活动。个体思维发展的更高水平乃是其思维能在具象与抽象、现象与本质或事物发展的不同阶段、不同层次之间展开，在螺旋上升（下降）的过程中达成对事物的整体性认识。启发的意义就是以

---

① 吴昌恒，陆卓元，韩敬体，等. 古今汉语实用词典［M］. 成都：四川人民出版社，1989：557.

合适的方式，提示个体理智扩展的不同路径，也即敞开个体的思维向着同质性事物、异质性事物、不同层级的事物扩展的思维通道，贯通不同事物的内在联系，使个体的理智空间敞亮。

近代德国教育家第斯多惠这样看待教育中的激励和鼓舞："教育的艺术不在于传授知识和本领，而在于激励、唤醒和鼓舞。"① 从个体发展的视角而言，早期阶段的教育艺术主要就是"激励、唤醒和鼓舞"，因为此时学生的自主意识还在形成中，"激励、唤醒和鼓舞"一方面是直接针对年幼个体的生命潜能，另一方面则是直接针对年幼个体的生命情态，即通过激励、唤醒和鼓舞个体来培育其积极向上的生命情态。两者相互关联，缺一不可。激励学生积极的生命情态往往是通过激励学生的某种具体的行为实现的，其中总是内含着对学生某种生命潜能的激发；反过来，教师在激励学生的理智的过程中也蕴含着对学生生命情态的促进。相较而言，后者更加重要。换言之，这个阶段激励学生的目的并不在于让其理智思维发展到什么高度，而是使学生的生命情态积极向上。

正如《学会生存——教育世界的今天和明天》一书中所言："教师的职责现在已经越来越少地传递知识，而越来越多地激励思考；除了他的正式职能以外，他将越来越成为一位顾问，一位交换意见的参加者，一位帮助发现矛盾论点而不是拿出现成真理的人。他必须集中更多的时间和精力去从事那些有效果的和有创造性的活动：互相影响、讨论、激励、了解、鼓舞。"② 这段话包含了启发何以可能的几个关键要素。第一个要素是师生间的互相影响。这涉及师生交往在时间与空间上的整体性。换言之，启发之所以可能，前提正是师生双方对彼此的人格产生了某种影响，这种影响来自以下几种情境：一是平时师生交往中积累的友

---

① 第斯多惠. 德国教师教育指南［M］//张焕庭. 西方资产阶级教育论著选. 2 版.
  北京：人民教育出版社，1979：387.
② 联合国教科文组织国际教育发展委员会. 学会生存：教育世界的今天和明天
  ［M］. 北京：教育科学出版社，1996：108.

爱因素延伸到了教学情境之中，二是师生在课堂教学情境中生发出来的真实的友爱对学生思维的激励与唤起。第二个要素是讨论、了解，这是启发的具体过程。启发不是去建造空中楼阁，而是师生之间实实在在地贴近学生实际情况去讨论问题、互相了解。第三个要素是激励、鼓舞。讨论、了解主要是就学生的知识状况与学习进度展开的，更多地涉及思维层面，激励、鼓舞乃是对学生的学习心态与生存状态的促进，更多地涉及情感态度层面。启发的具体路径，很重要的一点就是要鼓励学生去经历各种不同的事物，当学生在某些事物上表现出强烈的兴趣或不凡的天分时，要为其提供发展兴趣和天分的机会。要鼓励学生进行各种尝试，甚至必要的冒险，并鼓励他们直面失败，同时引导学生从失败中吸取教训。教师要更多地通过赞赏努力，而不是赞赏能力，让学生产生积极的情感体验。在此过程中，切忌给学生贴标签，一旦学生被贴上神童的标签，他可能会有精神负担。

康德曾这样谈及启蒙："启蒙是人之超脱于他自己招致的未成年状态。未成年状态是无他人的指导即无法使用自己的知性的那种无能的状态。如果未成年状态的原因不在于缺乏知性，而在于缺乏不靠他人指导去使用知性的决心和勇气，这种未成年状态便是自己招致的。勇于求知吧！鼓起勇气使用自己的知性吧！这便是启蒙的格言。"[①] 在这段话中，康德十分清晰地指明了个体在被启蒙前的两大基本问题，即缺乏知性与缺乏使用知性的决心和勇气，据此启蒙的两条基本路径便是发展人的知性能力和培育人使用自己知性的勇气。这提示我们，在教学中切实地启发学生，同样离不开这两个方面。因此，教师一是要通过启发引导学生发展自己的知性能力，二是要鼓励学生自由思考、自主探究，增强使用自己知性的勇气。

---

① 康德. 答"何谓启蒙"之问题 [M]//康德. 康德历史哲学论文集. 台北：联经出版事业公司，2002：27.

三、对话：在生命的相互磨砺中成就个体的精神生命

对话，通俗地说就是两个或两个以上的人之间的谈话。这里的关键之处有两个方面：第一，对话乃是人表达自己的基本方式，第二，对话总是涉及两个或更多的人之间的表达。这意味着个人总是向着他人说话，对话双方之间有一种说－听的关系，说话者乃是向着倾听者说，而倾听者乃是在听说话者所说的内容，彼此之间有一种回应与期待的关系。

对话的实质乃是人与人通过话语连接起来，形成交往共同体。对话往往在三个基本层面展开。第一个层面是日常交流层面。对话是人与人的一种日常交往形式。两个陌生人相遇，一句无关紧要的寒暄，消融彼此之间的疏离感与紧张感，在一定程度上营造了人与人之间短暂的和谐氛围。在这个层面，对话的重心不在内容，而在对话本身。对话双方，你说我听，我说你听，大家一起说话，双方连接在一起，这意味着对话本身就是一种生活形式，换言之，双方在对话本身就有意义。第二个层面是围绕某个主题交流的层面。这涉及一个人表达什么内容的问题，即围绕某个问题或某个主题，每个人表达不同的观点和意见，沟通有无，求同存异，经由对话形成彼此之间的共识。第三个层面是精神交流，即对话的过程乃是一个对话双方彼此认同、相互砥砺的过程，对话双方在通过对话思维得以敞开，情感得到激发的过程中，增进对自我的认同，让自身更加完整，由此让自己变得更好。这些体现了对话的层次性：初级的对话就是形成说－听的关系结构，中级的对话则是旨在促进对话双方敞开思维与达成共识，高级的对话则是旨在让个体经由对话深度地敞开自己，由此让个体意识到自我与他人、世界之间存在根本性的联系。日常生活中简单的对话可以说是初级对话，苏格拉底跟年轻人之间以肯

定为主调的对话可谓中级对话的典型样式，苏格拉底与成年人之间的反诘式对话则是高级对话的经典形式。当然，尽管对话有层次之分，但任何真实地发生着的对话，总是具有敞开对话者彼此生命的意义，进而带出个体更高层面的存在的特征。

对话总是建立在对话双方相互尊重、彼此承认和认可的基础上的。每个人都是带着自己的经验、历史、传统进入对话之中的，有效的对话离不开个体既有的经验背景。教学中的对话首先需要教师承认、认可学生，充分地接纳学生，在承认他们知识与经验不足的同时，也尊重他们既有的知识与经验。另一方面，对话总是意味着对话双方对对话所涉及的事物本身还没有形成定论，而保持着某种开放性，这使对话双方参与其中、表达个人的思想成为可能。对话总是蕴含着这样的意思："交流的每一方对所谈的真理都还没有总体的把握，都需要做进一步的探求，任何一方对所谈问题的真理都不会垄断。"[①] 教学中的对话意味着师生共同进入教学事物之中，教师并不以权威自居，执着于自己的结论，学生也没有自我封闭，固执己见。这提示我们，教学中的对话得以可能的关键乃是开放性，即对话双方保持向对方学习与交流的开放姿态。"任何人的传统知识都不曾是完美无缺的，每个人都应继续下去。人们需要认识到他的知识是有限的，并知道转向何处去获得所需要的信息。"[②] 教学中师生有效的对话无疑就是要激发双方对彼此的承认并激发彼此继续学习与发展的热情，在此过程中，教师要对学生提供必要的引导与帮助。这里特别值得一提的是，有效的对话不仅可以帮助学生，也可以帮助、促进教师成长。师生彼此尊重、接纳，而又相互开放、激励，这正是教学中的师生对话得以可能的基本条件。

孔子有云："不愤不启，不悱不发。"（《论语·述而》）孔子与弟子的对话大都是建立在彼此之间持续交往与教学活动的持续进行之上

① 斯威德勒. 何谓对话？[J]. 高国希，译. 国外社会科学，1991（10）：47-48.
② 同①.

的。苏格拉底的很多对话都是发生在比较轻松的情景之中，比较典型的
是《会饮》中的场景。当时苏格拉底参加为庆祝阿伽通得奖而设的晚
宴，"苏格拉底躺到榻上吃饭，其他客人也还在吃；他们献上祭酒，齐
唱赞神歌，履行了所有列行仪式，然后，开始会饮"①。《理想国》开篇
用苏格拉底的口吻交代了背景："昨天，我跟阿里斯同的儿子格劳孔一
块儿来到比雷埃夫斯港，参加向女神的献祭，同时观看赛会。因为他们
庆祝这个节日还是头一遭。"② 这段旁白也是为了将之后的讨论置于一个
相对生活化的背景中。这提示我们，优良的对话总是建立在个体良好的
身心准备状态之上的。唯有当师生达到某种较好的生命状态，彼此才有
可能充分地投入到对话中。有效的对话离不开个体生命的起兴与理智思
维的启发，高层次的对话乃是建基于起兴和启发基础之上的个体精神的
敞亮。

　　人活在世界之中，没有人可以靠孤立的自我成为人。对话不仅是我
们活在世界中的基本生活形式，也是人与人相互连接的基本路径，还是
人历练人性的基本方式，或者说对话就是人性的基本存在方式。广泛的
师生对话正是师生参与教学生活的有效形式，通过对话，师生生命不仅
有机地连接在一起，形成教学生命共同体，也让学生的思维得到锻炼，
更重要的是让每个人经由多维的说-听关系的建构而走向他人、接纳他
人，历练自我的人性。对话也因此成为师生展现并进一步获得人性的基
本路径，甚至可以说，对话就是教学中师生人性的实践姿态。

　　当然，我们需要意识到，学生乃是成长中的个体，一方面他们客观
上存在着自我发展不充分的情况，另一方面，他们又是相对独立而完整
的个体。如果说前者意味着教育性对话的必要性，那么后者就提示了今
日教学之对话的前提与基础。显然，今日教学中的对话，需要承认师生

---

① 柏拉图，等．柏拉图的《会饮》［M］．刘小枫，等译．北京：华夏出版社，
2003：13.
② 柏拉图．理想国［M］．郭斌和，张竹明，译．北京：商务印书馆，1986：1.

在水平上的差异，一旦我们完全抹平了教师与学生在先天禀赋、发展水平、教学权利上的差异，实际上就是先行承认个体存在之匮乏的合理性，这也就意味着我们先行弱化了对话中个体灵魂转向的可能性。在这种情况下，对话就难免流于形式。缺少了实质内容的对话，不可能促进人真正的自我转向，也不可能有真正的教育。而一旦我们承认个体在禀赋上具有差异性，承认个体发展中的先天秩序，就很容易削弱师生在现代教育情景中的平等性，导致对现代教育中对话之普遍性的否定。尽管我们寻求教学中理想的对话情景，但实际上普遍的对话的深度建构其实是非常困难的，这或许是今日教育的根本困境。

四、从起兴、启发到对话：个体生命在教学中的整体打开

教学的过程乃是教学打开个体生命的过程。从起兴、启发到对话，理想的教学过程乃是逐步打开个体生命，进而激励、唤醒、提升个体生命境界的过程。值得一提的是，起兴、启发与对话乃是彼此关联、共同作用于个体生命的。它们虽各有侧重，但又不可被简单分割。

我们来看一段本人所经历的亲子生活片段：

女儿诗晴下午学画画。

见面后我问她："今天画了什么？"

诗晴说："今天画了向日葵。"

我抱着诗晴说："你就是我的向日葵。"

诗晴马上回答："你就是我的太阳。"

我们来分析这个片段中教育意义的生成过程。首先，女儿学完画画回家，我与她随意交流。在这个场景中，教育意义生成的基础性情境就

是父女之间非同一般的亲熟感，而优良的教学情境正是基于师生之间的亲熟感。其次，我得知女儿画的是向日葵，马上就说："你是我的向日葵"，这是我进入了女儿的世界之中，迅速开启了将自己的世界与女儿的世界联系到一起的通道，让女儿的画进入亲子关系结构之中，让女儿和她的画进入我的世界，并向女儿表达我对她的爱与欣赏。这中间，既有父亲对女儿温暖亲切的爱，也有一种充满生活气息的、富有智性的表达，贴近儿童、贴近生活，这构成了教育意义生成的关键要素。现在我们再详细分析父亲和女儿所发生的视角的转换。就我而言，我对女儿说："你是我的向日葵"，其言说的路径是女儿—父亲—向日葵，在这里，我一开始就把自己置于女儿的立场，在把女儿比作女儿生活世界中的美好事物——向日葵的同时，拉近女儿与自己的距离，自然地传达出自己对女儿的挚爱；就女儿而言，她对我说："你就是我的太阳"，其言说的路径是父亲—女儿—太阳，女儿在借鉴我的话语模式的同时，也学会了理解我，站在我的立场来看自己与我的关系。概而言之，就是女儿学会了站在自己的世界之中来看待自我与世界的关系，或者说学会在自我与他人和世界的关系之中来认识自我，从而超越孤立的自我存在。显然，这个片段中的教育，不仅仅是对人情感的启迪，也是对人智性的扩展，更蕴含着孕育个体的人格和激励美好生存的意味。整个情景，绝非儿童对过去既有的教育经验的复制，而是富有意义的洞见之创造性生成的过程。好的教学情境，总是蕴含着生命的打开与舒展，还包含着某种洞见的发生，即儿童在某一刻因为生命的整体打开与心智的萌动，而从维果茨基所说的个体现有发展水平向着最近发展区跃升与个体生命潜能的充分显现的现象。

无疑，教学中的洞见的发生与个体生命的跃升不会凭空发生，其有赖于双方在教学情境中的步步深入。亲熟感的实质就是爱和自由的当下化，个体在当下真切地感受到爱和自由，其作为爱和自由的存在被激活，由此唤起基于个体的自主性的发展和灵魂的上升。在苏格拉底看来，教育之真义就是在朋友式的交往之中生发出对美好事物的追求，其中朋友式的交往就是对亲熟感的唤起。回到前面的例子，正是父女之间自由（而非居高临下的、评价式的、压迫性的状态）、亲近（而非冷漠）的交流与父亲智性的启迪，激活了四岁半女儿的心智世界，女儿从向日葵马上联想到太阳，从爸爸世界中女儿的视角马上转换到女儿世界中爸爸的视角，于是有了同样富于爱和智性的生动表达——"你就是我的太阳"。如果说我所说的"你就是我的向日葵"具有理智上的启发意味，那么整个过程中父女之间充满爱与自由的交往情景，则是个体的身心被唤起的关键。显然，女儿的回答——"你就是我的太阳"，也包括前面父亲说出的"你就是我的向日葵"，都是浸润在爱与自由的情景之中的个体身体被有效唤起的表现形式。女儿富有创造性的回答，可谓从她被起兴后的身心中自然涌现出来的。正是个体保持着的活泼开放的心智状态，使其富有爱与智性的表达成为可能。这构成了日常生活中一个朝向美好事物的开放情景，一个极富意义的教育片段。这个片段可谓是当下的个体从身体被起兴到思维被激励与生命整体在对话中获得舒展的典型情景。身体的唤起在教育中具有根本性的意义，儿童能达到的境界都是发生在此情景之中。

当然，这个片段中还有一个问题值得思考：假设父亲与女儿相遇，问女儿："今天画了什么？"女儿回答："今天画了向日葵。"后面的对话依然沿着这个路径继续："你画得怎么样？""还好。""你今天高兴吗？""高兴。"依照这个思路，父女之间依然是在爱和自由之中实践着一种温暖的亲熟感，但女儿的心智世界并没有被开启。显然，在这个情景中，除了亲熟感的唤起，还有一个关键的因素，就是在此充满爱与自由的亲子交往过程中，在亲熟感唤起的基础上，父亲说出了超越日常交往话语的一句话——"你是我的向日葵"。显然，"你是我的向日葵"乃是女儿说出"你是我的太阳"的重要支撑。这种支撑表现在两个层面：一是父亲对女儿的爱与激励，二是父亲的表达中所蕴含的思维引导。这意味着父亲的表达既具有起兴的意义，又具有启发的价值，两者的结合导致女儿思维的敞亮与生命境界在此时此刻的提升。

起兴意味着教学在激活个体身心的过程中，激励个体的潜能，唤起个体丰富的人性。这正是个体思维发展，特别是创造性思维展开的生命基础。如果说向日葵是女儿所熟悉的日常事物，"你就是我的向日葵"对于女儿而言，则意味着把日常生活中熟悉但并无直接关联的两个事物联结起来，也就是把女儿与向日葵联结起来，使一个陌生的命题进入女儿的世界，使日常生活中熟悉的事物陌生化，唤起女儿内心的惊奇感，从而激励女儿进入"父亲–女儿–向日葵"这一陌生的关系结构之中，并使其对自己与父亲的关系产生新的认识，并在此陌生的语境中迅速迁移，进入"女儿–父亲–太阳"的关系结构中。由此，"儿童–向日葵"的陌生关系结构进入女儿的内心，其进而产生了对"父亲–太阳"这一延伸性关系结构的认识。在前面这个案例中，女儿在与父亲亲熟的情景中思维得到激励与提升，在爱之中生发出了智慧。

优良的对话情景，往往从熟悉的事物开始，在互相亲熟的情景中开启个体身心感知更高事物的可能性，然后通过异质性的事物、场景的介入，给个体以陌生感，激活个体的思维。亲熟感以人与人的亲近来唤起个体积极的身心准备状态，为个体心智的开启提供和谐优雅的生命背景；基于亲熟感之上的陌生感的引入，则是激励个体以理智上的惊奇感，促成个体惯常思维的打破与提升，促成个体心智的开放。如果说亲熟感的唤起往往基于对日常生活中的事物与日常交往情景的再现，那么陌生感的产生则意味着对日常生活中的事物与交往情景的提升与超越。亲熟感作为起始，唤起个体的身心之乐；陌生感作为深化过程，唤起个体理智上的惊奇感，激励个体的思维之趣。亲熟感激发爱欲，陌生感焕发智慧。如果说亲熟感的唤起乃是生命的起兴，或者是孔子教育实践中的愤悱，那么基于亲熟感的陌生感的唤起，则可谓孔子教育实践中的启发。亲熟感与陌生感相结合的辩证实践，便是真实地发生着的爱与智慧的融合。

值得一提的是，爱智慧正是苏格拉底所实施的教育的核心精神。苏格拉底与另一方的对话，往往是从闲适而熟悉的情景出发，形成与谈话者之间亲熟的关系，然后再通过不断引入新的异质性的事物，以反诘的方式来质问对方，唤起个体的陌生感，引发对方对原先的致知方式的怀疑，由此逐渐进入欲求更高事物的状态中。当然，这里需要厘清的是，苏格拉底的对话教学主要是发生在成人之间，其目标主要是促成人的理性自觉，基础则是对话者拥有的习俗化的认识，故其对话过程乃是要在个体习俗化认识中以反诘的方式引入陌生化的事物，从而唤起个体在理智迷茫时的警醒感，由此促成个体的觉悟。我们在此引入了陌生化这个概念，但不能照搬苏格拉底的反诘式对话模式。年少阶段的教育，重在孕育个体朝向世界之爱，其中蕴含着个体对习俗生活的适应。过早地运用苏格拉底式的哲学教育方式，容易让年幼的儿童无所适从。这意味着教育尤其是儿童期的教育需审慎实施。在这个意义上，我们可以重新思考孔子与另一方的对话方式。在《论语》中，孔子的独白式话语大都是基于师徒长期交往的亲熟感展开的，读者不能简单地依据文本本身的话语方式，判定其为现代意义上的规训。典型的是孔子与儿子孔鲤的对话："尝独立，鲤趋而过庭。曰：'学诗乎？'对曰：'未也。''不学诗，无以言。'鲤退而学诗。他日，又独立。鲤趋而过庭。曰：'学礼乎？'对曰：'未也。''不学礼，无以立。'鲤退而学礼。"（《论语·季氏》）孔子在这个场景中的言说方式确实具有典型的独白意味，但因为其是建立在父子亲熟感之上的，故其中的规训意味就大大降低了。当然，孔子与弟子之间的对话总是具有某种诱导的意义，从根本上而言，孔子乃是要把弟子引向自己求道、反省自得的人生之路。

教学作为一个整体，总是从个人身体的激活出发，让个体生命生动在场，这意味着起兴构成好的教学得以可能的基础性技艺；接下来是思维的敞开，在着力引领个体思考事物的内在理路的过程中，敞开个体通往生活世界的思维通道，这意味着启发乃是教学的关键性技艺；教学的最高层面乃是对个体精神的激励与扩展，即经由对话而达成师生的彼此认同与相互激励，由此提升师生的生命情态，使双方在生命精神方面相互濡染与教化。起兴、启发与对话，逐步而有机地在教学的各个阶段展开，构成教学情境的不同层面，建构着有机的教学实践整体，引导个体整全成人。

五、个体发展的阶段与教学的完整性：起兴、启发与对话的历时性统一

个体发展具有阶段性与渐进性，因此教学技艺需要呈现出与个体发展相适应的阶段性与渐进性。"早期阶段学习的目标乃是激活生命，孕育生命的自由与美好，基本形式乃是游戏。换言之，早期阶段的学习乃是感性的、浪漫的、多样的，其目标具有模糊性。中期阶段的学习逐渐分化，拥有明晰的目标与内容，具有一定的体系，学习过程的方法与效率问题也逐渐显现，学习的理智化特征逐步凸显。后期的学习乃是综合性的、创造性的，注重学习过程中的迁移，注重反思，提升学习的意义。一旦个体发展前期过于理智化，就会弱化了个体在初入学习中的自由与快乐体验，从而难以激发出学习的兴趣。反过来，如果中后期的学习过于零碎，偏于感性，就难以提升个体的理性思维水平与综合创造能力。"① 个体在不同发展阶段有不同的生命特点和与之相适应的发展主题，尽管这种区分乃是相对的，但其中的差异无疑值得教师充分重视，以免教师僭越个体的发展秩序，最终矮化个体发展的高度。我们提出起兴、启发、对话是基本的教育方法（这三者当然不是具体的教育方法），正是基于个体不同成长阶段的内在需要。就个体发展而言，早期教育的

① 刘铁芳. 追寻生命的整全：个体成人的教育哲学阐释 [M]. 北京：高等教育出版社，2017：77.

主要实践方式是起兴，其根本着眼点是激励个体的爱欲；中期教育的主要实践方式是启发，其基本着眼点是启迪个体的思维；后期教育的主要实践方式是对话，其基本着眼点是激发个体的智慧。

早期阶段教育的教学技艺重在起兴，或者说早期阶段教育的中心就是起兴。当然，这种起兴中同样蕴含着对个体思维的开启与精神的激励，但这个阶段开启的思维往往是直觉性的、非系统化的，或者说不求深刻与系统，这与个体在这个阶段自然生命旺盛有很大关系。换言之，这个阶段的理智教育一旦过于深刻与系统，就难免会弱化儿童的感性能力，使其身体无法充分舒展。之所以在个体年少阶段强调对其生命的整体起兴，目的就是要在个体年少的生命中孕育健全的心灵。个体自幼形成的向着世界的积极/消极、乐观/悲观的情感姿态与由此而来的对幸福的体验之深度，无疑将影响其一生生命发展的方向。

基于起兴的教育阶段强调个体身心的整体性唤起，起兴所对应的情景乃是整体性的、包容性的，而非专门性的，其可对应于怀特海所说的浪漫化阶段。起兴状态中的个体，其基本状态是直觉性的而非逻辑化的，个体之生命与情境之间在整体上是关联在一起的。换言之，个体早期阶段的教育就应该是基于起兴的、整体性的、非指向性的教育。这正好符合低龄阶段教育的生活化、游戏化的特征。杜威的教育即生活理论在这个阶段无疑具有很强的适切性。0—7岁的教育就是生活。这个阶段的儿童在生活中学习，通过生活的方式来学习。7—14岁的教育乃是要把教育变成生活的形式，立足于儿童的天性，发展儿童的经验，让儿童在经验中生活，在经验中生长。

杜威的做中学理论所蕴含的生命意义就在于让儿童在做事中思考，凸显儿童的积极行动，引导儿童在行与思中获得均衡的发展，以历练儿童健全的生命精神。做中学，让儿童去积极做事、亲身体验，由此扩展儿童基于个人身体的经验，在这种切实的经验中获得自我生命的充实感，避免儿童耽于思虑、迷恋幻想，以至于过早地出现意义方面的焦虑感，免于内心的抑郁和精神的软弱。杜威将儿童发展诉诸个体经验，这对于凸显儿童的主体意识与能力无疑是极为重要的举措，但其中的问题依然值得思考。杜威提出教育是对经验的改组和改造，乃是强调个体经验的可知觉性与指向性，即凸显个体有意识的经验和指向个体持续行动的经验。杜威是要在这种有意识的经验积累与改造中凸显个体的主体意识，或者说对这种经验的积累与改造直接构成了个体对自身主体意识的建构。这样的个体经验实际上乃是一种潜在地被引导的经验，不可避免地具有单一性，并不足以在当下引导个体向着周遭情景整体性地打开自我，确切地说不足以引导个体敞开无意识的经验，特别是直觉性的、模糊性的经验，不足以带出个体生命的整体性存在。这意味着我们在借鉴杜威的教育即生活的理念的过程中，需要超越经验的单一化，更多地返回到个体置身于情景之中的整体性的体验。

正因为如此，我们强调起兴是教学技艺的初始形态，其根本意义乃是在一种人与自然相遇的情景中，充分地激活、敞开个体身心，由此让个体整体性地打开自我，即让个体打开自我生命，向着周遭人事开放，进而为个体理智化的学习奠定基础。这里的奠基乃是双重意义上的，即历时性的奠基与共时性的奠基。前者乃是个体早期发展阶段教学整体上的起兴意义，后者是当下教学过程中以起兴作为开端，引导实际教学过程的展开的意义上的奠基。

起兴的意义就是保护个体的自然天性，让其自然生长，避免教育特别是早期教育的过度干预，保护个体生命成长中的自由自主。起兴在个体年少阶段教育中具有重要性，正是因为起兴可以保护个体的天性，同时又在审美情景中给予个体天性以必要的引领与促进，形成个体发展最初的自然与教化之间的和谐，以孕育个体自由自主的人格。在苏格拉底那里，启发得以可能的核心质素乃是个体对美好事物的爱，这是个体发展的根本动力，也是个体乐意进行理智思考、追求知识的本体性依据。可见，爱的培育在个体思维发展过程中具有不可或缺的奠基性作用。

　　有了早期阶段个体生命的充分起兴，中期阶段教育的重心就可以逐步转向理智思维的历练与理智空间的充分敞开，在这个阶段对个体理智的启发无疑会被提到首位。一般说来，以启发为中心的教学技艺体现了个体理智发展处于精确化阶段的教学需求。启发是即时性的，即启发在当下教育情景中启迪个体思维，彰显个体理智探究的兴趣，让个体进入积极的思维状态之中；启发也是历时性的，即启发通过一定时期的积累来开启个体的思维空间，培育个体的理智兴趣，促成个体在之后一段时间内的自主探究。

　　早期阶段的教育，重在激活个体的自然生命与孕育属人性的情感，这个阶段的教育方法重在激励与唤起生命，也就是让生命起兴。个体发展中期阶段的教育，随着个体思维的活跃，重在启迪个体朝向世界的理智兴趣。在这个阶段，生命的起兴依然重要，除此之外，思维的启发逐步成为主导性的教育方法，生命的起兴成为基础性的教育方法。在个体发展的中后期，即个体成人趋于完成的阶段，也即大学与大学后教育阶段。在这个阶段，因为个体有了较多的知识累积，也有了各种习惯性的经验，面向个体的教育开始走向反思与超越阶段（也就是哲学教育阶段），这个阶段的教育方式也因此走向哲学式的教育方法。因此，苏格拉底式的对话法在这个阶段就成了最具有代表性的方法。个体发展早期阶段的教学同样需要采用对话的形式，或者说对话乃是贯穿个体整个发展过程的不可或缺的基础形式，但苏格拉底反诘式的对话更适合将要成年的人。苏格拉底对话教学的精髓乃是要让个体意识到自己的无知，确切地说乃是意识到自己对已知之上的更高事物的无知。个体认识到自己无知的前提乃是其拥有必要的知识，只不过这种知识乃是习俗性的知识。唯有如此，个体在反诘式对话中的自我否定与自我超越才得以可能。这意味着大学以及大学后教育可以而且需要更多地运用苏格拉底的反诘式对话，以增进他们保持持续的学习与发展的人生姿态；相反，对于儿童，则需要更多地运用肯定式的对话，以培育其自我成长与自主发展的勇气和内在力量。

　　大学阶段的教育当然也需要对个体的身体进行起兴，生动活泼的课堂教学、丰富多彩的校园生活也是个体身体起兴的基本形式。但我们必须明确的是，这些毕竟不是大学的中心，大学的根本在于对知识与真理的无尽追求，换言之，大学教育的灵魂在于激发个体对知识的无条件追求。正因为如此，苏格拉底的让人"认识到自己无知"的反诘式对话就成了促成青年人无条件地追求知识的基本方法。苏格拉底的对话教学带给个体的并非身心上的愉悦感，而恰恰是个体如被电鳗击中后朝向更高知识世界之时的眩晕感。这意味着大学教育不同于中小学教育，尤其是小学教育，其不应该简单地取悦学生。大学的起兴乃是激励以追求思想为主导目标的思考状态的起兴，而非以身心愉悦为取向的身体的起兴。韦伯提出大学教师在课堂上应"做到知识上的诚实"，可以说是对苏格拉底式对话法在现代的回应。他说："真正的教师会保持警惕，不在讲台上以或明或暗的方式，将任何态度强加于学生。……他只能要求自己做到知识上的诚实，认识到，确定事实、确定逻辑和数学关系或文化价值的内在结构是一回事，而对于文化价值问题、对于在文化共同体和政治社团中应当如何行动这些文化价值的个别内容问题做出回答，则是另一回事。"①

　　起兴所要唤起的是个体的生命热情，启发所要唤起的是个体的理智兴趣，对话所要唤起的是个体的反思意识。起兴对应浪漫化阶段，启发对应精确阶段，对话对应综合创造阶段。早期阶段教育的基础是个体的天性，中期阶段教育的基础乃是基于个体天性的兴趣，后期阶段教育的基础则是个人天性的进一步提升，即个体被提升的爱与责任。早期阶段的教学方式应该更多地凸显生活化、游戏化，避免过度理智化、规范化；中期阶段的教学可以更多地借鉴斯宾塞的教育理论，更多地从生活实际需要出发，让个体学习更有意义的知识，提升个体的思维能力，同

---

① 韦伯. 以学术为业 [M]//韦伯. 学术与政治：韦伯的两篇演说. 北京：生活·读书·新知三联书店，1998：37.

时也提升个体的生活能力；大学阶段的教育则可以更多地借鉴苏格拉底的对话法，注重反思和超越。

这里值得一提的是，起兴与启发既有联系，又有区别。起兴往往强调情景性，是基于优雅情景中对个体身心整体的激活与唤起；启发则更加具有理智性，是在某种富有张力的思维情景中敞开个体的思维空间。中西教育传统中都有这两种方法，但各自的侧重点不一样。中国教育传统侧重于起兴，启发则往往是点到为止，看重的是个体面对整体情景时的举一反三和闻一知十的表现。西方教育传统则更加凸显启发的意义，强调思维的步步深入。以孔子为代表的中国古典教育者强调个体的内省自觉，孔子作为教师重在点拨，而学生则需要通过举一反三达成自我的觉悟，在教育结果方面则看重个体通过教育情境所获得的知，最终达成的教学效果是置身于教育情境中的个体身心的和谐。换言之，和谐可谓古典教育的基本价值质素。与之不同的是，以苏格拉底所实施的教育为代表的西方古典教育，注重个体对普遍性知识的无止境追求，强调的是个体置身于教育过程中绝对无知的状态，苏格拉底与对方对话的过程乃是其不断引入陌生事物从而让对方否定既有认识，使其思维趋于断裂，最终把对方引向对自己既有认识的否定，从而让个体置身于不断追求更高知识的状态中，因而个体变得紧张与眩晕往往成为这类教学活动的结果。如果说孔子所营造的教育情境的根本特性乃是兴，那么苏格拉底所营造的教育情境的根本特性则是发；孔子在对话情境中往往是循循善诱的、温和的，而苏格拉底与对方的对话则充满着紧张感与冲击人心的力量。孔子和苏格拉底代表了两种截然不同的教育实践范式，这是我们讨论孔子和对方的对话方式与苏格拉底和对方的对话方式的一个基本出发点。

站在今天的立场而言，以孔子所实施的教育为代表的中国古典教育，往往是兴有余而发不足，这使得师生在相对和谐的情景之中自觉提升自己的同时，理性思辨的能力没有得到充分扩展；而苏格拉底与对方的对话则是以发代兴，其长处是充分地彰显了个体的理智能力。问题是这样的对话难免让对话双方感到紧张。以智者为代表的中年人和其"弟子"所代表的年轻人在与苏格拉底交锋的过程中感受到的压力和不安，也是苏格拉底被送上雅典法庭的重要原因之一。我们今天要凸显创造性思维的发展，需要个体在身心和谐基础上的思维发展，即要把起兴中的和谐与启发中的紧张感融合起来，在亲熟感的基础上唤起惊奇感，促成学生思维的贯通。这提示我们，个体发展早期、中期阶段的教育需要更多地借鉴孔子以起兴为中心的教育理念，凸显诗教的意义，在富于爱心的交往中以自然、游戏与多样化活动起兴个体；在个体发展中后期，则需要更多地凸显苏格拉底与另一方对话的意义，通过启发个体的思维来训练其思维的严谨性、完整性与通达性。

六、从身体的起兴、理智的启发到精神的对话：打开充实、丰富而美好的生命

《晏子春秋·内篇杂下第六》中记载："婴闻之：橘生淮南则为橘，生于淮北则为枳，叶徒相似，其实味不同。所以然者何？水土异也。"橘子之所以能成为橘子，是靠橘树连同让其显现为橘树的土壤一起作为一个整体的存在，离开了与其紧密相连的土壤，橘树就不足以作为橘树而显现自身。不只是植物如此，动物亦如此。一条摆在砧板上的鱼已经不是鲜活的鱼，而不过是即将成为鱼肉的鱼。这里涉及一个重要的问题，即物绝非单纯的实体，或者说完整的物之存在并不是单纯的实体存在，物总是和让其显现为该物的环境紧密相连，两者一道构成物的存在的完整性。受里尔克启发，有研究者提出以下观点："物质有实用的一面，这是被人看见的，感受到的，但还有看不见的一面，这就是物质的灵魂。"该研究者提出："里尔克多次讲到我们必须将大地及这些'物质'放在自己的心里，不让它们在我们的视力范围内消失，使大地内部

'看不见的东西'在人类的内心复苏。"① 里尔克提出物之物化，正是提示我们整体地接纳物，让物回到物栖居其中的合适场域，从而让物以物自身的整体存在方式显现自身成为可能。

事物是连同与该事物相关联的环境一道显现的，换言之，事物不是静态的，而是动态的、与他物有所关联的。人也是如此，一个人离开了显现其存在的合理场域，同样不足以成为真正的人，即其不是作为一个生动的人，而不过是作为活动的实体在场。每个人都需要显现自身的场域，人的全面发展从现象学意义上而言，乃是全面发展的人连同显现其发展状态的场域一起不断生成与发展的状态。好的教育实践正是要让个体的身心置于一种贴切而优雅的情境之中，使个体静态的存在被激活，带出个体置身于当下的生动的全面发展的状态。个体的发展乃是一种基于个体生命意向的动态的生命实践，就如同鱼儿离不开水一样，个体的发展总是连同其生存与发展的相关背景与情境一道被激活、显现的。强调个体连同显现其的场域一道构成教育实践的基础性状态，就是为了避免个体在教育中的实体化，即避免其被作为单纯的理智化学习机器而存在，由此而使个体人化。"自由自在"说的便是个体在合适的场域之中自由自在地显现自身。这意味着自由自在其实并不是实体的人的特性，而是实体的人连同其内在功能及其显现方式一起构成的综合特征。

人与物在显现自身方面具有相通性，但在显现方式上有明显的差异。如果说物显现自身的方式更多的是被动地适应环境，或者说是在被动地适应环境的过程中改造自身，那么，与物相比，人则具有主动选择与提升自己的意识与能力。当然，这种能力的发展是一个过程，确切地说，个体的发展正是个体寻求自我生命发展的主动选择、自主提升的过程。所谓"树挪死，人挪活"，树挪死乃是因为挪树的过程破坏了树在生长过程中所形成的对土地的复杂的适应性以及在适应过程中充分显现

---

① 崔建军. 纯粹的声音：倾听《杜英诺哀歌》[M]. 北京：东方出版社，1995：47.

自己的方式，而人挪动的过程则是人主动选择更适合自己的发展环境的过程，个体在调整适应的过程中更好、更充分地显现自己的可能性被激活了。一切教育技艺的根本就在于唤起个体充分在世的可能性，也即在教育的过程中带出个体成长的内在可能性。个体生命的成长像是在一个隐秘的黑箱里进行着，教育者所能做的并不是打开黑箱，让其暴露在强光之下，强行介入个体的成长过程，而是在回归常识、关注整体、不断理解与尝试中努力把握其中的关键质素。抓住重点，留有余地，促成个体积极的自主发展，乃是教育实践的基本内容。

兴趣，就个体生命状态而言，就是个体倾心于某一事物或活动情境的意向姿态，就是个体稳定地向着某一事物或活动情境敞开自身的方式。兴趣对于个体之所以重要，正是因为唯有当个体倾心于兴趣所指涉的事物与活动，其才能最大限度地激活自我身心潜能，达到自我生命的充分舒展，即达到充分的生命状态，让自己在此时此刻自我生命充盈的同时获得愉悦感，由此而使个体显现为充实、丰盈、积极、乐观的生命存在。为何个体会有不适感？就是因为个体置身于某种自己难以选择、甚至无法逃离的情景中，不能充分显示自身，自我因此沦为被动的存在，生命没有那种因为积极充盈而产生的乐观、愉悦的感受。

所谓充分地活在世界之中，就是说个体不仅具有充分的理性能力，而且具有充分显现自身的可能性（即个体找到并拥有充分显现自身的方式与路径）。充分的人乃是实践着的、活动着的人，而非静止状态的实体。个体实践的基础有两个，一是面向实践对象的态度，二是实践能力。前者涉及爱，后者涉及智慧。个体成长的过程乃是爱与智慧彼此映衬、相互促进、共同生长的过程。健全的个体之发展正是爱与智慧相互融合的过程。教育同样要在两个层面展开，一是培植和提升个体的爱欲，二是启迪和发展个体的智慧。教学的技艺因此也表现为两个层面，一是激励爱欲的技艺，二是启迪智慧的技艺。完整的教学技艺正是兼顾了这两个层面：起兴的目的是培植爱欲，启发的目的是激励思维，两者的深化促成个体人格的提升。没有爱欲的孕育，思维的启发就缺少生命基础，这样的教学是空洞的；缺少思维的引领，个体的发展便缺少了内在的高度，这样的教学就缺少了发展性。起兴与启发以及促成两者走向深化的对话，正好构成完整的教学技艺。

任何学习与创造活动都需要身体的投入，需要智力、体力的历练，这意味着任何学习与创造活动对于人的身体而言都是辛苦的，任何深度的学习与创造活动都需要个体深度的付出，特别是在人类历史文化长河中寻求自我生命的创造性实践，更需要个体持续地付出。任何试图简单地化约学习与创造活动，或者说简单地让个体的学习与创造活动变成一种娱乐活动，实际上都是不现实的，或者说是背离了学习与创造活动的本质的。如果说教育作为一种文化的实践，其基本旨趣就是要把个体充分地置于人类文化长河之中，让人类文化精神在个体身上活化，成为个体生动的生命理想，那么，由于人类文化资源浩如烟海，博大精深，因此，深度的教育对于任何个体而言都是艰辛的自我成长之路。我们实际上根本就不可能把教育简化为轻而易举的行动。就个体的整个成长历程而言，不断地接受教育意味着不断地进入人类文化的幽深之处，也意味着个体所付出的辛劳在进一步深化。在这个意义上，我们也可以说，教育绝非使人生活得越来越容易，恰恰相反，深度的教育使人生活得越来越艰辛，越来越挑战人的心智，越来越能激发人的潜能。个体要想在人类文化长河中取得任何一点点成就，都需要其付出持续而艰辛的努力。以牛顿为例，牛顿在剑桥大学工作期间，几乎是通宵达旦地勤奋工作。他的助手曾回忆道："他很少在深夜两三点钟以前上床，有时候凌晨五六点才睡觉。一天总共睡不到五六个小时，特别是在春天花开或秋天落叶季节更是如此。"① 树上掉落的苹果之所以能诱发牛顿深入的探究，乃是因为牛顿有勤于思考的习惯，换言之，掉在头上的苹果之所以对牛顿

① 马春光. 科学巨人：牛顿传 [M]. 长春：长春出版社，2018：104.

而言具有特殊的意义，乃是因为其当时有相关思考背景与积极的思维状态，否则，即使被苹果砸破了头，也只有身体上的痛感，不会有探究万有引力的智性意向。

显然，关键的问题并不在于学习与创造活动的简约化（当然，在年少的阶段确实需要），而在于学习主体如何面对学习，具体而言，就是学习主体与学习事物之间的关联状态如何。个体如何从学习中真正感到快乐？如何保持持续而强旺的发展动力？唯一的诀窍就是个体拥有兴趣、爱的意向以及对于学习事物的亲近感。就个体的长远发展而言，个体要在发展过程中不断放大这种快乐，扩展自己的视野，把自己的兴趣与时代、社会、民族乃至人类发展的内在需要结合起来，使自己的兴趣得到扩展、升华，变成社会责任，由此而把成己成人——成就自己与成就他人统一起来。对学习与创造的兴趣何以能给个体生命带去快乐？一旦身处学习与创造活动的个体对学习与创造本身有一种亲近感，个体的身体在此活动中被充分激活，那么其就能从中体验到愉悦与充实。这其中的原因正是个人的意向的充实，换言之，正因为主体具有朝向学习事物的意向姿态，学习与创造活动就成了个体生命意向得以充实的活动，学习与创造过程中的辛劳就变成了充实个体生命与丰盈其生命意义的过程。个体的身心在这个过程中得以沉浸在学习与创造之中，享受学习与创造本身的快乐。而随着个体意向的扩展，个体在学习与创造活动中所付出的持续的辛劳越多，其所产生的意义就越充分。正如叶秀山在《何谓"人诗意地栖居在大地上"》一文中所言："这样，'自由'、'自在'并不是弃绝劳作，而是使劳作具有另一种性质，具有另一种意义。不仅如此，此种'自由'、'自在'之所以可能，要以劳作为前提，因为'居处'原本是劳作的产物。"① 个体成长中的自由自在同样绝非弃绝学习与创造活动这样的辛劳，而是使这种辛劳具有另一种性质，即让学习

---

① 叶秀山. 何谓"人诗意地居住在大地上"[J]. 读书，1995（10）：44-49.

与创造活动基于自身生命之起兴，并让其成为"我"之生命显现自身的活动，也就是让其成为显现"我"之自由与自在的活动。个体在成长中的诗意栖居正是以必要的学习与创造活动的辛劳为前提的。觉得辛苦但依然生发出诗意，正是因为辛苦的学习与创造和个体的生命紧密联系在一起。兴趣的中心乃是个人的生命意向，但兴趣并不纯粹是一种意向，兴趣本身还包括对这种意向加以实践的路径，或者说兴趣本身就蕴含着行动的可能性与路径，即蕴含着学习与创造的技术性路径，内含着个体如何显现自我的可能性。被起兴的生命需要通过持续的辛苦来使之生成为现实的生命形式。叶秀山认为："'人诗意地居住在大地上'也就是'人劳作地居住在大地上'，即'人技术（巧）地居住在大地上'，亦即'人自由地居住在大地上'"①。一旦个体之学习与创造发生在个体生命兴发的背景中，那么个体从中不仅获得了自我成长，更重要的是获得了成长中自由与自在的状态。一旦个体的身体被动地置于学习情景之中，那么任何付出都可能成为其身体不得不承受的苦役，这样的学习与创造也就成了人唯恐避之不及的事物。

从起兴到启发再到对话的教学技艺，尊重个体存在的完整性，让个体从身体进入教学情境，到敞开思维，再到精神生长，一点点达成自我生命的整体舒展。这样的教学技艺在凸显教育的激励与促进功能的同时，又保持个体存在的完整性与必要的神秘性，避免了教育的技术主义倾向。教学当然需要必要的技艺，但并不唯技术马首是瞻，而是要始终凸显人优先于技术这一点。从起兴、启发到对话，这些教学的关键技艺，既蕴含着古典教育的智慧，又融合了现代性对个人主体性的诉求和浓郁的生命意识，因此显现出古典与现代结合的意蕴。

现代教育的技术性观照，弱化了个体存在的神秘性，学习成为日渐明晰的过程。起兴、启发和对话，强调个体身心在教育过程中的整体融

---

① 叶秀山. 何谓"人诗意地居住在大地上"[J]. 读书，1995（10）：44-49.

入，切实地凸显了学生在教育过程中基于身心整体激活的真实的主体性。我们常常关注教学的目标，而忽视了教育过程的教育价值。强调从起兴、启发到对话的教学理念，始终把唤起个体优雅的身心状态作为教育实践的基础，致力于促成个体生命从感性、智性到理性的充分孕育，引领个体自然生命、社会生命与精神生命的舒展与发展，由此而达成教育的根本目标，即对个体积极生命状态的整体发展与促进，继而促成教育过程与教育目的的统一。

实践人的自由全面发展的教育实践过程，乃是基于完整的人，引出人的完整性，进而提升人的完整性存在的过程。教育所欲达成的目标就蕴含在教育出发的地方，换言之，唯有从个体之整体出发的教育才有可能通达人的更高层次的完整生成。好的教育乃是成全个体完整生命的教育，使个体感性与理性、青春与才华尽可能充分地结合在一起。个体在成长过程中与教育情境中的诸种事物相遇，其身心官能被激活，继而感官与理智被充分激活，由此产生快乐与完满的体验。"一切感觉的现实活动都要指向一个被感觉的东西，处于良好状况的感觉是完满的，指向最美好的对象。处于最佳状况下的感觉，每一项活动都是最完美地指向它的最佳对象。这样的现实活动是最完美的，也是最快乐的。正如理智和思辨的快乐一样，最完美的感觉也最快乐。快乐使现实活动变得完美。"[①] 从起兴出发走向理智启发与精神对话的教学，其意义就是从个体的身体感官出发，激活其身心整体，使其保持良好的状态，以使其最完美地指向最佳对象，由此达成对于个体而言最好的教育。

在教学情境中，被兴发的个体呈现出充实、丰富、美好的生命姿态。所谓充实是指有内容，不贫乏，即个体的身心积极地接纳教育中的事物；所谓丰富是指多样化，不单调、乏味，也就是能运用身心的不同官能，同时各种官能保持对不同质的事物的开放性；所谓美好是指价值

---

① 亚里士多德. 尼各马科伦理学 [M]//亚里士多德. 亚里士多德全集：第八卷. 北京：中国人民大学出版社，1994：220.

意义上的美好，即个体的身心获得美善价值的陶冶，既而其身心保持热情、开放、积极向上的姿态，促成个体生命在当下教育情境中的自由与美好。教育作为面向当下的个体的现实活动，让当下个体最充分地实现自我的教育也是最让人快乐的教育。这里的"最充分"是指最充分地激活个体的身心官能、激发并显现个体之天性和潜能，由此达成教育事物的文化引领与个体身心发展的完美结合。

结　语

从技术到技艺：

教学的教育性何以可能？

一、斯威夫特的蜜蜂与蜘蛛：教学的古今之变

斯威夫特（Jonathan Swift）是英国十七世纪到十八世纪"古今之争"事件中的古典派代表，其曾运用一则蜘蛛与蜜蜂论战的寓言来界定崇古派与崇今派的品质。其中，蜜蜂比喻古代作家，蜘蛛比喻现代作家。在这则寓言中，蜘蛛嘲讽蜜蜂时说：

你算个什么东西，无非是个流浪汉，要家没家，要积蓄没积蓄，祖上也没给你留下什么遗产，生来除了一双翅膀和低低的嗡嗡声之外一无所有。你靠在自然界四处打劫谋生，是个强盗，无法无天地盘旋在草地和花园上空；为了偷窃，你会像抢紫罗兰那样轻松自如地抢劫一棵荨麻。而我可是居家的动物，依赖自身的积蓄生活。这么大的城堡乃是我一手建造的（可见我在数学上的进步），所有材料也都取自我本人。①

---

① 转引自刘小枫. 古典学与古今之争［M］. 增订本. 北京：华夏出版社，2017：125-126.

我们来看古典蜜蜂是怎样回答现代蜘蛛的：

那么，我似乎只感谢上天赏赐了我翅膀和音乐；神若不是有最崇高的目的才不会赐予我这两样礼物哩。我确实遍访草地和花园中的所有花朵，但是，无论我采集了什么，都既滋养了我自己，也丝毫无损于花朵的美丽、芳香和美味。至于你，还有你在建筑和数学方面的技能，我没什么可说的。据我所知，你为建造那座房子可能没少花费苦力和心思，但咱俩的这场悲惨经历证明，它的材质显然不怎么样。我希望你以此为鉴，除了技艺和艺术也考虑一下耐用和材质。你甚至自夸不用任何其他生物帮忙，全靠自己吐丝织网，也就是说，如果我们可以依据流出来的东西判断容器的液体的话，你的胸腔里可是存了不少的尘土和毒药。我绝不是在小看或贬低你这两种材料的实际储备，但我恐怕，要增加这两种东西，你多多少少还是有赖于外界的小恩小惠。你身体中的尘土肯定来自下面清扫出来的垃圾。一只昆虫为你提供一份毒素去杀死另外一只。所以说，归根结底就是一个问题：哪一个生物更高贵？一个仅关心四英尺见方的弹丸之地而且狂妄自负，虽然自给自足，却变一切为废物和毒汁，最后造出来的只有毒药和蛛丝；另一个以天地为家，凭着不懈追寻、潜心研究以及对事物的正确判断和辨别，带回了蜂蜜和蜂蜡。①

你尽可用无尽的奇思妙想绘制蓝图，但如果材质只是从你的内脏（现代人脑袋里的东西）排出的粪便，最终的大厦就是一张蜘蛛网，和其他蜘蛛网一样，之所以耐久无非还多亏被人们遗忘或忽视，或者由于隐匿在角落里。……我们古代派和那只蜜蜂一样，除了翅膀和歌喉，即我们的飞翔和语言，甘愿承认一无所有。而我们所获得的其他一切，都出自无尽的辛劳和寻觅，遍及大自然的每个角落；有所不同的是，我们更乐于用蜂蜜和蜂蜡而不是尘土和毒液去填满我们的蜂箱，进而用两个

---

① 转引自刘小枫．古典学与古今之争［M］．增订本．北京：华夏出版社，2017：126-127.

最高贵之物来造福人类：甜蜜和光亮。①

斯威夫特在这里提供了蜜蜂与蜘蛛这两种全然不同的生命形象：蜜蜂"感谢上天赏赐了我翅膀和音乐"，这意味着蜜蜂所代表的个体成长一开始就是基于某种天赋与神圣使命，其成长过程乃是自我生命的打开过程，而非简单地为求生存而适应环境。以此为出发点，蜜蜂的一生乃是为了美好而勇于承受辛劳的一生，如它付出"无尽的辛劳"，"遍访草地和花园中的所有花朵"，在用蜜滋养自己的同时，"丝毫无损于花朵的美丽、芳香和美味"，"用两个最高贵之物来造福人类：甜蜜和光亮"，换一种说法就是勇敢地追求美好、吸收美好、创造美好、奉献美好。蜘蛛则凭借自己在"建筑和数学方面的技能"，活在自己狭小的世界之中——"关心四英尺见方的弹丸之地"，狂妄自负，自得其乐，"虽然自给自足，却变一切为废物和毒汁，最后造出来的只有毒药和蛛丝"，不懂得分辨好坏，也从不追求高贵，最终"被人们遗忘或忽视"，即走向自我孤立的存在。如果说蜜蜂所代表的个体清楚地知道自己的使命，以辛勤的努力去追求美好的事物，并致力于谋求自己与社会的福祉，那么，蜘蛛所代表的个体则是熟知并利用自身的天赋和能力，去计算与建造自己的生活，不关心好坏，一切从自己的欲求出发，狭隘而自负，最终走向自我的孤立存在。

站在教育学的立场，用斯威夫特的古典蜜蜂与现代蜘蛛来打比方的话，那么，蜜蜂与蜘蛛作为分别置身于古典教育与现代教育情景中的不同动物，对教学有不同的启发意义：蜜蜂所代表的古典教学，引导个体"以天地为家，凭着不懈追寻、潜心研究以及对事物的正确判断和辨别"来取得成就，激励个体凭借自身的勤奋，学会辨别、博览各种美好的事

---

① 转引自刘小枫．古典学与古今之争［M］．增订本．北京：华夏出版社，2017：127-128.

物，同时努力让个体去认识自己的使命，以获得自己的价值与尊严，整体地达成自身生命的实现，进而积极地服务社会。这亦如孔子所言"古之学者为己"（《论语·宪问》），追求学问的根本目的是涵养自己，然后在相互交流、彼此互动中立己立人、成己成物，所谓"诚者非自成己而已也，所以成物也"（《中庸》）。蜘蛛所代表的现代教学，有三个基本特点：一是强调天赋的发挥和对个体生存能力的培养，甚至也关注个体的自主性，但这种自主性往往不乏自我封闭、自我膨胀，甚至狂妄自负的倾向；二是能运用现代技术型知识，特别是数学，更好地达成高效的教学；三是不关心个体活得高贵与否，而是关心个体如何充分地适应当下的生活。这两种教学之间的差异既涉及教学的目标与旨趣，也涉及教学的路径与方法，但两者的根本区别在是否关心人类生活的基本价值和教学是否应该具有价值等方面体现了出来。古典教学始终关涉价值问题，现代教学则倾向于消解教学的价值关涉，使效率成为教学的基本诉求。换言之，古典教学始终以促成个体成人为根本旨趣，而现代教学则不再倾心于个体通过教学究竟达成何种目的这个问题，而是重点关注个体在现代性给定的一隅中如何更有效地获取知识与技能。

当然，这个寓言只是提供了一种较为典型的解释教学价值古今之变的方式，或者说提供了一种简单化的古今对照模式。正如我们不能说现代的就是好的，或新的就是好的，我们同样也不能简单地说古典教学就是好的，或者旧的就是好的，而是要在对比与借鉴的过程中切实地认识当下，厘清当下的问题究竟有哪些，由此深入探寻改进现代教学的路径。无疑，这段寓言道出了今日教学一个内在的核心问题——教学究竟要不要关涉个体完整成人？

二、重申教学的教育性：回到个体成人

夸美纽斯的《大教学论》之所以叫"大教学论"，正是因为夸美纽

斯所阐释的乃是个体如何成为博学、有德行、虔信的人的学问。他说教学要使人熟悉万物、具有管束万物与自己的能力和使自己与万物均归于万有之源的上帝①。博学主要侧重于人与物的关系，德行侧重于人与人的关系，虔信则是对应于人与上帝的关系，综合起来，就是教学要促成个体完整成人。夸美纽斯的《大教学论》和赫尔巴特的《普通教育学》，都是把教学论建立在教育论的基础上，教学论的本意正是探索实现个体成人的路径与方法的学问。离开了教育目的的教学不过是工具化的教学，是单纯追求效率的教学，是工厂式的教学；同样，离开了教学的教育则徒有其名，缺少了让理念变成实践的路径。这意味着教学的教育性必须成为教学过程的内在精神指引。教学具有教育性的根本原因乃是教学超越了知识授受，开启了个体成人的整体性视域。

个体成人不止于知识和技能的获得，甚至也不止于文化素养与趣味的提升，抑或高雅情趣的陶冶。若如此，那么个体依然活在精致的一己之我中，没有超越钱理群先生所言的精致的利己主义这一样态。旨在促成个体完整成人的教学还需要建立起个体与更高的意义世界之间的联系，引导个体活在追求更高事物的状态中，避免个体在知识充塞以及诸种优雅素质的虚饰中自我封闭，以及由此而来的个体肤浅的自我认同与虚假的完整，以促成个体在世无条件的开放性。今天，教学的平庸化走向乃是我们不得不面对的事实，"在一个充满不敬的文化中，教育遭受的命运最可悲——教育变得平庸了。当什么都不再神圣、不值得尊敬时，我们最多只能达至平庸。立身于令人赞叹的宇宙之中，将其奇妙都简化、过滤掉，用数据逻辑将惊奇除掉，用我们自己头脑的缩尺将其奥秘都缩掉，还有什么能比这些更乏味、更平庸呢？而看不到任何值得我们尊敬的他者就是一切平庸的根源——包括阿伦特所说的'邪恶的平

---

① 夸美纽斯．大教学论［M］．傅任敢，译．北京：教育科学出版社，1999：11.

256

庸'"①。旨在促成个体成人的教学需要着力开启个体的生命空间，让其对世界充满敬畏，对人生充满感情，敞开自身朝向更高事物的生命通道，由此开启个体超越平庸的可能路径。

我们提出一种生命论的教学哲学，强调教学要回到生命，但回到生命不是指简单地顺应个体的自然生命，而是指在成就个体自然生命的过程中，引出个体的社会生命，创造个体的文化生命。教学必须打开个体的整体生命视野，这一生命视野不仅仅是个体自身的生命视野，也包含更宽广的类生命视野。个体在发展过程中不仅仅要实现独立的自我生命价值，也要实现类的生命价值。真正的教育正是将类生命意识有机地融入个体生命之中，或者说通过个体生命来实现类生命价值。"天命之谓性，率性之谓道，修道之谓教"中的"率性"，既指要遵循人的天性，也指要统率、引领人的天性，而非"任性"，否则教育就失去了意义。能实施真正的教育的教师，能充分意识到受教育的个体并不是可以被任意改造的对象，而是拥有某种"天命之性"的人，同时也能充分地意识到个体在发展过程中容易偏离"天命之性"，故需要通过教育来对其进行必要的引导。教育者需要做的乃是和学生一道，努力去寻找那激励并引领着个体天命之性显现出来的道，然后一起遵循道的轨迹，让个体在成就自我天命之性的过程中，也实现自身在世界之中的合理存在，也即一种合道的存在。好的教学正是要在类的视域中打开个体的自我，让个体最终在自我之中实现类的生命价值。教学的技艺就是要在整体视域中激活、打开学生的多维生命，最终达成学生生命境界的整体提升。

站在教学内容的视角而言，好的教学内容应该体现个体成人的目的，也即契合真正的教育的根本目的。教学中所选择的知识不仅应体现知识本身的特点，也应体现知识所欲打开的个体成人之世界的完整性，

---

① 帕尔默.教学勇气：漫步教师心灵［M］.吴国珍，余巍，等译.上海：华东师范大学出版社，2005：111.

还应该体现个体成人的阶段性特点，即应让教师所选择的知识贴近个体成长不同阶段的内在要求，让知识引领与促进个体成长，而非抑制个体成长。对世界的碎片性认知最终带来的是人的存在的碎片化。教学之教育性的实现，从知识的立场而言，乃是要引导个体在教学中超越碎片化知识而达到对事物的完整认识，然后引导个体以对世界的完整认识来反观自身，促成对自我生命的完整认识。

从教学过程的视角看，教学的教育性总是以优良的师生交往为基础，再具体点，就是教学教育性的依托，一是教学内容，二是师生交往。如果说教学内容的教育性乃是教学具有教育性的基本依据，那么，充分的师生交往乃是教学之教育性实现的根本路径。强调教学任何时候都是师生之间共同的活动，乃是把教学看作师生之间相互激励、彼此濡染的过程。这涉及教育的中心问题，即教育究其根本乃是代际间情感、态度、价值观、精神的传递与创生的过程，而非仅限于技术化的知识授受。哪怕这种授受多么熟练，其也不足以构成完整的教育行动。师生交往可谓教学之教育性的源泉。

教学之教育性的显现就其实践内涵而言，就是提升个体在学习过程中的价值感，也即将个体的学习能力的发展进一步提升为个体对生命价值的自觉。石中英教授比较早地提出价值教育问题，他认为：“教育作为价值传承、价值教化、价值引领最重要的社会实践，不能置身于时代之外。教育的努力，是培养个人良好的价值品格，造就合格的社会公民。”① 他把教育跟价值问题关联起来，着力凸显了价值品格的塑造这一根本性教育目标。他指出：“价值教育的缺失或者薄弱，将影响到我们整个国家教育方针的贯彻实施，影响到教育目标的实现，所以学校必须要明确价值意蕴。”② 近年来，叶澜教授带领的“新基础教育”研究团队，努力从学科的视角发掘学科育人价值的路径，做出了卓有成效的贡

---

① 石中英. 价值教育与公民培养 [N]. 光明日报，2013-12-26 (7).
② 同①.

献，具体包括以下几点。一是提出了学科的育人价值的基本内涵。叶澜指出："育人价值指向学生个体精神发展的全部：包括头脑中的知识结构层级，思维方式与思维品质，符号理解、互换与整合、综合运用的能力；对未知领域的好奇，发现问题和解决问题的创造能力；对事物认识的穿透力和时空贯通感；对他人的善解、合作与处理矛盾和冲突的能力；对自然世界的感受、理解、理性相处与和谐共生的自觉意识和能力；对人生中各种美之感受与欣赏，乃至创造愉悦与美的能力；最终归结到对自我个性与人格、发展理想与信心、策划与在现实中践行的生命自觉意识与能力。"① 二是提出了学科育人的基本路径。叶澜提出："一方面是使已经固化的书本知识重新活化起来。它不只是指用形象化的手段表达出来，更重要的是与知识发现者、知识发现过程联系起来；使知识与学生的生活世界、已有的认识与经验关联起来，并让他们产生知识之树的生长、发展感；把知识的内在结构、在人类生活中的存在形式揭示出来。另一方面是研究自己教学所面对的具体而非抽象的学生，了解他们共有的基础、差异类型，研究他们与学科知识相关的兴趣与困难，等等。只有对这两方面进行关联的思考，方有可能创造出具有育人价值的、关注学生整体与差异的、对学生的多方面发展具有适切挑战的教学设计方案。"② 提升学科本身的育人价值无疑是超越教学的效率诉求、提升教学的价值的重要路径。这里值得进一步思考的问题有两个：第一个问题是，教学的中心乃是学生生命与学科知识的互动，这意味着价值创生的基础不仅仅是学科知识，还有学生本身。因此，要从学生出发，立足学生生命成长历程，激活教学过程的价值感。第二个问题是，学科价值的彰显不是静态的展示活动，而是动态的显现过程，即它会在课程知识与学生生命真实的互动之中显现出来。因此，要让教学过程成为生动的价值创生过程。这意味着教学的价值依赖于教师对学科价值的领悟与发

① 叶澜．融通"教""育"，深度开发学科的育人价值[J]．今日教育，2016(3)：1.
② 同①.

掘，但绝不是仅限于此，教师不可能把自己领悟到的学科价值灌输给学生，其要让学科价值以合适的方式在教学过程中创生，也即在学生生命与学科知识的生动互动的过程中创生。这两个问题都涉及学生如何进入教学情境之中，确切地说，涉及置身于教学情境中的学生如何增强自身的价值敏感性。

这意味着教学事关学生整体生命的成长。对于学生而言，教学不仅是当下的活动，而且是历史的活动，是基于学生生命史的活动。教学绝不仅仅意味着教师带着学生去挖掘学科知识的价值内涵，还意味着要激活学生的价值敏感性，让学生以被激活的价值敏感性去领悟、发掘学科知识的价值意蕴。与此同时，教师通过整体激活教学情境中的学生生命，把学生生命成长史中所体验到的、积淀的价值感有效激活，使其在当下彰显，让学生在教学情境中成为有丰盈的价值感的存在。教学价值的根本落脚点乃是基于学生生命视域的整体打开之上的价值敏感性的唤起与价值感的丰盈。

三、从技术到技艺：担负个体成人的教学

赫尔巴特在后期说："但远非一切教学都是教育性的，在这里有必要加以区别。例如，为了收益，为了生计或出于业余爱好而学习，这时将不关心通过这种学习一个人会变好还是会变坏。不管他是怎么样的一个人，不管他的目的是好是坏，或不好不坏，只要他有学习这些或学习那些的意图，对于他来说，那种能准确地、迅速地和吸引人地教给他需要的技巧的教书匠便是一个合适的教师。"[①] 当教师关心的是教学效率，不再眷顾教学的根本目的，教学就难免偏离了教育的本原，沦为兜售实用知识的技术，教师自身也难免沦为名副其实的"教书匠"。

---

① 赫尔巴特．教育学讲授纲要 [M]//赫尔巴特．赫尔巴特文集 3：教育学卷一．杭州：浙江教育出版社，2002：214.

　　我们今天各种花样繁多的教学范式，不管是教师中心，还是学生中心，只要是以效率为中心，不关心教学的价值问题，都不过是蜘蛛所代表的现代教学范式，这样的教学潜在的指向就是个体的生存和适应能力，而非个体的完整成人。教学的教育性问题，可谓当下林林总总的教学实践的根本问题，教育目的与手段、过程的断裂已成为今日教育的痼疾。显然，我们究竟期待什么样的教学，是我们必须面对、无法回避的一个根本问题。我们不能只盯着教学的表象，还必须探寻教学表象背后的根本旨趣。

　　帕尔默在《教学勇气——漫步教师心灵》一书中开宗明义，指出："真正好的教学不能降低到技术层面，真正好的教学来自教师的自身认同与自身完整。"① 帕尔默在这里强调的是教师的教学行动不能降低到技术层面，好的教学乃是需要以教师的自身认同与自身完整融入学科和教学之中，进而以"身为人师的'我'的意识"来增进自身对"学习者'你'的地位"② 的认同，促成学生在发展过程中的自我认同与自身完整。真正好的教学，不仅隐含着教师之教不能降低到技术层面，也意味着学生之学不能降低到技术层面。

　　教学需要技术和方法，但一旦教师失去了对教学的根本目的的关注，教学就难免远离"道术"而变成一种"技术"。技术和技艺的区别在于，技术乃是手段性的，技术关注的中心是"术"，凸显的是主体对实践对象的有效控制。它是一些方式、方法，指向某种单一的、具体的目标。而技艺则是以技术为依托，以"艺"为落脚点，艺的本质乃是指向事物自身的完满及其显现，也即让事物以切合"道"的方式整体性地显现自身，以达成自身的完满与卓越。简言之，技术的中心在于主体对实践对象的控制能力，以达成具体的操作目标；而技艺的实质则是让主

---

① 帕尔默. 教学勇气：漫步教师心灵［M］. 吴国珍，余巍，等译. 上海：华东师范大学出版社，2005：10.

② 同①.

体融入对象之中，促成实践对象的自我显现与自身完整，达成实践的内在目的。

显然，教学从技术转向技艺，关键的问题在于教学作为实践过程如何可能不断眷顾教学的根本目的，或者说教师究竟如何可能保持教学实践的整体性？而要实现这种转换，关键的问题在于教学的根本目的——个体完整成人——不是也不可能是一种先行地根植于教师心中的固定不变的抽象概念，毋宁说它是需要教师在教育实践中予以践行的理念。旨在促进个体成人的教学实践致力于敞开人之为人的整体性场域，激活个体向着初始性场域敞开的开放性。"人生天地间，人之为人的基本规定性来自天，或者说天对人的规定，也即天人合一乃是个体成人的基本规定性的源泉。换言之，个体成人的基础性视域乃是天地自然的内在秩序，一个人对天地人事之关联事物的优雅体验，潜移默化地建构着个体成人的内在基础，获得自我成人的基本规定性。"① 教师正是要在天人视域中激活个体的身心，培育个体向着世界的好奇心，由此展开个体的理智思维，在天人贯通之际潜移默化地激励个体的内在生命欲求，从而让教学过程成为激励个体完整成人的生命实践。这里提出将天地作为初始性场域，乃是从具有中国意味的个体成人视域出发来谈的。"教育是一种培养人的活动，教育的根本指向乃是培养人，这几乎已成为今天的常识性结论，可问题在于究竟培养什么样的'人'，培养人的具体内涵究竟是什么。世界上没有抽象的人，只有生长与生活在一定时空背景之中的人，我们的教育不仅需要一般性地回到人，而且需要回到具体的人，同时也需要回到具体场域中的人。我们倡导有人的教育，这无疑是十分重要的，但究竟应该有什么样的'人'，却并非如此简单。我们不仅需要有'人'的教育学，也需要有'中国人'的教育学。这意味着我们需要不断地回到中国人之为中国人的原发性境遇中，去理解个体之成为中

---

① 刘铁芳. 培育"中国人"：儿童教育的审美意蕴及其实现 [J]. 中国教育学刊，2018（5）：14-23.

国人的内在路径及其可能性。"①

这里有一个问题，即我们今天的教学特别强调知识与能力、过程与方法以及情感、态度、价值观三维目标的统一，是不是就意味着教学就一定超越了技术而达到了技艺之境？我们的回答是，不是！一旦我们把情感、态度、价值观简单地跟前两个维度的目标并列，我们就不过是在原来的教学目标的基础上扩展了几项内容而已，并没有让这三个维度整体融合，即教师只是将三维目标作为简单并列的要素来看，但并没有把这三维目标包含在个体成人的整体性视域之中，由此达成教学境界的内在提升。也就是说教师要通过教学本身内在地提升个体置身于世界之中的情感、态度、价值观，而不是在教学目标中简单地增加几个关乎情感、态度、价值观的教育要素。换言之，学生的情感、态度、价值观的形成并不是靠教师在教学中简单的教授活动，毋宁说它们是学生置身于教学情境中生长出来的东西。

这意味着蕴含着本源的教学不可以被还原成简单的技术，我们通常所谈的教学艺术，包括创设情境、启发诱导、合作探究，如果只是停留在一般性的发展学生的学习兴趣与思维能力上，那么其实际上都只是在强化个体某个方面的能力，不足以真正敞开当下个体成人的境遇，即都不足以带出个体完整性存在，而只是强化了个体作为功能性存在这一层面，也即强化了人的物性，而非激励了个体的成人品格。换言之，这个层面上的教学技术抑或艺术，实际上不过是教学的方法，而非道术。好的教学向着个体成人之道敞开，即教学是以召唤个体成人为目的；好的教学总是能把个体引向自我成人的原初性视域，在此视域中让个体觉知率性之道，从而让率性之道一点点带出个体完整成人，教学之技术也就提升为引领个体"修道"的道术。教学一旦变成激励个体学习兴趣的活

---

① 刘铁芳. 培育"中国人"：儿童教育的审美意蕴及其实现 [J]. 中国教育学刊，2018（5）：14-23.

动，把兴趣作为手段，以达成某种具体的学习目标的话，那么它就成了技术。教学技艺（道术）不同于教学技术的地方就在于它超越了单纯地激活个体的兴趣这个层面，上升到对个体完整成人的整全性关照。借用赫尔巴特的说法，看一位教师的教学是使用技术还是技艺，就看其是否只是把兴趣作为手段。

四、个体生命在引导中的自我成全：教学技艺的展开

个体成人具有整体性，教学之所以具有教育性，就在于其凭借传授知识的活动而带出个体完整成人的可能性。教学如何带出个体完整成人的可能性？教学的展开就学生而言，体现在三个层面，即身体层面、思维层面与心灵层面。身体层面的整体激活、思维层面的充分历练与心灵层面的自我觉悟，构成教学之教育性得以可能的三个基本着眼点。身体层面的整体激活乃是教学之教育性得以可能的起点，思维层面的充分历练乃是教学之教育性得以深化的重要支撑，心灵层面的自我觉悟则是教学之教育性的最终实现，即学习融入了生命，成为个体鲜活的精神养料与生命力量。

人首先是身体的存在，教学的技艺首先要从身体出发，敞开个体朝向整全的身体的通道。起兴的教育意义就是将个体带入自我成人的原发性境遇之中，使个体置身于教学情境之中。起兴所开启的教学情境并不是服务于知识授受，或者说为知识授受做准备，而是把个体带入自我成人的境遇之中，使个体成人成为教学过程所开启的内在视域，此时知识的授受被包容其中，知识的授受服从于个体成人的原初性目标。

原初性的起兴的本意正是将个体置于天地人所构成的原发性情景之中，促成个体基于身心整体对情景中所蕴含的道的体验与感悟，实现个体对贯通于天地人之道的"觉（悟）"，带出个体的完整性存在，召唤

个体在天地视域中的上升，即让个体在天—地—人的秩序结构中找到自己的合理位序，指向潘光旦所言的"位育"。"觉"即学，"觉"的真实发生正是个体教育的真实发生。正是在这个意义上，起兴本身就意味着教育，或者说其就是人之为人的教育实践的基础形态。

　　在这个意义上，我们就需要重新审视经常被提及的教育回归生活这一命题。回归生活绝非简单地回到日常生活的场域，因为这不足以彰显教学的教育性，其充其量只是强调学生对于教学对象的熟悉，从而在一定程度上激发学生的学习兴趣。就根本意义而言，回归生活乃是要回归个体成人的原初性境遇，因此这里的生活不是简单的日常生活，而是日常生活中的原初性生存境遇，也即隐藏在日常生活形式之中的、在天地人结构之中展开的个体成人的基本境遇。换言之，个体成长中的基本境遇，并不是日常生活中的具体事物，而是隐藏在日常生活之中的转化成个体生命体验结构的原发性境遇。正如孔子所说："天何言哉。四时行焉，百物生焉。天何言哉！"（《论语·阳货》）原发性境遇不会轻易地在个体的视域中呈现，这意味着理想的教学正是要努力将这一初始性的境遇带入当下。这里的关键问题就是，教学过程如何成为带出个体成人原发性境遇的过程，或者说教学何以敞开天—地—人的内在秩序结构，而非让教学停留在知识与技能，过程与方法，再加上情感、态度、价值观的横向功能扩展的视域中？我们来看一首很有代表性的诗——清代诗人高鼎的《村居》：

> 草长莺飞二月天，
> 拂堤杨柳醉春烟。
> 儿童散学归来早，
> 忙趁东风放纸鸢。

　　《村居》描写了一幅早春二月的乡村图景——草长莺飞，杨柳拂堤，儿童们兴致勃勃地在村庄旁边的草地上放风筝。这是一幅自然景物和活动着的人物融合在一起的、充满生机、春意盎然的乡村生活画面。从教育学的视角来解读这首诗，会发现它给我们提供的正是个体成人的一个原发性的境遇："草长莺飞""拂堤杨柳"，提示的是优美的自然景色；"二月天""春烟""东风"提示的是时间，包括时令（二月）与时辰（儿童散学、炊烟升起表示临近中午或傍晚）；堤、纸鸢不是自然之物，具有人为的意味。"忙趁东风放纸鸢"展现的是儿童在优美的时空背景中活泼向上的身体姿态。换言之，正是在"（二月之春）天"与"地（草长、杨柳拂堤）"、自然（草长莺飞、杨柳）与人文（纸鸢）所组成的整体性背景中，儿童展开的自如的、积极向上的身心活动，构成其成人的生动姿态。而"散学归来"则提示了专门化的学校生活与日常生活情境的自然转换和生动联系——两者互为背景，又是对对方的补充。正因为两者彼此贯通，才建构出儿童成长的完整视域。

教师今天引导儿童学习《村居》，就不应把课堂变成一种学习诗句、解读诗意的教学活动，而是应该进行诗教，即通过诗促成学生成人。若做到这些，诗教的根本意义就会显现出来，那就是带出个体成人的原发性境遇，也即敞开个体成人的基础性境遇，从而敞开个体为制度化学习所封闭的生存视域。如果说《山海经》乃是把天（天文、节气）带入个体的生命视域，《诗经》就是把地（植物、动物，也即孔子所说的草木鸟兽）带入个体的生存视域。正是天地为人的生活提供了基础性的背景，其在引领着人的生活的同时，也规定着人的基本生存视域。这提示我们，个体成长早期阶段自然审美教育的重要性及其意义所在，即其能在引导个体在与天地万物相遇的过程中，以自然审美的方式打开个体生命的基础性视域。早期阶段自然审美教育的缺失，难免会弱化个体成长的视域。

起兴把个体带入天地的视域中，让个体的身体与世界相遇，融入世界之中，形成个体与世界的亲近与和谐。以此为基础，个体在成长中需

266

要进一步打开自我理智生命，提高自己的理智思维能力，提升自己对世界的认知深度。身体的起兴乃是好的教学的基础，思维的充分启发乃是好的教学的关键与支撑。如果说起兴是唤起个体对世界的亲近感，形成个体与世界的模糊共在，由此而培育个体向着世界的热情、敬畏、探玄钩奇的欲望，那么启发就是要开启个体向着世界的深度认知，让个体科学地认识世界，理智地发展自我。当我们强调教学要促成个体完整成人时，绝不是说理智能力的培育不重要，而是说不能局限于此，我们所追求的乃是在整体的视域中深度地发展人的理智思维能力。理智思维能力培育得不充分和由此而来的理智视野的狭窄，不仅意味着个体理智生命的敞开不充分，同样意味着个体生命的平庸化。

教学之教育性的根本乃是教学过程指向个体德性成人这一根本目的，其基础是合理的课程知识体系和师生的教学意向。实现这一目的的关键载体乃是师生以相关课程知识为基础而展开的持续的生命互动与精神对话。知识的教学可以是灌输的，德性的生长则一定是启发的；知识的学习可以是个体化的、小组化的，德性的生长则一定是交往性的、对话性的；知识的学习可以是被动的，德性的生长只能是主动的——基于个人爱欲的转向。如果说教育在生命精神的传递和知识、技能的习得这两个层面展开，那么生命精神的传递必然是以他人在场为基础，确切地说是以因彼此共在而形成的生命互相感染、彼此激励的交往场域为基础。教学的教育性来源于师生之间持续的精神对话。

传统教学模式过度依赖教师的教，忽视了学生在教学过程中的真实参与，导致教学变成了单向度的灌输。但是，一旦教学的重心完全偏向学生，那么教师在教学过程中的深度参与就会被大大削弱，现实中甚至出现了语文老师可以教数学、物理老师可以教化学这样完全忽视教学专业性的极端状况，这实际上是把双向的教学活动变成了单向的学生学习活动（小组学习也好，个别学习也好，都不过是单向度学习的变种）。这样的教学方式确实极大地扩展了学生的自主性，但忽视了个体自主性的发展乃是一个过程。以发展为取向的自主性乃是开放的自主性，而缺少了开放的自主性，导致的结果乃是个体的自我封闭。换言之，在个体成长过程中，缺少了教学过程中教师的深度参与，教学过程被还原成学生的自主学习，教师不再作为学生学习过程中的他者参与学生自主性学习和精神发展的过程，学习过程就会变成单纯与知识和智力相关的活动，缺少经由教师参与而真实生成的个体精神的内在开放性。

这里还有一个值得思考的问题，那就是教学的民主化问题。教学当然需要民主，唯有民主才能促成师生的共同参与，但主张民主化并非要抹杀差异。对话的前提是差异，承认差异乃是对话的基础。师生之间的差异无疑是两者在教学中展开对话的基础，换言之，我们必须承认师生在教学中是有差异的。这意味着我们在凸显现代视域中师生平等的同时，必须承认教师在平等关系中处于首席的地位，教学民主绝不意味着忽视教师在教学过程中的引导作用及其地位的特殊性。否则，结果将是学生在教学过程中自我封闭，教学的过程变成学生学习的过程，确切地说，生动的双边活动被简化成一方的知识学习活动，真正的对话没有发生。

五、教学技艺的中心：师生生命的相遇

教学作为促成个体成人的教育过程，其根本路径就是让学生走向他人，由此而使自身超越孤立的自我，超越自身的动物性，趋向整全的人性。亚里士多德认为人是"独有言语天赋的动物"①，同时又提出"人天生是政治的动物"②。人是独有言语天赋的动物与人天生是政治的动物具有相通性，人凭借话语走向他人，走向公共生活，获得自己的政治性，即获得置身于公共生活之中真实的属人性。说话总是谈话双方之间

---

① 亚里士多德．政治学［M］．吴寿彭，译．北京：商务印书馆，1965：8.
② 亚里士多德．政治学［M］．郭仲德，译．西安：西北大学出版社，2016：7.

的活动，说话使人与人联结在一起，促成深度的人性。正如马克思所言："每个人的自由发展是一切人的自由发展的条件。"① 康德也说过："并非单个的人就对其孩子的全部塑造而言能够使他们达到自己的规定。应当做成这件事的不是单个人的人，而是人类。"② 人与人彼此相关，他人乃是个体成人的镜像，正是在与他人交往的过程中，个体才获得自己的属人性。因此，没有人可以孤立地成为人，每个人的成长有赖于他人。我们表面上看到的是每个个体自由的成长，其实每个个体的成长都是与他人有所关联的成长。正因为如此，我们应该看到的其实并不只是一个一个人的成长，而是一个一个人在人与人之间的成长。每个人的成长都始终是处于关系中的成长，甚至就是以人与人的交往为中心的成长。

在课堂中，当教学因为更多地指向个体知识与技能的获得而使学生表面上和其他学生在一起学习，实质上却依然让他作为孤立的个人在活动，这是为什么呢？教学的关键是让教学活动同时作为个体真实地与他人关联起来的活动，从而使得教学展开的过程同时也是个体生命向着他人打开的过程。教学之教育性的根本正在于从其内在结构而言，其是个体成人的活动，换言之，教学活动的根本在于始终指向个体成人，或者说成为个体开启自我成人的方式。所谓"德不孤，必有邻"（《论语·里仁》），个体成人总是在他人之中成人，旨在促进个体完整成人的学习正是发生在他人之中，或者说与他人有所关联。柯小刚认为，"学习本质上就是交友。所以，《学记》说'玉不琢，不成器，人不学，不知道'。玉石的切磋琢磨，就是朋友的相与共学。《卫风·淇奥》的'如切如磋，如琢如磨'，《小雅·鹤鸣》的'他山之石，可以攻玉'，《易·

---

① 马克思. 共产党宣言 [M]//马克思，恩格斯. 马克思恩格斯选集：第一卷. 3 版. 北京：人民出版社，2012：422.

② 康德. 教育学 [M]//李秋零. 康德著作全集：第 9 卷：逻辑学、自然地理学、教育学. 北京：中国人民大学出版社，2010：445.

兑》的'丽泽兑，君子以朋友讲习'，也都含有这个意思"，"因此，一个人诚然可以自教自学，独自钻研求知，但是，即使在自学和独自钻研中，即使在对知识的'回忆'中，也必须以一种朝向他者的欲求（orexis）和通达他者的能力作为前提"。① 亚里士多德在《形而上学》的开篇部分即说："人出于本性即欲求知"②，在这里，作为个体求知活动起点的乃是人的欲求。"知识本身并不是学习研究活动的发端（archē），人的欲求（orexis）才是发端。这个发端要发动起来去求知，但这个发端本身并不是知，而是一个志欲（orexis），一个爱（philia），即趋向他者的交友天性。"③ 理想的教育情景就是顺着这一天性，并且努力去成全这一天性，进而让个体在与他人的积极交往与相互激励之中敞开自身对知识的欲求，并在这一欲求不断上升的过程中带出个体完整成人。唯有如此，这样的学习才有可能指向个体成人，而不是让人成为发达的学习机器。这提示我们，原本作为公共学习场域的课堂，就是要以学生与教师、学生与学生彼此倾听、对话的方式，让个体在教学过程中向着对方敞开，让教学过程成为师生、生生的生命真实关联起来的过程。

　　教学活动原本是众多他者在场的公共活动，倘若教学中的一切所指向的不过是知识与技能的获得，那么此种教学活动本质上乃是一种孤立的个人化活动，个体存在的公共性并没有在教学中得到有效呈现。这里的关键就是让教学活动同时作为个体真实地与他人关联起来的活动，从而使教学展开的过程同时也是个体生命向着他人打开的过程。一旦将教学简化为单个学生孤立的活动，或者最终指向的是个体孤立的学习，则这样的教学不过是训练学生学习技能的教学，不是个体成人的教学。教

---

① 柯小刚．道学导论：外篇［M］．上海：华东师范大学出版社，2010：226.
② 亚里士多德．形而上学［M］//亚里士多德．亚里士多德全集：第七卷．北京：中国人民大学出版社，1993：27.
③ 同①227.

学的社会性意义，或者说教学的人性意义，就是通过教学中的交往活动，让个体置身于他人之中，活在他人之中。换言之，正是通过教学活动，通过生动的师生之间的教-学活动，个体的社会性得以真实地发展，通过教学，师生、生生的生命彼此连接，成为有机的生命共同体，教学因此成为个体成人的根本性场域，而不是作为个体获得知识与技能的工具性场域。人类生生不息，代际人格精神的传递与更新带来人类的发展和进步，教育就其实质而言正是代际精神文明的传递与创生，学与教正是代际生命贯通、精神传递与创生的通道，教学的根本意义正是作为年长一代的教师真诚地转向年轻人，接纳、包容年轻人，由此逐步地唤起年轻人超越孤立的肉身自我，使其一点点进入到人类理想的代际传递与创生之中，最终成人。教学一旦被单纯作为个体获得知识与技能的工具性场域，其必然会被不断扩展的信息技术所替代。教学作为推动人类文明进步的一种基础形式，说其具有不可替代性，根本原因正是师生通过教-学活动而展开生动的交往，以及在这种交往中所展开的师生、生生之间相互依赖、彼此激励、相互成全，进而共同获得并实现自己的属人性，并由此实现个体社会性的舒展和生命共同体的建构。

在这个意义上，我们再来重新审视教学。如果说传统的教学过于强调教师的讲授，学生更多地处于被动接受的地位，那么今日的教学将重心全部转移到学生身上是否就是万全之策？或者说，从以教师之教为中心的课堂，无条件地转向以学生之学为中心的课堂，是否就是解决教学问题之道？教学在任何时候都是为了指向学生的学是毫无疑问的，关键在于，教学何以抵达学生的学？学生究竟应该学什么？如何学？

真正的教学，乃是在师生的相遇中，在你-我-他彼此关联之中，带出个体生命的成长。教学并不是教师在多个孤立的学生间建立起众多教-学关系的叠加，而是教师和学生一起，将学生个人化的学习活动置于他人之中。教师教学活动的根本意义，其实就是将孤立化的个人的学习与发展置于他人之中。学校教育不能还原成众多学习着的孤立个体的叠加，教学的效率同样不是众多孤立的个体的学习效率的简单叠加。在信息化的背景下，单纯的知识、技能等文化素养的提升，完全可以靠个人完成，但一个人的整全发展必须置于他人之中，学校的意义、课堂的意义，就是在他人之中带出个体朝向整全自我的成长。

六、教育性教学：在当下激活个体成人的理想

教学的教育性最终体现为师生生命的共同完善，这种完善并不是就未来而言，而是就当下而言。教育性教学就其本意而言，就是要在当下成全个体生命，即让教学本身成为有效地打开个体生命、丰盈个体生命、提升个体生命的实践。

"子在川上曰：逝者如斯夫！不舍昼夜。"（《论语·子罕》）时间如流水匆匆而过，置于时间之流中的个体，无法阻挡时间的流逝。面对时间的流逝，合理的做法就是让自己的生命在当下充分展开，即让线性时间空间化。换言之，时间的滚滚向前是我们无法阻挡的，我们所能做的就是在当下努力让自我生命充分展开，并在此过程中彰显自我的生命力量，创造生命的价值，活出生命的意义来。这里的关键在于，个体如何转向当下？个体转向当下，意味着个体在时间之流中不是简单地被时间之流所裹挟，而是转向时间。个体卷入时间之流中生存，意味着个体为自然时间的紧迫性所裹挟；个体转向时间则意味着个体超越自然时间施加于人之上的紧迫性，而进入一种人文化的生存向度，即个体生命在此过程中超越了压迫性的生存状态，内在的生命力量被唤起、激活。个体转向当下，并不是意味着个体摆脱了时间的压迫，而是说人在时间的紧迫性中活出了自身的自主性，也即活出了人性本身。这意味着真正的教学、理想的教学，正是在教学过程中有效地激活个体成人的理念（理想）于当下，从而让个体转向当下自身完善的刹那并沉浸于当下，让不断向前涌流的时间转而成为个体充分扩展自我生命的空间。

　　这意味着人之为人的生活，乃在于超越自然存在的紧迫性，更充分地以属人的方式在当下展现自我。问题在于，个体如何能在当下充分地展现自我？人不仅是一种现实性，更是一种可能性，确切地说，人是为可能性所引导的现实性。唯有当人将完善自我的理想融入当下，个体当下的生命才是丰盈的，或者说，唯有当个体用完善自我的理想照亮当下，个体才有可能在此时此刻，在朝向完善自我的理想（理念）的过程中，充分地展现自身，即在自身存在的现实性之中活出自我生命的理想状态来。如此一来，个体也就在此时此刻自我生命的完善状态中，超越自然时间而走向永恒。当个体完善自我的理想不是未来的某种目标，而是积极地进入当下，照亮当下时，这种理想就融入了当下，成为现实的一部分，或者说成为改变现实的力量。洪涛认为，"理念本身就是真正的现实，暂时性的现实将趋近理想"。① 在这个意义上，理想并不等同于目标，理想之于生命的意义并不在于未来，而恰恰是在当下的人格状态中被实现。

　　教师依照既定流程来简明有效地安排教学进度，从时间角度而言，实际上就是教师以时间秩序来充当教学秩序的中心，确切地说是以自然时间秩序来充当教学的基础性秩序，换言之，就是不断以自然时间意识来提示身处于教学情境中的学生，由此让学生不得不生活在自然时间的紧迫性之中，使其不足以在教学过程中真正地转向当下，以达成个体在当下充分而审美化的存在，超越自然时间的流逝，从而从容愉悦地活在当下的教学进程之中，也即让个体享受当下，切身地体验教育的意义。一旦学生在教学情境中感受不到教学带来的切身意义，而更多地感受到的是自我生命在自然时间进程中的紧张与压迫，早下课、早放学、逃离教室，就成为他们摆脱教学中的自然时间的路径。显然，理想的教学情境正是对自然时间的超越，超越的路径正是让个体充分地卷入教学情境

① 洪涛. 逻各斯与空间：古代希腊政治哲学研究 [M].上海：上海人民出版社，1998：246.

之中，让教学变成一种让人身心舒畅的游戏，从而让个体充分地进入当下，活在当下。唯有如此，教学才真正成为一种生活，一种自由自主的生活形式，而不是"被动生活"，即以一种不得不承受的被动生活样式去生活。

超越之路始于教师心灵的自觉，即教师自觉地明了生命的真谛与教学的生命担当，由此让教学超越单纯的控制性技术而成为温暖地打开生命的技艺。让教学回归旨在促进个体完整成人的生命技艺，本质上是教师生命本身的自我回归，即从经师向人师回归，从教学机器向教育者回归。从技术到技艺，首先改变的乃是教师自身的生命方式。从古希腊开始，教师就有着不同的分野，有以智者为代表的宣称可以兜售知识的教师和以苏格拉底为代表的竭尽心力促成个体追求人之为人的本真使命的教师典范。智者的本意就是指"那些在占卜和预言方面才能卓越的人以及能唱出神意的诗人"①，传说中的希腊"七贤"，即我们所了解的最早的一批智者，大多数是预言家与诗人。后期的智者逐渐把"言说"变成恫吓或取悦公众的手段，把曾经被视为本质的、以自身为目的的活动之一——言说看作达成一己之目的的手段②。在《高尔吉亚》中，苏格拉底把智者的"论辩术"叫作迎合的技术，"智者的本质在于顺从迎合（付出牺牲）以换取成功，作为必要手段的是算计和权衡的精确"③。贯穿苏格拉底一生的教育实践几乎就是不怀任何私人目的，一心一意履行神赋予他的使命，回到教育的本真目的，即实现神赋予个体的潜能，对抗智者的教育方式，或者说从智者的手里争夺对年轻人的教育权。柏拉图的《理想国》无疑是对苏格拉底这一理念与实践进行了最充分的展现：在年轻人的心中重新唤起起源，以救治或引导年轻的灵魂。苏格拉

---

① 洪涛．逻各斯与空间：古代希腊政治哲学研究［M］．上海：上海人民出版社，1998：120．

② 同①119．

③ 同①118．

底所试图对抗的智者，其重要特征就是迎合大众，也即媚俗，只关心有效性、实用性，不关心教育实践的本真目的。这提示我们，媚俗乃是教师所面临的基本处境，教师职业对教育本源性目的的背离实际上贯穿于整个人类的教育发展史。这恰恰意味着教师需要不断重温自己的本真使命，也即不断地重溯教育的起源，用教育的本真使命观照自身，由此提升教师职业生活的神圣意味，在去神化的时代重新赋予教育实践以内在的魅力，保持教育实践必要的独立性。

在这个意义上，我们必须重申韩愈所说的"师者，所以传道授业解惑也"。这句话所交代的教师的使命，不仅仅是一般意义上的传授做人的道理，而是要传授人之为人的道理，或者说敞开人之为人的道理，准确地说是敞开人之为人的道路，即个体完整成人的道路。这提示我们，教学的教育性并不是一个必然性命题和一种唾手可得的教学品质，而是一种可能性。这种可能性的根源在于教师的教育自觉，即教师对教师这一身份所应担负的使命的自觉。优良的教学始于教师对学生"天命之性"的理解与承担，而成于教师对自身"天命之性"，即自身对教书育人这一天命的承担，并在承担过程中实现自我生命的价值，焕发生命的蓬勃生机。

后　记

　　本书是我主持的 2017 年全国教育科学规划项目国家一般课题"重申教学的教育性：个体成人的教学哲学阐释"（课题批准号：BAA170016）的最终研究成果。我在撰写《追寻生命的整全：个体成人的教育哲学阐释》一书（以下简称《追寻生命的整全》）时，就想着如何进一步深化我对整全性教育的思考，使之融入具体的教学实践之中，让它进一步落到实处。2016 年，《追寻生命的整全》成为唯一一本入选当年国家哲学社会科学成果文库的教育学著作，对我是一个极大的鼓励。随后，我就马不停蹄地开始考虑如何撰写本书。正因为如此，可以说《追寻生命的整全》和本书是姊妹书，抑或母子书。

　　若说我在本书中要表达的核心思想是什么，或者说，我能为教学理论研究提供一点点什么有益的思考，那就是教学如何切实地与个体完整成人关联起来。我在书中提出要回到赫尔巴特，并重申了教学的教育性。在我看来，所谓教学的教育性，正在于在教学中并且通过教学，带出个体完整成人。亦如当年赫尔巴特以伦理学为基础建立教学的目的论，以心理学为基础建立教学的方法论（前者关注的是作为价值的生命的实现，后者关注的是作为事实的生命的展开），本书主张个体完整成人乃是事实与价值的统一，直白地说就是，教学要让个体在教学生活事实之中，开启自我生命对更高的美善价值的追求，以引导自我生命不断向上向善，趋于整全。

　　之所以在本书中重提回到夸美纽斯、赫尔巴特，是因为我们越来越多地把教学变成一种技术。我们所津津乐道的教学艺术，更多地只是达成具体目标的手段，以至于我们所实际遵循的教学理论更多地是一种

"小教学论"，我们很少眷顾教学的根本性目的。而学生大部分都是在这样的教学过程中度过的，结果就是很多学生觉得上课没劲，盼着早点下课，教学沦为师生不得不一起完成体制化任务的过程。当年鲁迅提出"救救孩子"，今日救助孩子当成为改进课堂教学的重要起点，或许，今天我们有必要提出拯救教学的命题。如果学生通过教学不能产生自己的生命在不断敞开的感受，那么教学就变得平庸化了。提升今日教育质量，需要切实地从教学和日常活动着手，让学生在教学中并且通过教学获得自我生命的整体性发展，这意味着我们需要重温一种"大教学"的理念。

"大教学"之"大"就在于其时刻朝向个体完整成人，具体表现在两个层面：第一，所谓的"大教学"绝不是一种孤立的活动，换言之，理想的教学不仅仅是课堂中的教学，同时也应是世界之中的教学。这意味着任何教学都需要超越课堂本身而转向更宽广的世界，任何教学都应当带出个体在世界之中的存在。这也意味着以个体完整成人为取向的教学应该在当下向着更宽广的世界延展，也即让学生生命走向更宽广的世界，让其成为置身于宽广世界之中的生命，这是"大教学"之"大"的空间之维。第二，所谓的"大教学"绝不是一时的活动，它必然要面对学生的过去，同时也要潜移默化地带出学生的未来。完整的教学必然应当包容学生个体的整个生命，即包容个体生命时间之维的过去、现在与未来。这意味着以个体完整成人为取向的教学应该向着学生的整个生命时间敞开，并带出学生向着整个生命时间的完整存在，这是"大教学"之"大"的时间之维。

本书从中国古典视域中的起兴出发，借鉴苏格拉底等人的对话理念，由此在中西视域之中提出一种由起兴到启发再到对话的教学路径，力求较清晰地呈现这三种路径各自的内涵、意义及其可能性。本书提出，好的教学应该同时包含起兴、启发、对话。起兴是在审美情景中引导个体身心向着世界打开，是个人身心先被整体激活之后再优雅地走向事物，与事物相遇；启发指向个体思维的打开，是个体以明晰的思维进入到事物的逻辑之中，理解事物的内在秩序结构；对话指向个体精神的敞亮，是在你说我说的多样化视域之中建构个体与世界的关系，是从对世界的认知返回对自我的认识，通过引导个体精神的成长达成对个体身心发展的引导与提升。师生在一起首先感受到身心愉悦，是好的教学得以可能的生命基础；然后感受到思维敞亮，这是好的教学的关键所在；最后通过师生的交往达到对彼此精神的激励，由此通过教学达成个体生命的整体跃升，这是教学的最终目标。任何教学最终都是为了让人变得更好。

实事求是地说，我的写作本身并不一定说出了我想说的话，甚至因为时间有限以及个人精力与能力的限制，本书有一些不如意的地方。尽管如此，我也要说一句，其实我已经尽力。

也许，在旁人看来，我一本书一本书写下来，十分轻松，殊不知这中间有太多难眠之夜。从开始孕育到即将付梓，其间的艰辛，只有经历了的人才能体会到。而成功的喜悦往往只涌现在拿到新书、闻着新鲜的墨香之刹那。接下来，就是抓紧时间，赶往下一个目标。其实，我早已同时在启动自认为更重要的思考与探索，故不得不早一点完成本书的写作，以腾出时间与精力来展开新的思考与研究。

先哲有云："路漫漫其修远兮，吾将上下而求索。"这或许就是学人的宿命，抑或是先哲敞开了视域而后人追随其脚步的自我赋命。人生短暂，凡事都要抓紧。我们每个人都应该努力让自己尽可能变得更加完善，尽可能以自己的方式多发光发热。虽然我们所发出的光不足以照亮他人，更难以照亮更宽广的世界，但我们的努力可以照亮自我人生的黑暗与虚空之处。

"知者不惑，仁者不忧，勇者不惧。"跨越千年时空，当我们用心灵领悟先哲的教诲，个体生命力量油然而生之时，我们面对永恒与无限之个体人格的自信与豪迈也便被带出来了。孔子所说的境界我虽不能至，然心向往之。

感谢我的两位博士生王晖和位涛，他们协助我完成了本书部分章节的写作。感谢教育科学出版社学术著作编辑部主任刘明堂兄，他的支持是本书顺利出版的保障。感谢家人的支持与陪伴，特别是女儿和儿子的活泼成长带给我的生命之愉悦，给予我无限的力量，让我在任何时候都有勇气继续前行。

不由得想起海子的诗：

"活在这珍贵的人间/人类和植物一样幸福/爱情和雨水一样幸福。"

刘铁芳

2019 年 10 月